講座 現代の教育経営 **4**

教育経営における
研究と実践

日本教育経営学会〈編〉
The Japanese Association for
the Study of Educational Administration

学文社

刊行にあたって

　日本教育経営学会創立 60 周年を記念して「講座 現代の教育経営」（全 5 巻）を，ここに上梓する。戦後教育改革で刷新された公教育の理念や制度がさまざまな点で重要な転機にあった 1958（昭和 33）年に，本学会は設立された。以後，国内外の政治・経済状況の大きな変動を幾度も経験し，日本の教育はいままさに重大な岐路に立っている。そのような時期に学会として全 5 巻の講座を上梓できることを素直に喜びたい。もちろん，読者の方々からどのような評価を受けるのか，少なからぬ不安もある。しかし，これからの教育経営学ひいては教育学の発展のため，忌憚のないご意見をいただきたい。

　これまで，本学会は学術書籍を学会名で 2 度刊行してきた。1986 ～ 87（昭和 61 ～ 62）年の「講座 日本の教育経営」（創立 25 周年，全 10 巻）と 2000（平成 12）年の「シリーズ 教育の経営」（創立 40 周年，全 6 巻）である。創立 40 周年の時期からの約 20 年間は，戦後教育システムの重大な転換期であり，その政策形成や実践過程に寄与した会員も少なくない。その間，学会として学術的議論の成果を刊行しようという提案は幾度かあったが，実現できなかった。創立 60 周年を機に実現した本講座の刊行は，約 20 年の間に教育経営学がどのような学術的発展をなしえたのか，さらに教育経営実践にいかなる貢献をなしえたのかを振り返り，今後の道筋を考えるうえで重要な意義をもつだろう。

　2018 年 4 月 1 日現在，本学会の会員数は 620 余名に至っている。大学等に勤務する研究者だけでなく，学校や教育委員会等で教育や教育行政などにたずさわる者，さらに現職教員の大学院生も増加傾向にある。教育実践から乖離した研究をよしとしていたかつての雰囲気とは対照的に，研究者が自ら実践に関与する機運も高まっている。そう考えると，学会の未来は明るいと映るかもしれない。しかし，その背景に大学改革と教師教育改革をはじめとするドラスティックな教育政策の展開があると考えると，事態はちがって見える。60 年前の激動期，異なる領域の教育研究者が「教育経営」という冠のもとに集まっ

たことに込められた思いは何だったのだろうか。本講座の編集過程で，その問いが幾度も脳裏をよぎった。学術団体である学会に所属する一員として，「外」から打ち寄せる波に呑み込まれるのではなく，常にそれらを相対化する姿勢を保ちつつ研究と実践に取り組みたいと自戒する。

　編集にあたり，次のメンバーで編集委員会を組織した（○印は各巻代表）。

　第1巻　○浜田博文・勝野正章・山下晃一

　第2巻　○天笠　茂・玉井康之・南部初世

　第3巻　○林　　孝・水本徳明・貞広斎子

　第4巻　○牛渡　淳・佐古秀一・曽余田浩史

　第5巻　○北神正行・元兼正浩・本図愛実

　講座の全体構成は5名の代表編集委員で協議し，各巻の具体的な編集は各3名の委員を中心に進めた。執筆依頼や原稿整理などは，幹事である照屋翔大会員と朝倉雅史会員が的確かつ円滑に進めてくれた。両会員の献身的な仕事ぶりに感謝する。

　本講座の刊行がこれからの教育経営の研究と実践の発展に貢献できることを願っている。

　最後に，出版情勢の厳しいなかで刊行を引き受けてくださった学文社の田中千津子社長と，編集・校正等の作業を迅速に進めてくださった二村和樹氏にはこの場を借りて心から感謝する。

　　2018年4月

　　　　　　　　　　　　　　　　日本教育経営学会会長
　　　　　　　　　　　　　　　　創立60周年記念出版編集委員長

　　　　　　　　　　　　　　　　浜 田 博 文

第4巻緒言

　本巻は，『教育経営における研究と実践』というタイトルで，18本の論文で構成されている。ここでは，1990年代以降，教育経営の変容のもとで，教育経営学の研究と実践の関係がたびたび学会で問われてきたことをふまえて，これまでの研究と実践の関係にどのような問題状況があったのか，それを克服するための研究方法や関係づくりはどうあるべきかなどを論じる。そのために，本巻ではまず，教育経営学の学的成立の契機としての，学術性と実践性の両者の関係構築を理論的に解明する。つぎに，教育経営学の実践的展開（教育経営実践に関与した研究ならびに，教師教育・スクールリーダー教育に関する教育経営研究）の動向と課題を整理することを通じて，教育経営学の学的性格を明らかにし，今後の教育経営研究の発展に資することを目的とする。具体的には，以下の三部構成となっている。

　第1部は，「教育経営学における実践と研究」と題して，5章で構成されている。ここでは，まず，本学会において「実践と研究」の関連性がどのように捉えられてきたのかについて，本学会の紀要や実践推進委員会の活動を中心に明らかにしている。そのうえで，「臨床的アプローチ」および「研究知と実践知」という2つの視点から「教育経営研究」の特色と課題を明らかにしている。さらに，近年主張されるようになった「エビデンスに基づく教育政策」と教育経営研究の関連性を明らかにしている。最後に，一般企業における「経営学」と「教育経営学」の関連性や相違という視点から，「実践と研究」の関連性について論じている。

　第2部は，「教育経営実践と教育経営研究」と題して，7章で構成されている。ここでは，さまざまな教育実践領域やテーマを取り上げ，そこでの教育経営研究の特色と課題を明らかにしている。具体的には，「学校マネジメント」「児童生徒の多様性」「学校・地域・家庭との連携」「生徒指導」「授業実践」「自然災害への対応」「学校制度の＜ゆらぎ＞」である。これらを通して，教育経営

iii

実践の多様性や広がりを示すと同時に，それに対応した教育経営研究の特色が明らかにされるであろう。

　第3部は，「教師教育・スクールリーダー教育と教育経営研究」と題して，6章で構成されている。ここでは，教師教育やスクールリーダー教育の実践と教育経営研究とのかかわりについて取り上げている。まずはじめに，本学会が作成した「校長の専門職基準」について，本学会の取り組みの経緯および基準の特色を示したうえで，スクールリーダー教育の実践に果たすその役割と課題を明らかにしている。つぎに，「教員養成・採用・研修」および「教員評価」制度と教育経営研究との関連性について述べている。さらに，近年教職大学院の役割が大きくなっていることに鑑み，教職大学院におけるスクールリーダー教育および，理論と実践の往還という視点から，教育経営研究の特色と課題を示す。そして，最後に，これまで比較的手薄であった教育経営研究者の養成について論じている。

　以上，本巻全体を通して，「教育経営学」という学問が，実践とどのようにかかわってきたのか，そして，それについて何が問題とされ，どのような研究がなされてきたのか，さらに，この問題について，今後どのような研究上の課題と可能性があるかについて明らかにしている。本巻が，今後の教育経営学の発展と教育経営実践の改善につながることを期待したい。

　2018年4月

編集委員　牛　渡　　　淳
　　　　　佐　古　秀　一
　　　　　曽余田浩史

目　　次

「講座　現代の教育経営」刊行にあたって　　i

第4巻『教育経営における研究と実践』緒言　　iii

第1部　教育経営学における実践と研究　　1

第 1 章　教育経営学における実践と研究の関係　　2

第 2 章　教育経営研究における臨床的アプローチの展開と今後の課題　　14

第 3 章　教育経営研究における理論知と実践知　　26

第 4 章　「エビデンスに基づく教育政策」と教育経営研究　　39

第 5 章　経営学と教育経営学　　50

第2部　教育経営実践と教育経営研究　　65

第 6 章　学校経営改善の実践的研究―組織開発的観点からのアプローチ―　　66

第 7 章　学校における児童生徒の多様性と教育経営研究　　78

第 8 章　学校・地域・家庭との連携と教育経営研究　　92

第 9 章　生徒指導の組織的改善の実践的研究　　104

第10章　授業改善と教育経営研究―レッスン・スタディとナレッジ・リーダーシップの視点から―　　117

第11章　自然災害への対応と教育経営研究　　129

第12章　学校制度の〈ゆらぎ〉と教育経営研究　　141

第3部　教師教育・スクールリーダー教育と教育経営研究　　153

第13章　スクールリーダー教育の実践と校長の専門職基準　　154

第14章　教員養成・採用・研修制度と教育経営研究　　167

第15章　教員評価制度と教育経営研究　　179

第16章　教職大学院におけるスクールリーダー教育と教育経営学研究　　192

第17章　教職大学院における理論と実践の往還　　200

第18章　教育経営研究者の養成　　212

索　引　　227

第1部
教育経営学における実践と研究

第1章　　教育経営学における実践と研究の関係

1．日本教育経営学会における実践と研究の関係

(1) 実践と研究の関係は組み換えられるか

　「実践の学」とされる教育経営学研究にあっても，実践と研究の間には長きにわたってかなりの「距離」があった。この溝を埋めるべく，日本教育経営学会では 2005 年に実践研究賞が褒賞として追加され[1]，実践推進委員会が 2006 年に新たに設置された[2]。直近では第 57 回大会（2017 年，茨城大学）の実践研究フォーラムで「パートナーシップの推進による研究と実践の相互交流的発展を目指して」を標題に，ひざ詰めの対話ができる「管理職サロン」が実践推進委員会の主催で開催され，また公開シンポジムでも「実践と研究の関係の組み換え」が全体を貫く主要なモチーフとなっており，かつての状況とは隔世の感がある。

　たとえば，1986 〜 87 年に学会 25 周年記念事業として出版された「講座　日本の教育経営」（全 10 巻）でも第 9 巻『教育経営研究の軌跡と展望』で編者の一人である原俊之が「学校経営の実践的研究方法の課題」というテーマを執筆している[3]。しかし，そこでの実践的研究とは小・中学校で教師が行う研究のことと矮小化して把握され，「最近，教育経営学の各研究分野において，教育実践の現場を対象とする実証的・科学的研究に，強い関心と意欲をもつ若い研究者が続出しつつある」（原，1986，426 頁）とアクション・リサーチによる経営研究に注目しながらも，その若手研究者に「教師へのよき助言者」となること（知識の階層構造）を期待し，「専門学者の教示」を受けて研究による実践の改善を重ねる「現場人の研究」が実践的研究であるというその構図自体は崩れていない。

　たしかに，1980 年代は新構想の教育大学などに大学院が設置され，現職派遣の大学院生が会員に増えてきた時期でもあるが，実践経験と研究の統合を模索する現役教師（現職の院生）が行う研究だけが実践研究であるという見方はいささか狭く，また研究者と対等な「よき研究同人」という関係としても描かれ[4]ていない。

　しかし，このことは上記の第 57 回茨城大会の公開シンポジウム「教職大学院における教育・研究と教育経営学の課題」において，総括討議で会長の浜田

2　第 1 部　教育経営学における実践と研究

博文が指摘した「実務家教員」という呼称を無神経に使用することへの違和感の問題とも通底している。たしかにそれは文部科学省自身が使用している呼称ではあるし、まさに「学校教育に関する理論と実践の融合を図る」ために一定数を教職大学院におくものとされている「教職等としての実践経験を有する」教員のことではあるが、「実務家教員」と「研究者教員」という区分けで議論すること自体、実践と研究との深い溝が今なお続いていることを物語っている。

（2）誰のための実践推進なのか、実践研究なのか

　同様のことは、たとえば第Ⅰ期実践推進委員会が中心となって作成した「校長の専門職基準」を「普及」させることを第Ⅱ期実践推進委員会のミッションとして掲げたときの抵抗感にも相通じるものがある。この専門職基準については教育現場の理解を促し、広く市民権を得てあらゆる場面で活用してもらいたいとする関係者の願いに対し、研究者が理論を生成し「現場」にそれを「消費」させるという「啓発・啓蒙」(旧来)型の認識枠組みとどうしてもイメージが重なり、実践サイドのみならず学会内でもその抵抗感が生じてしまうきらいがあった。実践と研究との関係の組み換えが十分にできていない現状では、こうした抵抗感は残念ながらしばらく続くであろう。

　では、反対に実践サイドが研究を「生産」する場合はどうだろうか。本学会は、それを応援するような仕掛けができているだろうか。学会紀要には「教育経営の実践事例」という欄があり、執筆資格には「当該実践事例の企画立案または実施に関与」という縛りがあるものの、掲載論文をみるかぎり、大学に籍をおく研究者が執筆者であるケースが少なくない。実践研究賞についても、「優れた教育経営の実践を行い、それを著作物によって発表した者」に授与される規程となっており、たとえすぐれた実践はあってもフロー情報ではなくストック情報、すなわち著作等成果物という縛りがあるため、やはり受賞者は大学に籍をおく研究者がほとんどである。

　その意味で、そもそも教育経営学における実践とは何か、実践を推進したり、実践を研究したりする主語は誰のことで、実践フィールドは小・中学校の現場以外にどこまで広げて捉えるべきなのか、「実践推進」や「実践研究」という

営みが一体なにをさすのか，実践者と研究者との相互交流過程で創出される「知」をどのような様式で表現すべきかなどについて，改めて考えなければならない時期にきている。[6]

2. 日本教育経営学会紀要にみる実践と研究の関係

(1) 学会紀要にみる実践と研究の関係

『日本教育経営学会紀要』(以下，『紀要』) のバックナンバーを紐解いても，実践研究を標榜した論文はさほど多くない。とりわけ昭和の時代，たとえば「全校あげて『生徒指導の実践と研究』にどう取り組んでいるか」といった「教育経営ノート」の類を除けば皆無である。管見のかぎり，実践と研究の関係を自覚的に意識した嚆矢は第31回大会 (1991年，帝京大学) の課題研究「教育経営研究の学術性と実践性に関する検討」にあり[7]，『紀要』34号によれば，この課題研究は『学校改善に関する理論的・実証的研究』(ぎょうせい，1990年) の「学校の経営過程論と学校改善」(第1章) を素材に，経営過程論の研究成果が「<u>経営実践の改善努力にどのように寄与しているか</u>を考察し，経営過程研究の実践的な意義と課題を明らかにしようとした」(下線筆者)[8] ことが課題設定の趣旨であるという。

だが，コメンテータの西穣司は「実践性」は「学術性」と表裏の因果的関係にあり，「教育経営研究が十分な意味で『学術性』を備えていなければ，当然その『実践性』(現実状況への予測可能性や応用可能性) も低くなる」し，「『実践性』の側面は，教育経営研究の成果を把握し活用しようとする人々自身の意図や能力にも左右される」[9] として，まずは教育経営研究の学的固有性や学術性のコンセンサスを確立すべきと訴えており，本課題研究も継続されなかった。

実際，2000年に刊行された学会40周年記念事業「シリーズ　教育の経営」でも実践と研究の関係に直接ふれた章はなく，西が編集を担当した第5巻『教育経営研究の理論と軌跡』Ⅲ部の研究方法論においても，理論研究，比較研究，歴史研究，法制的研究，経営学的研究，社会学的研究，社会心理学的研究，民族誌的研究はあっても「実践研究」という類の章はなく，やはり何より

4　第1部　教育経営学における実践と研究

もまず学術性を確立することがめざされていたことがうかがえる。

(2) 課題研究にみる実践と研究の関係

本学会紀要を振り返るかぎり，「雪解け」の起点の1つに第37回大会（1997，東京大学）の課題研究「教育経営の社会的基盤の変容と研究の有用性」があげられよう。もちろんここでも学術性と実践性，すなわち教育経営の理論生産・形成（教育経営の現実や現象を把握する方法）の問題と研究情報の発信・流通・受信という実践的研究の環境形成の問題が議論されている（『紀要』40号）。

この前者の「教育経営の現実や現象を把握する方法」について取り組んだのが，たとえば1999年の課題研究「教育経営研究におけるエスノグラフィーの可能性と課題」であり，同様に現場に参入するが，それにとどまらず相互作用をも生み出す「学校経営における臨床的アプローチの構築」（研究推進委員会・学校経営部会，2000年6月）であろう。当初は「現場との関係性や，役に立つ研究を生み出すような研究方法を『象徴的に示す表現』として，あえて「臨床的アプローチ」という言葉を使用した」（小野他，2004，はじめに）ということだが，当時の構築主義，構成主義の台頭という時流もあって，これを積極的に捉え直し，学校経営を臨床的に研究するとはどういうことなのか，そこでは，実践者と研究者はどのようにかかわるのか，実践的研究とどうちがうのかといった「研究と実践の関係のありよう」[10]に関する論点を議論し，その成果は学会紀要のみならず，単行本としても出版されている（小野ら，2004）。

他方，後者のとりわけ現場に対する情報の発信－受信という問題については2003年からの課題研究が「学校は今どうなっているのか？　そして教育経営研究は何を期待されているのか？」「私たちは学校現場をどのように認識しつつ関わっているか」「揺れる学校現場への処方箋」といったサブテーマで3年にわたって展開されている。

2006年からの課題研究（以下，2006課題研究）では「教育経営研究における有用性の探究」と題して，この「有用性」の問題が「学術性」（科学性）との関係においてさらに深められることとなった。教育実践という「不透明性」をどのような認識枠組み（科学的な知）によって量的・質的に処理し「透明なもの」

として明らかにしていくか（研究の「有用性」）は私たち研究者の欲望の１つである。ただ，この2006課題研究が先の「臨床的アプローチの構築」研究の延長線上に位置するかどうかをめぐっては違和感が強く示された。[11]

　具体的には「研究知」産出を活性化するための具体的な技法の集約・確立が2006課題研究の問題関心であるとするならば，狭義の研究方法論だけではなく学校経営実践と学校経営研究の間の新しい関係を探ろうとした（曽余田，2004）先の臨床的アプローチとは姿勢が異なるという意見である。実際，2006課題研究の成果は，『学校組織調査法──デザイン・方法・技法』というタイトルで学事出版より単行本にまとめられた。この2006課題研究に対し，その目的が「われわれが学校現場に快く受けいれてもらう，自信をもって関わっていけるツールの効果を明確にしていくことか」，それとも「教育経営学として真実を追究していきたいのか」という浜田博文の問いかけ[12]は単なる技術論を乗り越え，「科学」の非中立性や政治性を自覚し，実践（フィールド）と研究（観察者）のあり様や関係性を組み換え，その先に有用性（実践性）と学術性の両立が可能である[13]ことを提起したもので，この投げかけは冒頭で示したように教育経営学を志す私たちに一貫して突きつけられてきた問題提起である。

(3) 実践推進委員会の活動にみる実践と研究の関係

　2006年に実践推進委員会が発足したこともあり，研究推進委員会が企画する課題研究は一本となり，また両委員会の棲み分けの問題もあって，実践と研究との関係を問う課題はその後の課題研究では設定されていない。そこで以降の議論は実践推進委員会の活動を中心に簡単に概観する。

　実践推進委員会は，時限的に設置されていた「学校管理職教育プログラム開発特別委員会」[14]「高等教育経営特別委員」[15]が発展解消された系譜に位置し，メンバー構成的にもテーマ内容的にもとくに前者を引き継いだものとみられる。前者の特別委員会で検討していた「学校管理職教育プログラムスタンダード（案）」がのちの「校長の専門職基準」の策定と実践・実態に合わせた改定，活用方法の提示といった一連の作業につながっていき，その後の実践推進委員会の中核的な役割となっていった。[16]

6　第１部　教育経営学における実践と研究

ただ，第Ⅰ期実践推進委員会（水本徳明委員長）では科学研究費・基盤研究（B）「学校経営に関わるコンサルテーションのニーズ・手法・理論に関する研究」などの外部資金を獲得して「スクールリーダー教育と学校経営コンサルテーションに関するアンケート」調査を実施し，学会大会とは別日程の8月に第1回の実践フォーラムを開催しているが，そのテーマがスクールリーダー教育ではなく，学校経営コンサルテーションであった点には注目しておきたい。

　浜田博文（2009）の整理によれば，研究と実践との関係を捉える視野として，「研究コミュニティ」「養成・研修現場」，そして「学校現場」という3つのカテゴリーがあり，研究コミュニティと養成・研修現場を結ぶ双方向のベクトルをつなぐアリーナで行われるのが「スクールリーダー教育」であるのに対し，研究コミュニティと学校現場を結ぶ双方向のベクトルにおいて実施されるのが「学校経営コンサルテーション」という位置づけとなる。[17]

　その意味で実践推進委員会は，当初，スクールリーダー教育と学校経営コンサルテーションという2つのチャンネルで実践（「養成・研修現場」と「学校現場」）との対話を進めようとしていた。だが，「校長の専門職基準」の策定，改定作業が重く，また教職大学院の設置や育成スタンダード，資質・向上指標の作成といった中央政府の動向もあって，前者のスクールリーダー教育に実践推進委員会の議論が傾いていったことは否めない。もちろん「校長の専門職基準」の不断の見直し論議にあっては学校現場とのかかわりを抜きには語れないが，専門職基準をめぐる議論を通じ，実践推進委員会ばかりか学会全体の問題関心もあたかもスクールリーダー教育にあるかのように，最新の第57回大会の公開シンポジウムも「教職大学院における教育・研究と教育経営学の課題」であったが，会員によっては距離感のあるテーマ設定となっていたことをどう考えるかも本学会の研究と実践との間の課題である。

　実践推進委員会が向き合うべき「実践」の場（フィールド）は，養成・研修現場（教職大学院や教育センター以外にOJTや教科サークルなどインフォーマルな研修の場までも含むのか），学校現場（小・中学校だけでなく幼・高・大や特別支援学校，さらに1条校以外まで含むのか），それ以外にたとえば教育行政，地域教育

第1章　教育経営学における実践と研究の関係　7

経営，企業内教育などどこまでなのか，そしてさきの「臨床的アプローチ」課題研究が中心的に問うた学校現場と研究コミュニティとしての学会との関係をどう構築するかが求められており，目下，第Ⅳ期実践推進委員会が教頭会や校長会との連携を模索しているのもまさにそうした文脈なのであろう。

3. 教育経営学研究における実践と研究の関係の組み換え

(1)『日本教育経営学会紀要』自由研究論文にみる近年の研究動向

　では，もう少し拡げて自由研究論文の最近の掲載状況をみてみよう。

■「初任教員のストレスと適応感—パネルデータを用いた分析」（第58号）

■「教員コードによる職員会議の秩序構築—解釈的アプローチによる相互行為分析」（第57号）

■「周辺的職務が公立小・中学校教諭の多忙感・負担感に与える影響—単位時間あたりの労働負荷に着目して」（第57号）

■「教員評価における目標管理の効果及びその影響要因に関する検討—学校段階間比較の視点から」（第57号）

■「校長のリーダーシップが自律的学校経営に与える影響過程—ソーシャル・キャピタルの媒介効果に着目して」（第56号）

■「マルチレベルモデルによる教員バーンアウトの決定要因分析—県立学校教員に焦点をあてて」（第56号）

■「教師間コンフリクトを起点とするコミュニケーション発生可能性の検討—三者間の関係性に着目して」（第56号）

　近年の掲載論文で国内を対象とした研究をあげるとこのようになる。「実践の学」とされる所以がわかるほど，教育経営（教職員勤務）実態の記述・分析を目的とした実証的な研究が主流であることがうかがえよう。とりわけ職場の環境が及ぼす心理的側面への影響など因果関係を説明する研究が多く見受けられる。レフリー審査への対応などの事情もあるだろうが，投稿論文をみるかぎり，学会の潮流は必ずしも「スクールリーダー教育」研究でも，「有用性」研究でもなく，学校現場の実態を客観的に把握するための方法論や科学的な知を志向

8　第1部　教育経営学における実践と研究

する「学校組織調査法」に磨きをかけた実践観察（測定，記録，評価）研究に近いように思われる。

　とくに若手の投稿が多い査読論文であるので，この点にかかわって若手研究者のためのラウンドテーブルの議論に少しふれておきたい。

(2)「高地」でかかわるか「沼地」に降りるか

　第53回大会（2013年，筑波大学）より設置された若手ラウンドテーブルは毎回テーマこそ変わるものの，教育経営実践に対する若手研究者としての立ち位置がつねに問題となっている。いわゆる「高地」－「沼地」問題である。

　若手研究者が学問的なトレーニングを受けないままにフィールドとして学校現場（これを若手ラウンドでは「沼地」と呼んでいる）にかかわることが危惧され，「行動のための知」も指弾され，「本当の意味で実践に資する教育経営の研究とは何か」が問われることとなった（『紀要』56号，156）。

　翌年の第54回大会でも，実践との向き合い方が改めて問われており，「教育政策と臨床的アプローチが容易には結びつかない」「現場（フィールド）の知の尊重と臨床的アプローチが重視する価値がいかに関係するのか」「現場に入ると教師と同じ課題は共有できるが，研究的な問いが見えなくなった」「現場をいかに励ませるかが大事なのではないか」といった発言が交わされ，研究－実践－行政の互恵関係と緊張関係や学校経営の位相などについての応答がなされたとされる（『紀要』57号，172頁）。

　さらに第55回大会の若手ラウンドでは，理論と実践の往還について「従来の研究をどう乗り越えていけば往還になるのか」という質問に対し，「研究知と実践知の往還をどう理解するかという問題につながる」「個別事例の研究ではなく研究知の一般化から現場への応用に関する議論を考えないといけない」「単に現場からあげてくれば往還になるわけではない。どこからでてきたかより先行研究から出される問いや課題をどう乗り越えるかを含めて考えなければならない」といった応答がなされている。また，学校現場との適切な距離についても「最近は対象への『寄り添い圧力』が強い。寄り添いすぎると批判が困難になるため，現場からの適切な距離の取り方を議論する方が大切ではないか」

といった意見も出され，教育委員会も含めた現場との関係を批判的に捉え直す議論になったという（『紀要』58号，92頁）。

　従前は「学校との関わりをすでにある程度確立した研究者」[18]が現場との交流の中心であったが，教職大学院に若手研究者も職を得るようになって，好むと好まざるとにかかわらず学校現場とのかかわりをもたざるをえない状況が生じており，「若手であるが故の苦労」問題は，研究知と実践知の交流をどう進めるか，現場とどのようにかかわることができるかという問題意識をより鮮明にしているといえる。ただ，全体のトーンは「沼地」に降りることに消極的である。[19]臨床的研究がアカデミズム業界のなかで認知されることの困難さもあるが，論文生産性という「業績主義」の圧力がますます強まるなかで，とくに若手研究者にとっては時間的コストのかかる臨床的研究への忌避の問題もあるだろう。[20]

(3) 果たして実践と研究の関係は組み換えられるか

　とはいえ，「還暦」を迎える学会にとっては，若手が活躍する未来に希望を託したい。たとえば篠原岳司（2015）がかつての臨床的アプローチ（小野他，2004）の成果に対し「学校組織と経営現象の力動性，変化のプロセスへの理解と現実的な改善を試みるものとして再度確認しておく必要がある」と評価し，「学校経営を単位学校の内部経営の諸過程に限定せず，地域教育経営の発展の中で捉える議論がその上での課題となる」と実践現場を広げた議論を提示している。そうした地域教育経営において，自律的に学校を変革する主体としてのアクターの学習に着目し，「その学びはいかなる質と構造を有しているのか。[21]これらの理論的な解明，あるいは新たな理論の生成こそ，臨床的アプローチの手法に基づく教育経営学の追究課題となる」として，「教育経営現象および実践の事実から出発し，教育経営の実践知の生成に取り組むこと」の必要性を述べていることは注目に値しよう。

　もちろん，隣接他分野・他領域でも研究のアクチュアリティが厳しく問われ，「実践性」と「科学性」との関係で揺れ動いているが，[22]「専門職の学び合うコミュニティ」を支援する学校コンサルテーション（とりわけ医者−患者モデルではなくプロセス・コンサルテーションモデル）における「プロセス促進者」[23]のような

10　第1部　教育経営学における実践と研究

かかわり方やそうした観点で若手研究者の育成を進めていくことは，研究者を単なる「科学的」知をもった高みの観察者とせず，また特定の「科学」が有する政治性や非中立性，教育実践に対する切り取り方（言語化）の自明視を自ら疑い，研究と実践との関係を組み換えていく（新たに構築する）ことが教育経営学固有の実践研究，臨床的アプローチになりうるのかもしれない。[25]（元兼正浩）

注

1) 「実践研究賞の創設―学会賞を<u>従来型の学術性の高い研究（学術書）と，教育経営の改善方策などに関する実践的研究に分ける</u>ことにした。また「功労賞」以下「研究奨励賞」まですべてが「学会賞」であることには間違いなく，学会賞という表現をはずし「学術研究賞」と「実践研究賞」とした。「実践研究賞」については<u>学校の教職員や教育行政の職員である会員が全会員数の３分の１を占めており，また，いくつかの学校や教育行政の現場で優れた教育実践が取り組まれているという昨今の状況の中で</u>，既存のアカデミズムとは別の実践的な研究活動に対しても，学会として褒賞する必要があると考え創設された」（『紀要』第 48 号，264-265 頁）と会務報告には示されている（下線筆者）。

2) 2006 年 6 月 3 日の第 46 回大会総会で承認（『紀要』第 49 号，220 頁）。

3) 原俊之「学校経営の実践的研究方法の課題」『教育経営研究の軌跡と展望』（講座日本の教育経営 9）ぎょうせい，1986 年。

4) 教育経営研究者と教育実践者との関係性について，たとえば佐藤晴雄「教育経営研究におけるコラボレーション」（『日本教育経営学会紀要』第 45 号，第一法規，2003 年）を参照されたい。

5) その実践的な研究活動に，本学会員が研究のリーダーとして関与していること，実践の継続性とともに理論化が行われていること，そして<u>審査可能な著作等（成果物）の提出を必要とする</u>ことにした（『紀要』48 号，265 頁）とある。

6) 浜田博文「『臨床的アプローチ』の成果と課題―研究知の産出を中心に」『日本教育経営学会紀要』第 51 号，第一法規，2009 年，110 頁。

7) 「1990 年には研究推進委員会を発足させて年次大会での課題研究の系統性・計画性をいっそう高め，学会としての共同研究を活発に推し進めてきました」と学会ホームページにもあるように，研究推進委員会発足直後にこのテーマが課題研究としてまず選ばれている。

8) 河野和清「『学校の経営過程論と学校改善』を素材にして」『日本教育経営学会紀要』第 34 号，第一法規，1992 年，109 頁。

9) 西穣司「まずは『学術性』の共通認識の確立を」同上，116 頁。

10) 浜田，前掲，108 頁。

11) 臨床的アプローチを継承する立場としての報告に対し，「われわれのやってきたことと似ているが非なる感じがする。学校に対する謙虚さが感じられない。ご都合主義の関わりではないか」「プロセスコンサルテーションとは違うものではないか」「今回の報告は

自分たちが確かな知恵を持ち，それを持ってどうやって学校に入っていくか，その効果を検証するかということでしかない」など，現場とのかかわり方に関する違和感が表明されている（藤原文雄「総括　課題研究報告Ⅰ　教育経営研究における有用性の探究─研究知を生み出すための学校組織調査法の確立」『日本教育経営学会紀要』第50号，第一法規，2008年，165-166頁）。

12）藤原，同上，124頁。

13）たとえば，学校組織特性をふまえ，組織的な教育改善に資する実践研究の知見を蓄積している学校組織開発理論（佐古秀一「学校の内発的な改善力を高めるための組織開発研究─学校経営研究における実践性と理論性追求の試み」『日本教育経営学会紀要』第48号，第一法規，2006年他）などを参照。

14）当初は小島弘道会長（当時）より，「学校管理職養成プログラム検討委員会（仮称）」の設置が提案されていた（2000年11月10日常任理事会）。議事録によれば，同委員会では，学校管理職養成のプログラムを開発し，将来的には学校管理職養成に関する資格を学会として認定することを企図している。このアイデアは基本的に賛同されたが，学校管理職の範囲をどこまでにするか，広く教育指導職も含めるかなどが議論され，今後も継続して検討することになった。なお，これは学校管理職の資格要件を検討し，将来的にはその認定にかかわり，学会の社会的役割を果たしていくことを意図するものである，という。また，2001年3月9日常任理事会では，学校管理職養成免許制度の創設および学会の役割について検討する「学校管理職免許制度検討委員会（仮称　委員長は会長が兼務）」として再提案されている。議事録によれば，この委員会の名称・目的・性格をめぐって，この委員会は学校管理職養成プログラムの例示が目的なのか，大学院の学校管理職養成・研修プログラムの認定も視野に入れているのか，現行校長・教頭制度との位置関係はどうなるのか，学校管理職資格制度検討委員会という名称はどうかなどの意見が交換されたという。発足する場合も常設委員会ではなく特別委員会になることが確認されている（以上，『紀要』43号，290頁）。

15）「実践推進委員会」の創設について，提案の趣旨は以下のとおりである。「今大会で区切りとなる2つの特別委員会（学校管理職教育プログラム開発特別委員会・高等教育経営特別委員会）はともに，大学における経営教育やFD等の教育実践の推進に貴重な提言を提出してきた。加えて，教育現場における研修・コンサルティング・学校評価等の推進も本学会の重要課題となってきている。こうした教育経営に関する実践を推進するために，大学や学校・教育行政の現場に対する本学会の社会貢献について企画・運営を行う委員会が必要であると考え，『実践推進委員会』の創設を提案する」（以上，『紀要』49号，222頁）。

16）実践推進委員会の活動経緯については，日本教育経営学会実践推進委員会編『次世代スクールリーダーのための校長の専門職基準』（花書院，2015年），また牛渡淳・元兼正浩編『専門職としての校長の力量形成』（花書院，2016年）を参照。

17）浜田，前掲，109頁。

18）畑中大路「学校経営研究における研究知・実践知の往還─研究方法論の検討を通じて」

『日本教育経営学会紀要』第 58 号，第一法規，2016 年。

19）阿内春生「教育経営学と隣接領域や政策決定現場との協働の可能性─政策科学を志向する立場から」『日本教育経営学会紀要』第 58 号，第一法規，2016 年。

20）小野田正利「研究事例に対する批判的検討」『日本教育経営学会紀要』第 46 号，第一法規，2004 年，167 頁。

21）専門職の学び合うコミュニティについては，アンディ・ハーグリーブス／木村優・篠原岳司・秋田喜代美監訳『知識社会の学校と教師』（金子書房，2015 年）を参照。

22）名越清家『共創社会の教師と教育実践─「教師と教育実践」論への教育社会学的視座』学文社，2013 年。

23）曽余田浩史「学校経営研究における『臨床的アプローチ』について」『日本教育経営学会紀要』第 45 号，第一法規，2003 年，180 頁。

24）たとえば，学校コンサルテーションのような部外者の目はウェンガー (Wenger, 2002) のいう実践コミュニティ（「あるテーマに関する関心や問題，熱意などを共有し，その分野の知識や技能を，持続的な相互交流を通じて深めていく人の集団」）を学校内に創りだそうとする場合の 3 層目のコミュニケーションに該当する（熊谷愼之輔「スクールミドルの職能発達を支援する仕組み」『学校づくりとスクールミドル』学文社，2012 年，123 頁）。

25）今津孝次郎『学校臨床社会学　教育問題の解明と解決のために』（新曜社，2012 年）によれば，実践と研究の関係の諸形態として（a）学校エスノグラフィーに伴う実践と研究の基本関係，(b) 研究者が探究する理論の実験ないし応用の場としての学校，(c) 実践現場が抱く問題を対象化して研究し助言を行う，(d) 実践現場の解明と解決をめざすの 4 つがあげられており，4 番目でさえも「介入参画」と助言などプロセス・コンサルテーションには遠い関係性が描かれている。

文献・参考資料

小野由美子・淵上克義・浜田博文・曽余田浩史編著『学校経営研究における臨床的アプローチの構築─研究 − 実践の新たな関係性を求めて』北大路書房，2004 年

篠原岳司「変動する公教育に教育経営学はどのように応答するのか」『日本教育経営学会紀要』第 57 号，第一法規，2015 年

曽余田浩史「学校経営研究における臨床的アプローチの構成要因」『日本教育経営学会紀要』第 46 号，第一法規，2004 年

第2章　教育経営研究における臨床的アプローチの展開と今後の課題

1．臨床的アプローチの胎動 ―実践性への問い―

(1) 実践性への問いが先鋭化した背景

「臨床的（clinical）」とは，次の2つの意味をさす。

> ①現実をよりよいものにすることに資する
> ②外側から客観的にものを眺めて把握するのではなく，自ら現場にコミットして，相手との関係のなかで考える

教育経営研究は，①の意味でもともと臨床学的な性格を有し，実践性を標榜してきた。しかし，②の意味では臨床（的）を志向してこなかった。臨床的アプローチの出発点には，学校経営実践に資する・寄与すると実践性を標榜してきたにもかかわらず，現実の課題にうまく応えられない従来の教育経営研究に対する批判や反省がある。

1970～80年代のわが国の教育経営研究において支配的であったのは「学校経営の現代化」論である。この論は，わが国の学校経営における社会的な前近代性を払拭すべく，経営民主化を基底にして経営合理化を志向した。すなわち，「経営合理化過程の一コマ一コマの中に経営管理者のみでなく，専門職教師の，また子どもの主体性を明確に具体的に位置づけることをめざ」し（高野，1991，115頁），学校経営実践の「科学化」を推し進めることをうたった。

しかし，1990年代以降，「教育経営研究が経営実践にどのように寄与しているのか・すべきか，役立つのか」と実践性への問いが提起され，その研究（知）の有効性が問われた。実践性への問いが先鋭化した背景として，次のことがあげられる（天笠，1997；佐古，1997；浜田，2004，6頁）。

第一に，子どもの問題行動，進路指導問題，教育課程の編成など，学校教育をめぐる問題状況の多岐化・深刻化・顕在化である。

第二に，現職教員による大学院での教育経営研究の進展と，教員養成系の連合大学院設置による高度な実践的研究への期待である。

第三に，自律的学校経営の確立が各学校に求められ，個々の学校がどう自律しうるのかが実践的にも学術的にも追求されるべき課題となったことである。

14　第1部　教育経営学における実践と研究

第四に，客観性・普遍性・論理性を原理とする近代科学の知を批判する知的潮流である。哲学者の中村雄二郎は，近代科学の知が無視してきた知のあり方を「臨床の知」と名づけモデル化した（中村，1992，135 頁）。

　　「科学の知は，抽象的な普遍性によって，分析的に因果律に従う現実にかかわり，それを操作的に対象化するが，それに対して，臨床の知は，個々の場合や場所を重視して深層の現実にかかわり，世界や他者がわれわれに示す隠された意味を相互行為のうちに読み取り，とらえる働きをする。」

　その後，教育学においても，臨床教育学や臨床的学校社会学など，「臨床」を名乗る研究が次々に出現した。また，技術的合理性を批判するショーン（Schön, Donald）や佐藤学の「反省的実践家」論も大きな影響を与えた。

(2) 従来の教育経営研究の特質・限界とそれを支える「知の階層性」

　これらの社会的・学問的背景のもと，教育経営研究における実践性への問いが繰り返し提起された。そこで確認されたことは，①研究対象（実践）にとって外在的な概念枠組みを想定しそれを対象に当てはめようとする，②学校の現実や実践から乖離した規範論（べき論）に終始する（河野ら，1992：佐古，1997）という従来の研究知の特質と限界である。

　たとえば教育経営学会第 31 回大会（1991）の課題研究「教育経営研究の学術性と実践性の検討」で，河野（1992，110 頁）は，経営過程論（Plan-Do-See 論）が学校現場で機能・普及しない理由について，その合理性の仮定を再吟味する必要性を主張した。「経営過程論が，目的（価値）と手段（事実）を分離し，目的達成のための効果的手段の選択を可能と考える合理性の仮定の上に立脚している」が，学校は「曖昧さ」（学校目標が曖昧で，それを達成する手段も不明確で，目標をどの程度達成したのかの測定も困難）という組織特性を有している。「現象学者が言うように，学校組織は，そこに生活する人々（教職員）によって意味的に構成された世界であるとするならば」，行為者（教職員）の立場から「科学的知識よりもその論理性，客観性，正確性に劣ると考えられた日常知（常識）に対しても分析の目を向けることが，なぜ故に，P-D-S 論が学校現場にそれほど普及しないのかを解明する契機になるかもしれない」と論じた。

また，木岡（河野ら，1992，115頁）は「学校評価研究が問題としてきたのは，民主的で合理的な『あるべき学校経営』を展開する上で必要とされる『あるべき学校評価』」であり，「『よりよい学校評価』をいかに普及・定着させうるかについては明示しえてこなかった」と問題点を明示した。そして，「学校評価導入以前に，これまでの学校経営理論が提起してきた合理的な思惟様式の，実践への適用可能性についての検証がまず必要」と述べた。

　こうした議論において，のちの臨床的アプローチにとって肝要なことは，実践性の問題を，研究手法などの「専ら研究知の内的再構成によって解決されるべき課題」ではなく，研究（知）と実践（知）の関係の再構築によって応えるべき課題だととらえたことである。この課題設定の転換を主張した佐古（1997）によれば，基礎（理論）→応用→実践へと一方向的に規定すべきとする「知の階層性」が従来の知の特質と限界を支えてきた。それが研究（知）を，実践を外から意味づけ評価し基礎づけるべきものとして，また学校の現実や実践から乖離した規範論（べき論）として成り立たせてきた。それゆえ，「知の非階層性」に基づいて研究（知）と実践（知）の関係を再構築し，実践的に有意味な知の生成にどのように結びつけていくかが新たな課題であると提起された。

(3) 臨床的アプローチの萌芽 ―研究と実践の関係の再構築―

　研究と実践の関係の再構築に基づいて実践的に有意味な知を生成する研究方法論を提案した先駆者として，天笠と佐古があげられる。

① 「臨床的（な）アプローチ」の提唱

　教育経営研究において「臨床的アプローチ」を提唱したのは天笠である（1994）。天笠は，〈基礎〉が〈臨床〉を規定する関係ではなく，両者を明確に分化して相互に刺激しあう相補的な関係の確立を主張した。理論的基礎を固めるアプローチに対し，臨床的アプローチは「臨床活動の実践を目的として組織の診断と改善のための処方せんを探究し，組織の健康の維持や向上を援助するための理論と技法の構築を求める」（天笠，1997，25頁）。そのために「教育経営現象に入り込み，その"臨床"の場から知見を得て，それをもとに積み上げることを通して"学問"を作りあげていくアプローチの方法」（同，20頁）をと

る。

　天笠は，学校の臨床にあたってはスクール・ヒストリーの把握（学校の生態や息遣い，組織の生成・発展・消滅を長期の時間の流れのなかから取り出すこと）が必要であり，それを，臨床的アプローチを支える基盤と位置づけた。また，臨床的アプローチでは，観察者は経営現象を客観的に捉えるのではなく，その現象のなかに入り込む。ゆえに，これまで客観性に欠けると排除されてきた，経営現象を捉える直感や五感が観察者の力量として重要になると指摘した。

② 学校経営／学校組織に関する開発的研究

　佐古は，「知の非階層性」の観点に立って，学校経営／学校組織に関する開発的研究を展開している。その基礎にある概念は，アクション・リサーチによる実践者（教師）の探究を基本原理とする「研究者としての教師」である（佐古，1997）。アクション・リサーチは，研究知を実践に応用・適用するのではなく，実践的な課題解決過程を通してその研究知の検証・修正を行う。その際に実践者は，研究者による知の生産のための客体や研究知の消費者ではなく，知の生産主体として位置づく。ゆえに，「研究者としての教師」は，研究知と実践知の交流を促進し，実践的有効性をもつ知を生成する可能性を有している。

　こうした概念を基礎とした開発的研究は，「あるべき姿への接近を学校において可能にするシステム，プロセス，手順ないし方法のあり方＝改善方法論（変革方略）に関する知識」（佐古，2004，90-91頁）を産出する研究である。いったん既存の学校組織に関する研究知（理論や概念）に依拠しながら学校の現状を捉え，それを改善する方法論を構築する。そして，学校の自己改善力を高めるべく，方法論の構築，実践，学校組織における反応の分析，方法論（理論）の修正を繰り返す。そのプロセスによって，学校組織の動態理解と，より実践的有効性の高い改善方法論に関する知識の概念化・体系化を進めるのである。

2．教育経営研究における臨床的アプローチの構築

(1) 臨床的アプローチ構築のための課題

　これまでの議論を引き継ぎ，教育経営研究における研究と実践の新たな関係

に基づく実践的に有意味な知の生成のあり方を求めて，2001年6月から3年間，日本教育経営学会で課題研究「学校経営研究における臨床的アプローチの構築」が取り組まれた。臨床的アプローチ構築の課題は次の点にあった。

第一に，「研究者が実践ハウツーを教示する」「実践者が研究者の助言に依存する」といった一過的・一方的な関係ではなく，「継続性，相互交流性，および価値志向性を作り出す」研究と実践の関係のあり方を探ることである（浜田，2004，8-9頁）。価値志向性とは，学校をよりよくすること，つまり "組織としての力量" を高めることをめざすという意味である。

第二に，教育相談モデルや医学モデルの当てはめから脱皮した，教育経営研究の独自性を見据えた「臨床」のモデルを構築することである。臨床心理学の場合，「専門家が，相談室という限定された空間へ相談を求めてきた来談者を相手に，その病理の診断・治療を行うというイメージがある」（浜田，2004，9頁）。しかし，学校経営の場合，「個人を対象とする」「病理の診断・治療」に限るべきではなく，学校全般にわたる日常の教育や運営などを含め，"組織としての力量" を高めることを考慮すべきである（天笠，1997；浜田，2004）。

(2) 臨床的アプローチのモデル化

課題研究では淵上，小野，浜田，天笠，佐古による学校改善過程に関する研究事例が提示され（小野ら，2004，第3章），そこから臨床的アプローチとは何かを見いだそうとした。その具体的な形態は多様であるが，曽余田（2004）は次のように定義した（当時の内容を一部修正）。

「教育経営研究における臨床的アプローチとは，学校現場に参入しコミットして相手とのかかわりの中で，学校をよりよくするための支援的な実践を行いながら現実を認識し，教育経営実践にとって有意味な知識を創造しようとする研究の方法論である。」

以下は，教育経営研究における臨床的アプローチの基礎となる考え方である。

① 現場（フィールド）の発想―現場は生きものである―

臨床的アプローチの基礎に位置づくのは「現場（フィールド）の発想」（やまだ，1997）である。教育経営研究は，科学的管理法のように学校組織をしばしば "機

械'に喩え，人的・物的・技術的などの各要素（部品）に分解し，諸要素を合理的に組み立て直す発想をとってきた。なにか問題がある場合，原因となる要素を発見し，それを修理・交換することで解決できるという発想である。

しかし，現場は「複雑多岐の要因が相互に連関する全体的・統合的場」（同，167頁）である。教職員，生徒，保護者，地域住民がさまざまな思いを抱いて複雑に相互に絡み合って日々学校をつくっている。その積み重ねによってその学校固有の文化や歴史が培われている。さまざまな出来事が生じ，常に生成，発展，衰退と変化している。学校現場は'生きもの'である。

現場では，研究者と学校も相互に影響を及ぼしあっており，観察者と観察対象を分離することはできない。「現場（フィールド）の発想」は，「生きものを死体にして切り刻んだり，穴をあけて知る認識のしかた」ではなく，「つなげる，重ねる，合わせる，育てる，物語るなど，関係性や時間性や文脈性を重視するやり方」「生き生きした感触に触れ，多層性や矛盾をかかえこみ，生きものに働きかけつつ育みながら知る認識のしかた」（同上，ii頁）である。

② アクション・リサーチ

支援的な実践を行いながら現実を知る認識の仕方である臨床的アプローチは，レヴィン（Lewin,Kurt）以来のアクション・リサーチの伝統を引き継ぐ。レヴィンは「すぐれた理論ほど実際的なものはない」「組織を理解したければ，それを変えてみることだ」と唱えた。これは「組織は動態的なシステムであって，そのことを本当に理解するには，その力動性に何らかの形で介入してみる以外にはない」という考えに基づく（シェイン，1981，265頁）。現場には参入するが，できるかぎり現場に影響を及ぼさないように注意を払うエスノグラフィックな方法とは対照的である。臨床的アプローチでは，研究者は第三者的な「観察者」ではなく，「関与者」「行為主体者」として学校とかかわる。そして，意図的に組織を変えるために働きかけ・働きかけられながら，「どうすれば学校を変えることができるか，学校はどのように変化し，何が変化を促進したり妨げるか」と組織を動態的に認識する。

③ 支援的な実践—プロセス・コンサルテーション—

学校をよりよくするための支援的な実践は"組織としての力量"を高めることをねらいとする。組織論的にいえば，当面の課題を解決する「組織改善」（要素・部品の修理・交換）よりも，その組織が自らを改善・創造する力（自己改善力，自己更新力，自己学習能力など）を高める「組織開発」をねらいとする。この支援のあり方を考えるうえで，シャイン（Schein, Edger H.）の「プロセス・コンサルテーション」概念が重要である（表2.1）。

専門的知識提供—購入モデルと医師—患者モデルでは，支援者（コンサルタント）は「内容の専門家（コンテント・エキスパート）」として「この学校の問題はここだ，改善のためにはこれをすればよい」と学校（クライエント）に答えを提供する。学校は答えの受容者に位置づく。これに対し，プロセス・コンサルテーションモデルでは，クライエントに自己治癒力があると仮定し，支援者はプロセス・ファシリテーターとして，学校自らが「この学校の問題は何か，この学校のために何がよいことか」を探究するプロセスを支援する。その学校が

表 2.1　コンサルティングの 3 つのモデル

モデル	専門的知識提供—購入	医師—患者	プロセス・コンサルテーション
内　容	クライエント（組織）からの要求に応じて専門的な知識・技術を提供する	コンサルタント（研究者）が現場に入って組織の診断をし，問題解決法を処方する	クライエントとコンサルタントが協働で診断し解決法を探求する。さらにコンサルタントの技能をクライエントに引き継ぐ（魚を与える代わりに魚の釣り方を教える）
目　標	当面の問題を解決するシングルループ学習の促進	当面の問題を解決するシングルループ学習の促進	組織の学習する能力を増大させ，クライエントが自力で診断・問題解決できるようにするダブルループ学習の促進
クライエント	コンサルタントが提供する解決法に依存	診断と解決法の両方でコンサルタントに依存	診断と問題解決の両方でクライエントが主導権を保持
基本的仮定	クライエントは問題解決のために何が必要かを知っており，コンサルタントはそれを提供できる（クライエントにはその力がない）	コンサルタント（外部者）はその状況に入り込んで問題を見極め，それを解決することができる（クライエントにはその力がない）	・クライエントに自己治癒力がある ・その組織でどのような解決法がうまく機能するかを最終的にわかるのはクライエントだけである

出所：シャイン，2002, 1-31 頁より作成

20　第 1 部　教育経営学における実践と研究

自力で診断・問題解決できるように協働で診断・解決し，その技能をクライアントに引き継ぐのである。

④ 現場からの知識創造

臨床的アプローチは現場からの知識創造の営みである。野中（1990）の知識創造経営理論を手がかりに臨床的アプローチの枠組みを描くと，図2.1のようになる。

野中によれば，知識には「暗黙知（経験や五感から得られる言語化しがたい・特定の文脈に依存した現場の知）」と「形式知（言語化された明示的な知識）」の2種類がある。この2つの知の相互循環が知識創造の本質である。

従来の教育経営研究は，研究コミュニティにおいて形式知を創造し，それを学校現場に適用することをめざしてきた。これは，研究者が一段高いところに立ち，自らの枠組み（形式知）に照らして個々の学校現場の現実を理解・評価し指導するモノローグ的な関係である。学校現場の外から導入される形式知は，その現場の暗黙知（組織文化）を考慮に入れないため，無視されるか，形だけ

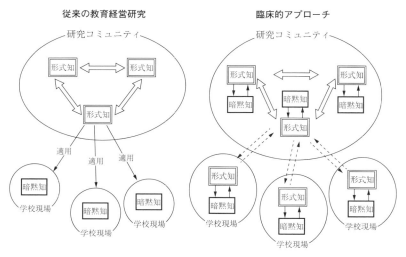

図2.1　従来の教育経営研究と臨床的アプローチのちがい

出所：曽余田，2004，45頁

の導入に終わる可能性が高い。

　これに対し，臨床的アプローチは，研究者が学校現場に参入し，支援的な実践を通した実践者とのダイアローグ（対話・協働）によって暗黙知と形式知の相互循環を促進し，実践的に有意味な形式知を創造する営みである。学校現場のなかで作業仮説として働いている暗黙知を，外部者の視点をもつ研究者と内部の実践者との対話・協働を通して形式知化しながら検証・修正する。また，いったん既存の形式知（研究知）に依拠しながら学校改善の実践を行い，実践過程を通してその形式知の検証・修正を行う。その過程を通して，学校の自己改善力・更新力を高めるとともに，実践者も研究者も経営現象を捉える直感や五感（暗黙知）を研ぎ澄ましながら，実践的に有意味な知見（形式知）を創造する。

　研究コミュニティは，学校現場で創造された知見（形式知）の妥当性や意義を検討し，それを共有，蓄積する場である。研究報告は，知見を導いた探究過程を記述する事例研究を主とする。研究の評価は，客観性などの科学的規準よりも，実践的有効性などの臨床的規準を優先する。そして，研究コミュニティで検討された形式知を学校現場にフィードバックする。

　このように臨床的アプローチは，学校現場のなかで，研究コミュニティのなかで，その２つの間で，ダイアローグによる暗黙知と形式知の相互循環の促進をめざす。これは，研究コミュニティが学校現場を一方的に育てる・支援する関係ではなく，学校現場によって研究コミュニティも育てられるという，相互に影響し豊かにしあう関係である。この関係のなかで「研究者は，いったい誰に向かって，何のために，自らの研究成果や主張を発信していくべきなのか」（浜田，2004，3頁）と，自らの研究や実践の意味・価値を省察する。

(3) 教育経営研究の臨床的アプローチの独自性

　他分野と比べて，教育経営研究の臨床的アプローチの独自性はどこにあるか。

　第一に，「組織における問題は全て基本的には，人々の相互作用や人的プロセスが関わっている問題である」（シャイン，2002，28頁）と捉える点である。人的プロセスとは，メンバー間や組織外の人々とのコミュニケーション，文化や規範の形成，問題解決や意思決定のプロセスなどである。教員が一人で行う

授業や学級経営であっても，個人の問題に還元することはできない。なぜなら，どんな問題であれ，その組織にかかわる人々のコミュニケーションや連携のあり方，組織の文化や風土などが影響を及ぼしているからである。そして，いずれの問題を解決する場合も，教職員，生徒，保護者，地域の人々，行政などの間でなんらかの協働関係をつくることが基本となるからである。

第二に，学校をよりよくするという価値志向性について，当面の問題を解決する短期的で部分的な「組織改善」よりも，その組織が自らを改善・創造する力を高める内発的で長期的で全体論的な「組織開発」を重視する点である。

第三に，「学校では何が行われているか」という静態的把握ではなく，「どうすれば学校を変えることができるか，学校はどのように変化し，何が変化を促進したり妨げるか」と組織の動態（力動性）に注目する点である。

3．臨床的アプローチの今後の課題

(1) 臨床的アプローチ構築後の展開—近接性と省察性—

3年間の課題研究の成果は『学校経営研究における臨床的アプローチの構築』(2004) にまとめられた。その後，その成果をふまえ，学校経営にかかわるコンサルテーションの理論と手法の開発（水本，2009），学校組織開発（佐古・曽余田・武井，2011），教職大学院などのスクールリーダー教育（山本・曽余田，2016），カリキュラム開発（天笠，2016）などの実践＝研究が展開されている。

他方で，その支持者にも批判者にも臨床的アプローチの本来の意味が理解されたとは言いがたい状況が存在する。すなわち，「臨床」の意味が学校現場への '近接性' と受け取られ（林・山名ら，2014），現場に入る－入らない，現場に寄り添う－距離をとる，概念枠組みを与えない－与える，実践中心－研究中心，個々の学校レベル－行政・制度・社会レベルなど，二項対立図式に囚われた状況がある。その結果，臨床的アプローチを現場に参入する研究手法の課題と捉える，マネジメント手法を現場に応用・適用して「学校現場でこんな実践をし，効果があった」という実践研究・報告に終始するなどに陥りがちである。

しかし，「臨床」の本来の意味は，「相手との関係のなかで考える」，すなわ

ち相手とのかかわりのなかで自らの研究や実践の意味・価値を問い直す‘省察性’にある。自らの枠組みを自明視したままの「研究から現場へ」「現場から研究へ」のモノローグではなく，相手とのダイアローグ（対話）的な関係の中での省察的な探究こそが臨床的アプローチの核心である。

(2) 今後の課題

　上述の点をふまえ，教育経営研究における臨床的アプローチを発展させるための今後の課題を3点ほどあげたい。

　第一は，「何を規準にこの学校はよくなっていると判断するのか，よい組織とは何か，何が望ましい支援か」という組織の健康性・有効性に関する知見の深化である。その知見は，対症療法的な「組織改善」から，学校の自己改善力・更新力を高める「組織開発」の考え方へと発展してきた。今後，組織開発の実践・研究成果の交流によって，組織の動態の見取りや手入れ（改善方法論），その前提にある組織観などの相違を確認しあうことが求められる。

　第二は，研究者および実践者（スクールリーダー）の支援的な実践の力量形成である。すぐれた支援的な実践がなければ臨床的アプローチは発展しない。これまでわれわれは問題解決の知識を提供・助言する「内容の専門家」に慣れ親しんできたし，学校現場もそれを求めてきた。しかし，学校の自己改善力・更新力の向上，それを担うスクールリーダーの養成をめざすならば，われわれ自身がプロセス・ファシリテーションの力量形成を行う必要がある。そのためには，ファシリテーションの知識や手法（形式知）の開発・習得だけでは十分ではない。経営現象を捉える直感や五感（暗黙知），相手に省察を促すとともに自ら省察する力，ショーンのいう「高地（従来の知識や経験が通用する状況）」にとどまるのではなく「沼地（それらが通用しない複雑で不確実な状況）」に入り，多層性や矛盾をかかえ込みながら相手とかかわりあうスタンスを磨く必要がある。

　第三は，学校改善実践の事例研究の蓄積とその評価規準の明確化である。臨床的アプローチの研究は，観察者ではなく関与者として学校改善実践の過程を記述する事例研究を主とする。しかし，誰の視点に立って何をどのように記述するか，知見を導いた具体的な根拠をどのように提示するかなど，その研究方

法は各研究者による手探りの状態にあり，研究の蓄積が必要である。さらに，臨床的アプローチの研究を評価する規準は，客観性などの科学的規準よりも実践的有意味性などの臨床的規準を優先するが，単なる実践報告や恣意的な分析と区別するために，一層の明確化が必要である。　　　　　　　（曽余田浩史）

文献・参考資料

天笠茂「連載"臨床"学校経営学のすすめ―教育改革とそれぞれの学校の事情」『学校経営』第 39 巻第 5 号，第一法規，1994 年，79-84 頁

――「臨床科学としての教育経営学」『日本教育経営学会紀要』第 39 号，第一法規，1997年，17-27 頁

――『学校と専門家が協働する』第一法規，2016 年

大林正史「学校経営学における『臨床的研究』の動向」大塚学校経営研究会『学校経営研究』第 36 巻，2011 年，1-9 頁

河野和清・天笠茂・木岡一明・西穣司「教育経営研究の学術性と実践性に関する検討」『日本教育経営学会紀要』第 34 号，第一法規，1992 年，109-118 頁

佐古秀一「教育経営研究における実践性に関する基礎的考察」『日本教育経営学会紀要』第 39 号，第一法規，1997 年，28-39 頁

――「学校経営研究における実践性追究の意義と可能性」小野他，前掲書，2004 年，21-31頁

佐古秀一・曽余田浩史・武井敦史『学校づくりの組織論』学文社，2011 年

シェイン，E. ／松井賚夫訳『組織心理学』岩波書店，1981 年

シャイン，E. ／稲葉元吉・尾川丈一訳『プロセス・コンサルテーション』白桃書房，2002 年

ショーン，D. ／佐藤学・秋田喜代美訳『専門家の知恵』ゆみる出版，2001 年

曽余田浩史「臨床的アプローチの枠組み」小野他，前掲，39-47 頁

――「学校経営研究における臨床的アプローチの構成要件」小野他，前掲，105-115 頁

高野桂一『学校経営研究夜話』ぎょうせい，1991 年

中村雄二郎『臨床の知』岩波書店，1992 年

野中郁次郎『知識創造の経営』日本経済新聞社，1990 年

浜田博文「問題の所在」小野由美子・淵上克義・浜田博文・曽余田浩史編著『学校経営研究における臨床的アプローチの構築』北大路書房，2004 年，4-10 頁

林泰成・山名淳・下司晶・古屋恵太編著『教員養成を哲学する』東信社，2014 年

水本徳明（研究代表者）『学校経営に関わるコンサルテーションのニーズ・手法・理論に関する研究』平成 19 ～ 20 年度科学研究費補助金基盤研究（B），2009 年

やまだようこ編『現場心理学の発想』新曜社，1997 年

山本遼・曽余田浩史「教職大学院に期待される力量形成」牛渡淳・元兼正浩編『専門職としての校長の力量形成』花書院，2016 年，87-102 頁

第3章　　教育経営研究における理論知と実践知

1. 理論知と実践知の関係づけ

　研究と実践は現実を理解し切り込む方法・過程において基本的に異なる活動であり，互いに向き合うことは少ない。しかし，研究の実践性，臨床性が課題となり，また，教職大学院では「理論と実践の架橋，融合」が基軸に据えられ「実践研究」が探究されるようになった。そこでは，研究と実践の関係づけが改めて論点となっている。

　筆者は，大阪教育大学夜間大学院および連合教職大学院を拠点にスクールリーダー教育の構築に16年間取り組み，スクールリーダーによる「実践研究」の道を探究してきた。この実践研究を支える認識論を「理論知・実践知対話論」として定式化し，「理論の意識化と実践の対象化」というスパイラル学習を問題提起してきた。ここでは，スクールリーダーによる学校づくりの実践研究を中心に，理論知と実践知の連関を考察することにする。なお，本章でいうスクールリーダーは「学校づくりの中核を担う教職員」で，校長・教頭，主幹教諭・指導教諭，主要な主任などをいう。

　学校経営研究においてこの20年間，理論と実践の融合，研究者と実践者の協働，大学と学校との連携協力が課題とされ，そのあり方が学会シンポジウムや課題研究で研究協議されてきた。とりわけ，学校の自律化政策が矢継ぎ早に具体化されるなかで，学校経営研究者が学校評議員，学校運営協議会などの委員を引き受け，また，学校評価，授業評価のアドバイザーとなることが多くなった。研究者の社会的役割が拡充されるなかで，研究の臨床性・実践性志向が強まり，その理論的有用性，研究者の当事者性が問われるようになった。学校経営研究者は研究者として学校現実とどのように向き合い，いかに関与するのか，そこでの研究の目的・内容・方法をめぐって研究者の役割や立ち位置が厳しく問われている。1945年以前に生まれた著名な研究者は，学校づくりや教育実践の指導者，監修者としてかかわることが多かったが，若手研究者が学校を訪問調査し，学校づくりに関与することはほとんどなかった。そこで，先輩研究者は理論や実践の生産者（maker）として登場し，その消費者（user）である学校教職員に対して指導し助言する役割を担ったといえる。

26　第1部　教育経営学における実践と研究

こうした知の生産者 – 消費者関係を打破し、学校教職員と協働する「知識創造者」像，学校現場をファシリテートする「実践促進者」像が新たに提起されている。[1] 代表的なものとして，日本教育経営学会の研究推進委員会が編集した『学校経営研究における臨床的アプローチの構築―研究 - 実践の新たな関係性を求めて』(2004 年)，『学校組織調査法―デザイン・方法・技法』(2010 年) の 2 冊がある。いずれも学校現場に参画し，問題解決を支援するなかでの成果をまとめたものである。

2．理論知と実践知をつなぐ実践的研究者

　学校現場に参画し，学校づくりの一端を担おうとする研究者を「実践的研究者」と呼ぶことにするが，彼らはどのような活動を行い，いかなる役割を担うのであろうか。学校現場は「開かれた学校づくり」を推進し，学校経営研究の知見を取り入れるために研究者を受け入れる門戸を開いてきており，研究者が学校づくりに何らかの役割を果たす可能性は高まってきた。

　研究者は学校現場で自らの専門的知識や研究的知見を生かそうと努めるが，教職員がストレートに受け止めてくれることは少ない。研究者は，学校現場とのかかわり方，教職員とのコミュニケーションのとり方を，試行錯誤を含めて経験的に獲得していく。その過程で学校現場特有の慣行・慣習，作法，言葉遣いとどのように向き合うかも試されるが，学校経営の実践にふれて自らの専門的知識や理論を振り返り，新たな気づきやヒントを得ることもある。ときには，研究の意味や有用性が問われることもある。また，学校現場でアクション・リサーチに取り組む過程で，さまざまな制約条件に直面し，研究成果としてまとめるむずかしさに直面することもある。

　各々の研究者が学校現場に参画するスタンスと方法を見いだし，実践的知見をもつようになるが，これは経験的なもので，経験則としてまとめられたものは少なく，暗黙知の部分も多い。研究者が学校現場に参画するときの問題を論理的にみれば，実践者と研究者の関係，実践知と理論知の関係，学校と大学との関係をどのように切り結んでいくかである。

第3章　教育経営研究における理論知と実践知　27

学校の臨床社会学を構想する志水宏吉は，それにたずさわる研究者について5つの役割を仮説的に提示している。セラピスト型，コンサルタント型，コラボレイター型，インフォーマント型，ボランティア型の5タイプである。[2)]

　セラピスト型は，医者や治療家のように問題解決してくれる役割である。まれなケースである。コンサルタント型は，専門的知識をもとに問題の明確化，問題解決についてアドバイスする役割である。コラボレイター型は，当事者と対等な立場で，協働して問題に取り組む役割である。ともに働き，ともに考える関係で取り組まれる。インフォーマント型は，よき情報提供者であり，重要な相談相手となる役割である。ボランティア型は，学校のヘルパーとしてかかわるなかで学校の実像を学ぶ者である。若手研究者には重要な経験となると指摘する。

　志水が提示する5類型は，実践的研究者の役割を考えるうえで貴重な視点を与えてくれるが，実践的研究者が学校現場に参画しつつある現在，その役割は未分化であり，この類型論は1つの指標として捉えるべきである。

　それでは，実践的研究者を志す学校経営研究者は，学校現場にいかなるかかわりをもち，どのような活動を担うことができるのであろうか。筆者は実践活動（機能）の視点から，①情報提供，②実践分析，③問題解決支援，④実践報告支援という4つを提起したい。

　① **情報提供活動**：学校づくりに関する専門的情報やアイデアを提供し，実践的な示唆を与える活動である。他校の工夫された実践，他県や中央の政策動向や実態，海外の取り組み，学校づくりの理論や方法について，学校教職員に参考となる情報をタイミングよく紹介したり，話題にしたりする。教職員から問い合わせがあった場合は，絶好の機会である。

　② **実践分析活動**：学校づくり実践の問題を整理し課題を分析すること，あるいは教職員が実践分析することを支援する活動である。学校の自己評価，学校関係者評価，授業評価のデータ分析の視点や陥りやすい点をアドバイスすることはよくあるケースである。学校経営の問題を整理したり課題を深めたりすることでは，専門性を発揮しやすい。

28　第1部　教育経営学における実践と研究

③ **問題解決支援活動**：学校の直面している問題を解決するための方針や方策について検討する会議に参画し，関係者の相談に乗る活動である。こうした機会は当事者の信頼を勝ち得てこそ与えられる。また，フォーマルな活動だけでなく，気づいた点を指摘し，気になった点を話題にして意見交換するインフォーマルな活動も貴重である。

④ **実践報告支援活動**：研究指定校や公開研究会では学校の実践を報告書や研究紀要にまとめるが，それについて専門的な立場から助言し意見を述べることである。報告書の編集方針，内容構成，論文作成などについて，専門家，経験者として支援できることは少なくない。

さて，実践的研究者はこれら4つの実践活動を時と場所に応じて多様に担うことになる。それは研究者と学校教職員との関係の深まりのなかで成立し，学校の必要性や判断に応じて変化する。多くの実践活動を担う場合もあれば，一部を担う場合もあり，その広さや深さは絶えず変化している。一般的にいえば，相談，対話，討議，談話などの形態でコミュニケーション行為として行われるが，ときには文書としてまとめられることもある。学校現場で交わすおしゃべり，フォーマルな研修会，会議での研究協議，ときには校長など学校教職員が大学を訪問して相談を受けるセミフォーマルな場面もある。その場面における研究者の立ち位置や役割は，助言者，協力者，指導者，同行者など多様である。学校教職員との関係も，校長・教頭，リーダー教員，親しい一般教員などとタテ，ヨコ，ナナメなどの多様な網の目の関係がみられるのである。

筆者は，個別学校の指導助言者，研究協力者としてかかわるとともに，スクールリーダー・フォーラム事業，スクールリーダー教育の指導者・組織者としてかかわってきたが，実践と研究の緩やかな関係づけ，効果的な連関を絶えず模索してきた。

3. 実践当事者による実践研究

さて，学校における教育実践に関する研究は，研究者，実践者，実践者と研究者の共同によって担われてきた。研究の成果は，学術論文，実践報告・実践

記録，そして実践研究論文の形式で発表されてきた。ここでは第三の実践研究論文について整理する。実践研究に関する学問的関心は，ショーンの省察的実践論，アクション・リサーチ，エンゲストロームの活動理論などに影響されて高まってきた。とくに，市川伸一・秋田喜代美の「研究者による実践研究」の定位，東京外国語大学多言語・多文化教育研究センターの杉澤経子による「実践者による実践型研究論文」の指導実践，福井大学教職大学院の「学校改革実践研究報告」の作成などが注目される。[3]

市川・秋田によれば，実践研究とは，「研究者が対象について働きかける関係を持ちながら，対象に関する援助と研究（実践）を同時に行っていく研究」と定義し，研究法の1つとしてアクション・リサーチ（AC）を取り上げている。ACは「実践の改善を時系列に沿って検討する事例研究」であるとして，その方法を次の6点にまとめている。①問題を特定化し，先行研究，先行事例を参考にして解決のための仮説を立て具体的行動の計画を立てる，②実際に介入行動を実施し，実施過程や結果を観察記録する，③行動記録の分析を行い，問題や目的に照らして評価する，④改善点があれば，行動計画を立て直す，⑤再度実施し，記録する，⑥その過程と結果を評価する（秋田喜代美，2004，44頁）。そして，実践研究では信頼性，妥当性よりも有効性，実用性，確実性が重視されるとする。ここでは，研究者による実践研究が学術研究に準拠しつつ独自なものとして位置づけられている。実践研究特有の方法と課題が提示されており，実践者によるACに参考となる。

つぎに実践者による実践研究をみると，杉澤（2011）は多文化共生コーディネーターの育成プログラムを組織運営するなかで，実践当事者が実践を省察し論文にまとめる意義と必要性を確信している。杉澤は，実践研究を「実践者が自らの実践活動を対象化し，その意味づけや課題解決を行う研究」と定義し，次の5つの要件を明示した。①自己の実践活動を研究対象とする，②自己の実践経験のプロセスを記述する，③課題解決が目的である，④論文執筆のマナーや体裁を習得する，⑤実践に基づいた専門性を導出することである。そして，実践当事者が自らの実践を対象化し意味づける方法・過程にふれて，実践者が

30 第1部　教育経営学における実践と研究

「実践型研究論文」執筆に取り組む段階論を実践経験から提示している。学術研究を参照しながらも実践の特質をふまえた実践研究のあり方を論じている。

この先行研究を参照し，スクールリーダーによる実践研究の指導経験をふまえて，筆者は次のように定義する。実践研究は，「実践をテーマ化し，その内容・組織・過程を記述し，実践の課題解決と意味を明らかにすること」である。学校づくりの実践研究は，「学校づくりのコンセプトとストーリーを軸に，その構造と過程，スクールリーダーの役割と活動を記述し，実践の課題解決と意味を明らかにすること」である。

実践研究の成果をまとめる「実践研究論文」は，①学校づくり実践をテーマ化する（明確な問いを立てる），②実践の方法と過程を記述する（葛藤や課題も取り出す），③自己の役割と活動を位置づける（個人と組織を関係づける），④学校づくりの課題解決とその意味を考察する（個別性と一般性に論及する）の4要件が求められる。この基本要件を満たすためには，次の取り組みが必要かつ効果的である。⑤主要な先行研究（学術論文）を検討し，テーマを焦点化する（テーマを絞り込む），⑥比較対象事例を選定して，自己の実践と比較検討する（分析枠を作成して事例比較する）。

スクールリーダーが学校づくり実践を対象化し記述するには，2つの道筋がある。1つ目は，実践の内容と過程を現場の感覚と言葉で整理し物語るベクトルである。実践知・経験則を整理し構成することを通して「持論」「物語知」を形成する。実践の「文芸性」を大切にする点で意義と課題がある。2つ目は，学校づくり実践を省察し理論的照射を行うことを通して課題解決と意味づけを行うベクトルである。実践事例を対象化し相対化して，実践の内容・組織・過程を社会的文脈において認識し「実践研究論文」としてまとめる。この2つの道筋は，理論と実践，思考と行為，学術用語と実践用語の関係，両者のジレンマと関係しており，いずれの道もとりうる。筆者は，夜間大学院と教職大学院で，スクールリーダー（実践当事者）による学校づくりの実践研究の道筋を，次の問題意識から探究してきた。

第一に，働きながら学ぶスクールリーダーは学校現場で多様な経験を積んで

実践的知見を形成
しているが，それ
を生かす。第二
に，学校現場とか
かわりが深い研究
者（実務家教員を
含む）の研究的・
実践的知識を活用
することを大事に

表 3.1　理論知と実践知の関係

概　念	実践知	理論知	理論知・実践知の対話
用　語	現場特有の言葉 多義性，包括性	概念・認識枠組 専門性，分析性	両者の使い分け 両者のジレンマ
知　識	個別具体的 実践的知見・知恵 経験の整理 暗黙知を含む	一般的・抽象的 対象の説明，予測 定式化・体系性 形式知	特殊と一般をつなぐ 形式知と暗黙知をつなぐ
特　徴	実践・改革志向 属人的，主観的	実証・普遍志向 論理的・客観的	臨床性・実践性重視 論理的／主観的

出所：大脇康弘「大阪型スクールリーダー教育の構築」『学校教育論集
　　　2012』2013年，6頁

する。第三に，夜間制の大学院でスクールリーダーが効果的に学び，実践の課
題解決につなげて，それを確実に論文にまとめる道をめざす。この問題意識を
整序し方向づける認識論として「理論知・実践知対話論」を提起している[4]。

　実践知は実践的知見・知恵であり，実践者の経験と実践感覚を整理したもの
である。実践性・具体性を志向するもので，個人や学校の状況を反映するなど
特定の社会的文脈に規定されている。また，形式知とともにカンやコツなどの
暗黙知が含まれ，多義的である。理論知は現象を説明し，予見する理論的命題
と研究方法に関する知識技術である。体系性・実証性を志向し，研究者集団の
専門性に基づいて成立している。

　さて，教師は自らの実践スタイルを支える知識技術と教育観・学校観をもっ
ている。教育実践や学校経営実践においては，直面する状況において適切だと
判断される意思決定が重ねられる。それは合理性だけでなく，状況対応性，即
興性に基づく意思決定であり，経験やカン・コツによる判断も少なくない。こ
の経験をそのまま述べれば経験談で終わるが，社会的文脈をふまえて一定の視
点や認識枠組において整理すれば，その経験の内容・形式が他者に深く理解さ
れる実践知となる。

　一方，多くの教師は研究論文，学術書にふれる機会は少なく，それが実践と
どのようなかかわりがあるかに関心をもたない。学校現場で読書会，文献講読
会が取り組まれ討議がなされたのは1970年代までのことである。実践研究論

32　第1部　教育経営学における実践と研究

文はもちろん，実践をリアルに認識し解説した論文・学術書は，実践者の見方・考え方を広げ深める点で大きな意味がある。スクールリーダーが研究論文を読み解き，現実を省察する契機をもつことの意義は大きい。そして，実践の内容・方法・過程を振り返り，実践の課題解決と意味づけを行い，実践を新たな視点から見直し再構成することにもつながる。さらには実践の認識枠組を問い直すこともありうる。その意味で，研究論文，学術書にふれ，読み解く意義を再確認したい。

　スクールリーダーは実践者としての実践的・状況対応的思考と研究者としての理論的・実証的思考を対話させて，葛藤・ジレンマをかかえつつ実践研究に取り組むことになる。この実践研究を支えるメタ理論として「理論知・実践知対話論」を次のように論理構成する（簡略版と総合版を参照）。

　第一に，実践知の規準として，a. 実践の整理　b. 実践の主題化　c. 実践の再構成　d. 実践の理論化という4段階を仮設する。第二に，理論知の規準として，a. 理論の学習　b. 理論の内面化　c. 理論の再構成　d. 理論の構築という4段階を仮設する。第三に，実践研究の規準として，a. テーマの掘り下げ，b. 認識枠組の作成，c. 実践の相対化，d. 実践研究の確立という4段階を仮設する。そして，理論知と実践知の連関は，「a.つなぐ，b.往復，c.対話，d.統一」（以上を含めて「対話」と総称）という4段階を仮設する。図3.1は平面上に描かれているが，実際は三次元上でスパイラルに高まるものと考え

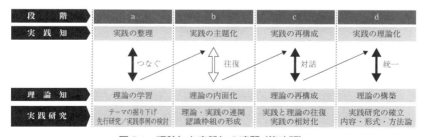

図 3.1　理論知と実践知の連関（簡略版）

出所：表3.1と同じ，7頁

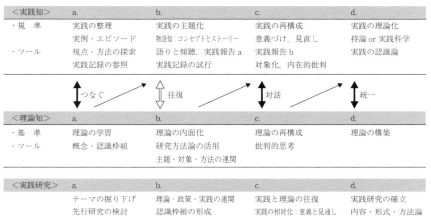

図 3.2　理論知と実践知の連関（総合版）
出所：図 3.1 と同じ

られる。実践知が理論知に支えられ，広がりと深まりをもって次の段階に移行するなかで実践研究が取り組まれる。この実践研究では「理論の意識化と実践の対象化」をスパイラルに展開させることがカギとなる。

　理論知と実践知の連関において，スクールリーダーは両者の葛藤やジレンマにたびたび直面するが，これは次の段階へのステップアップの契機でもある。実践研究の取り組みでも，実践展開とは別に，テーマ，行動計画，プロセスマネジメント，実践の評価の認識において五里霧中になるが，これは実践研究を深化発展させるための足踏み状況である場合が多い。大学教員が実践研究の導き役，支援役となって，実践者がこの問題状況を整理し切り拓くのである。実践者と研究者の協同を通して，実践研究が明確な内容と形式を備えてくる。

　このように理論知と実践知の対話をリードし，ファシリテートするのは大学教員の役割である。大学教員は学校づくりの理論・政策・実践を総合的に認識すると共に，学校現場や教育政策にも関与する「実践的研究者」である。「理論知と実践知の対話」はまず大学教員自身の「内的対話」として取り組まれる。

　スクールリーダーは大学教員の範例に学んで，理論知の意識化と実践知の深

化に取り組み，両者の対話を行うようになる。その学習作業を持続的に行うためには，スクールリーダーの協同学習が不可欠である。理論知と実践知の内的対話は個々人で意識化されるとともに，学習集団としても取り組まれる。これを通して，スクールリーダーは学校づくりの理論的基盤について認識を深める一方で，自らの実践を実践的・改善的視点からだけでなく理論的・実証的視点からも見つめるようになるのである。

4. 教職大学院における実践研究の可能性とアポリア

教職大学院（夜間）院生は，働きながら学ぶという厳しい修学条件のなかで，理論知の世界にふれて新たな視点や認識枠組を獲得する一方で，自らが主導する学校づくり実践を対象化する作業に取り組む。2年間の集大成となる実践研究論文は，実践当事者として取り組む実践を対象化し，実践の過程と課題解決について考察している。そして，実践事例からの示唆と一般化を行い，理論的な問題提起を試みている。

教職大学院の実践研究では，先述した実践研究の4要件（+2要件）をふまえて助言し指導している。とくに，次の点には注意を払っている。①研究テーマ・対象・方法を連関させる，②主要な先行研究，先行実践をふまえてテーマ設定する，③比較できる実践事例を選定して，自らの実践と比較検討する，④研究論文の形式・ルールに準拠する，⑤分量は8万字（40字×40行×50枚）を目安とする（段階設定として，4000字→6400字→8万字→4万5000字：紀要掲載）。

院生はこの要件を意識しながら，実践を展開しつつ，実践の記録をとり，それを分析する作業に取り組む。それは，＜テーマ，仮説，調査，分析，考察＞という実証研究のプロセスをたどるのではない。実践がカベに直面し葛藤しながら課題解決を模索する一方で，その実践の内容と過程を記録し分析するという，五里霧中の状況に陥ることも少なくない。実践研究の指導は，個別指導，コースの集団指導，専攻全体の集団指導を2年間重ねていく。学校マネジメントコースでは月1回のリフレクション・ミーティング（RM）5時間が軸となって，教員・院生が研究協議を行う。実践研究は学術研究以上にカベがあり，紆余曲

第3章　教育経営研究における理論知と実践知　**35**

折を経ることになる。

　教職大学院院生１期生（2017 年３月修了）が取り組んだ実践研究を総括すると，次のような根本的課題が浮かび上がる。「理論と実践の融合」と実践指導力の向上を軸にした独特のカリキュラム編成，学習集団の編成，TT などは経験重視，活動主義に傾斜しており，そのため理論的基礎を学習する，重要な問いを立ててじっくり考える，教職アイデンティティを問い直す，というロングスパンの取り組みは後退する。これは，院生個人の取り組みの問題というより，教職大学院の制度設計に基づく問題である。研究的実践者としてはこの矛盾を意識しながら，当面はカリキュラム・マネジメントとして対処すべき問題といえる。

　① **実践課題を実践研究テーマに変換する**：目標である実践研究の内容・要件・課題について学ぶ。学校実習が４月当初より開始されるため，入学前に作成した実習課題を再構成する取り組み，そして実習課題を適切な実践研究テーマに変換する学びを明確に位置づける。

　② **先行研究と先行実践を選定し読解する**：１年前期に共通必修科目の授業に追われ，学校実習を進めていくため，先行研究と先行実践への関心が低い点を改善する。１年後期に課外に基礎文献講読会を行い，ミンツバーグ『マネジャーの実像』，松尾睦『成長する管理職』に教員・院生で取り組んだことは意義深かった。また，先行事例に学び，自己の実践と比較検討する認識枠を作成することが課題となる。

　③ **学校づくりの構造と過程を動態的・多元的に把握する**：組織メンバーの認識と活動の集合体として組織認識するための方法を示唆し，一元的な組織認識を見直す。たとえば，校長とミドルリーダーへのインタビュー調査を行い，共通点と相違点を明らかにし，その背景を考察する。

　④ **スクールリーダーの役割と活動を対象化する**：実践の対象化において，自己の役割と活動，そして感情を明らかにすることができにくい。自己の相対化のための視点と方法を助言する必要がある。

　⑤ **研究方法・技法を修得する**：基礎的な研究方法論を活用すること，研究

論文の内容・形式を参照することを指導することは基本となる。

　実践研究のむずかしさは，実践が計画的・組織的に展開されるよりも状況対応的・妥協的に行われること，実践の組織や過程が明確に総合的に把握しにくいこと，1〜2年で実践し課題解決することがむずかしいこと，そして，スクールリーダーの職位や役割によって活動が相当制約されることなどがある。

　けれども，スクールリーダーは実践知と理論知の世界を行き来し，複眼的思考を行うことは実践の意味づけを豊かにし実践の見通しをもつことにつながる。スクールリーダーは実践研究に取り組むことを通して，実践を省察し再構成することができる，そして教職アイデンティティを再定義することにつながる。その意味で，実践研究は新たな実践世界を拓く扉となりうるのである。

（大脇康弘）

注

1）たとえば，次の論稿を参照。佐古秀一「学校経営研究における実践研究の方向性」『佛教大学シンポジウム報告：教育実践研究における知とは何か』2001 年。

2）志水宏吉「研究 vs 実践―学校の臨床社会学に向けて」『東京大学大学院教育学研究科紀要』第 41 号，2001 年。

3）ドナルド・A. ショーン『省察的実践とは何か』鳳書房，2007 年。ユーリア・エンゲストローム『拡張による学習』新曜社，1999 年。秋田喜代美・市川伸一「教育・発達における実践研究」市川伸一他編『心理学研究法入門』東京大学出版会，2001 年。秋田喜代美「アクションリサーチ」日本教育方法学会編『現代教育方法事典』図書文化社，2004 年。杉澤経子「実践者が行う『実践研究』の意義とあり方」『シリーズ多言語・多文化協働実践研究』No.14，2011 年。

4）筆者のスクールリーダー教育の理念・枠組み・実践の原型は大脇康弘「スクールリーダー教育のシステム構築に関する争点」（『日本教育経営学会紀要』第 47 号，2005 年）にあり，以下にあげる文献はその発展型といえる。大脇康弘「教育指導職の育成をめぐる動向と論点」東アジア教員養成国際共同研究プロジェクト編『「東アジア的教師」の今』東京学芸大学出版会，2015 年。大脇康弘「スクールリーダーの学びを組織する」『学校教育論集 2015』2016 年 a。大脇康弘「学校づくりの『実践研究』を考える」『大阪の学校づくり 2016』2016 年 b。大脇康弘「スクールリーダーの実践研究」『学校教育論集 2016』2017 年。また，大阪型「フォーラム―夜間大学院ブリッジ方式」については下記の論稿を参照。スクールリーダー・フォーラム事務局編『つくる 教師の学習コミュニティ』SLF，2016 年。大脇康弘編『ひらく 教師の学習コミュニティ』SLP，2017 年。

5）教職大学院の制度設計と組織運営について考察した論稿は多くないが，下記を参照。岩

田康之「『教職大学院』創設の背景と課題」『日本教師教育学会年報』第16号，2007年。
油布佐和子「教師教育の高度化と専門職化」佐藤学他編『学びの専門家としての教師』
岩波書店，2015年。大脇康弘，前掲書。

文献・参考資料
大脇康弘「学校評価における研究者の役割」『学校経営研究』第36巻，2011年
──「『教員養成の高度化』と教職大学院の役割」『教育行財政研究』第44号，関西教育
　行政学会，2017年

第4章 「エビデンスに基づく教育政策」と教育経営研究

1. 「エビデンスに基づく政策」の動向

　政策目的を達成するための効果的な施策を科学的根拠に基づいて，意思決定する「エビデンスに基づく政策（Evidence-Based Policy）」が欧米において推進されるようになってきている。エビデンスとは，科学的見地に基づく知見や事実を意味する。それは，純粋に科学的見地を意味するだけでなく，研究者が専門家としての判断に基づいて表明した見解やアンケート結果なども含めて捉える場合もあり，何らかの客観性・合理性を備えているものをさすと理解することができる[1]。

　政策と実践において，エビデンスが重視されるようになったのは，多くの要因が影響している。すなわち，教育水準が高く，十分に知識をもつ市民が増えたこと，IT の発展によってあらゆるタイプのデータを活用する可能性が拡大したこと，研究コミュニティの規模が大きくなり，能力が向上したこと，生産性と国際競争が激化したこと，政府に対する監視やアカウンタビリティが強まったことなどが，その要因としてあげられる[2]。

　エビデンスに基づく政策の動きは，医療の領域から始まったといわれる[3]。その始まりは，Gordon Guyatt が，臨床の場での医学教育の新しい方法論を模索するなかで，1991 年に，そのコアカリキュラムを描く要語として「エビデンスに基づく医療」を *ACP Journal Club editorial* 誌上において用いたものであった[4]。この新しい戦略は，従来の標準的な医療実践の弱点，すなわち科学的な方法や統計的分析がほとんど用いられず，専門家の意見，経験，権威的な判断が医療の意思決定の基礎とされていたといった医療実践の弱点に対する認識の高まりによるものであり，長年の研究を通じて形成されてきたものと捉えられている[5]。そこには，実践の水準を高めようという認識，そしてその基礎的条件を科学の成果に求めようとしていたとみることができる。

　今日の社会問題は，「不確定要素をふくみ，科学者にも答えられない問題だが，『今，現在』社会的合意が必要」という特徴をもっている[6]。確たるエビデンスを提示することがむずかしい問題も珍しくはない。そのような問題に関する社会的合意を図るために，どのようなエビデンスを産出して，そこに研究者

としてどのように関与できるのか，重要な課題である。「エビデンスに基づく政策」の推進は，不確定性に向き合うことが求められる。

2. 科学と政策との関係

(1) 政策における研究の活用

　科学と政策形成や実施との間には，さまざまな関係をみることができる。政策形成のプロセスにおいて，研究成果がエビデンスとして受け止められ，その合意形成に影響を及ぼす。したがって，両者の関係が重要となる。政策過程において，研究がどのように活用されるのか，科学と政策との関係のあり方を考えることが求められる。

　政策志向の科学として，政策科学の研究の蓄積がある。政策科学の生成は，「何のための知識か」という問いであり，科学の社会的関連性（social relevance）の問題として，社会科学が現代社会の諸問題の解決に貢献しようとしているかを問うことにあった[7]。政策科学は，公共政策をめぐる諸科学を関連づけ，総合化する科学であり，政策決定のあり方や政策そのものの分析などが研究対象となる。政策科学の研究を参照しながら，各々の政策領域において研究がいかなる役割を果たすことができるかを検討する必要がある。それは，政策において研究がいかに活用されるべきかを考えることでもある。

　政策において研究を活用する場合に，2通りに分けることができる。1つは，道具的な活用（instrumental use）であり，政策や実践に直接的な影響を与えるものである。もう1つは，概念的な活用（conceptual use）であり，研究が政策担当者や実践者の知識，理解，態度に影響を与える複雑でしばしば間接的な方法を含むより広い範囲の活用を意味するものである[8]。後者は，前者を含むものとして捉えることができるが，実際には，両者がさまざまに絡まりながら，政策の形成や実践のプロセスが展開しているとみることができる。

　政策の形成やその実践において，研究を活用することは，複雑なプロセスである。Weiss は，研究の活用の意味について7つのタイプに分類している。すなわち，それは，知識主導モデル，問題解決モデル，相互作用モデル，政治モ

40　第1部　教育経営学における実践と研究

デル，戦術モデル，啓発モデル，そして社会の知的営みの一部としての研究である。[9] これらは，政策にかかわるプロセスにおける文脈や環境，そこでの研究者や政策担当者，実践者のかかわり方や姿勢などによって，多様なあり方がみられることを示しているといえよう。研究と政策との関係，研究者と政策担当者，実践者との関係づくりが重要となる。研究は，関係者の間のていねいな対話を促すものを産出すべきであり，議論を断つ切り札のように活用されるような研究をめざすべきではないであろう。[10]

（2）エビデンスの意味と産出の方法

エビデンスに基づく政策が推進されるなかで，エビデンスの質を高め，普及させるシステムの整備もなされてきている。政策形成において求められるのは，「何が有効か（what works）」を明らかにすることであり，それを示す知見，データがエビデンスとして活用されることになる。それらを産み出す方法としては，質的方法，量的方法，そして複数の方法を用いる多元的方法などさまざまであり，さらにそうした一次的研究によって産み出された研究結果を活用できるように，知識群に蓄積していくための二次的研究（系統的レビューやメタ分析），そして信頼性を高めるためのエビデンスの格付けもなされている。[11]

研究結果の質，信頼性は一律ではなく，水準のレベルを評価するのがエビデンスの格付け（グレーディング）である。たとえば，疫学研究や臨床研究の研究デザインについて，Ⅰ.システマティック・レビューまたはメタ・アナリシス，Ⅱ.1つ以上のランダム化比較試験による，Ⅲ.非ランダム化比較試験による，Ⅳ.分析疫学的研究（コホート研究や症例対照研究），Ⅴ.記述研究（症例報告や症例集積），Ⅵ.患者データに基づかない専門委員会や専門家個人の意見，とされている。[12]

ただし，日本においては，こうした国際的動向が浸透しているわけではない。たとえば，医学の領域においては，「エビデンスに基づく医学（Evidence-Based Medicine）」に関する論文がアメリカ医師会雑誌に発表されて以降，国際的には，医学的根拠に関しては，人のデータの数量化が柱になっているにもかかわらず，日本では，医師としての個人的な経験を重んじる考え方，動物実験や遺

伝子実験など生物学的研究の結果を重視する考え方が，医学的根拠として捉えられる傾向が強く，そのことが，公害や大気汚染による健康被害などの問題について，対策の遅れや被害の拡大をもたらす一因にもなっている。[13]

　政策や実践におけるエビデンスの重要性が高まるにつれて，研究の領域においても，社会からの要請に対していかに応えていくのかという課題を背負うことになる。しかしそのためには，科学のあり方，研究のあり方を社会状況との関係のなかで見直していくことが必要となる。研究者，専門家の間においても，それぞれの領域における科学的根拠に対する認識に混乱がみられたり，限界が露呈される場合があることを考えると，社会との関係のなかで科学の使命に関する見識が問われているといえよう。

（3）「公共空間」と合意形成

　研究によるエビデンスに基づきながらも，政策の形成，実践には，合意形成を図っていくことが必要であり，そうした社会的合意形成を図る場としての「公共空間」のあり方が重要となる。「公共空間」は，科学技術を社会に埋め込んでいくための交渉の場である。[14] 強力なエビデンスが産出されたとしても，それがそのまま合意形成を促し，政策となって実践されるとは限らない。それは，科学的な合理性と社会的合理性が必ずしも一致するわけではないことを示すものであり，合意形成への研究者のかかわり方も問題となる。

　研究によるエビデンスが，絶対的な権威をもつことは，社会のあり方として決して健全ではない。たとえば，ソーシャルワークの実践においては，エビデンスはソーシャルワーク実践全体の一部に過ぎないと捉えられている。[15] エビデンス情報をふまえながら，その状況に応じた合意形成が求められている。合意形成においては，当該問題の利害関係者など一般市民もかかわることから，専門家と一般市民との関係も問題となる。今日の複雑化した問題への対処は専門的科学者に依存することになり，専門家による善意の支配というテクノクラシーが浸透する傾向が強まるが，それだけにテクノクラシーと民主主義の理念や現実とをどのように調和させるかが重要な課題となる。[16]

　科学的合理性とは区別される社会的合理性は，社会的意思決定において依拠

される合理性である。一般の人々の不安感などさまざまな要因をふまえながら意思決定がなされる。「公共空間」では，専門家，市民，行政の三者の関係が問われるのであり，そのなかで公共問題の解決が図られることになる。そうした関係においては，エビデンスを絶対視する専門主義に陥ることなく，科学的知見は，今まさにつくられつつあり，書き換えられる知識であると認識する柔軟性と利害が異なる人々による話し合いを通じて合意形成を図ろうとする精神が求められるといえる[17]。

3. 教育とエビデンス

よく知られているように，ハーグリーブスが講演において，医師と比較しながら，教職が研究に基づく専門職となっていないことを批判，教師の間で合意された知識基盤がなく，テクニカルな言語を共有していない，前提となるディシプリンとしての基礎を欠いていると厳しい批判を展開した[18]。日本においても，苅谷が，教育にかかわる政策の議論を行う審議会などで，その基盤となるべきデータを欠いていること，社会的な視点が欠落していることを指摘し，教育論争の不毛性を批判した[19]。教育の実践や政策が研究やそれによる根拠に基づいていないことが批判されてきた。

こうしたなかで，エビデンスに基づく政策，実践の動向の影響を受けて，教育の領域においても，エビデンスに基づく教育あるいはその政策が展開するようになっている。OECD 教育研究革新センターが 1995 年に『教育研究と発展—動向・論点・課題』を刊行し，イノベーションや経済成長にとって教育や知識の重要度が高まっていること，教育費支出におけるアカウンタビリティへの関心が高まっていること，現在の教育研究の質や有効性への懸念があることを指摘していた。そして 2004 〜 06 年にかけて「教育におけるエビデンスに基づく政策研究」プロジェクトが行われた[20]。

日本では，経済財政諮問会議が 2015 年 6 月 30 日に「経済財政運営と改革の基本方針 2015」を公表し，その実行のために，経済・財政一体改革推進委員会が 12 月 24 日に，「経済・財政再生アクション・プログラム—“見える化”

と"ワイズ・スペンディング"による『工夫の改革』」を公表した。そこにおいて，教育政策に関しては，「教育効果のエビデンスを重視。教育政策に関する実証研究を推進。その進捗を踏まえ，少子化の進展，学校の課題等を踏まえた教職員定数の中期見通しを提示」ということが示された。実証研究を推進し，教育効果のエビデンスを重視した政策が進められている。こうしたプランは予算配分の根拠としてエビデンスが位置づけられているが，財源の厳しさゆえにエビデンスが政治的に利用される傾向を強めることにもなる。[21]

　以上のように，エビデンスに基づく政策が進められているが，一方で，エビデンスに基づく教育の考え方に対しては，教育の本質の観点からの批判もなされている。教育の本性の歪曲，教育実践の矮小化，多様な解釈や多角的な議論を要する教育目的の排除，長い論争史に支えられた学問的な議論の蓄積の無視，専門家の自律性の剥奪，データの捏造・偽装といったことなどが批判されてき[22]た。これらの批判は，エビデンスに基づく教育の実践や政策が，教育を歪める，議論を排除すると捉えるものであり，それは，産出されているエビデンスの性質やそれに基づく政策決定が，教育の実際の営みに対して与える影響に向けられた批判である。

　このような問題は，1つは，現に行われている調査研究の方法や活用のあり方の問題である。日本の教育研究においては，理論的要請によりどのような質のデータを集めることが必要で，そのためにはどのような調査設計が必要なのか，という理論と調査・分析方法を密接にリンクさせた議論が欠けていることの問題性である。[23]研究方法に関する研究を深化させ，エビデンスとなるデータをいかに蓄積していくかが課題となる。とりわけ実践を対象とした科学については，実践者の論理，権威，理論，経験などが重要な意味をもっており，科学的根拠であるエビデンスとなじまないところもあることは事実であり，実証的な研究による科学的根拠が軽視されてきた面も否定できない。それだけに，エビデンスに基づく政策の要請が，これまでの教育研究にかかわる思考方法を転換する契機となることが期待できる。[24]

　もう1つは，教育に対する考え方，教育観の問題である。エビデンスに基づ

いた実践の中心にある考えは，専門職的行為を介入とみなし，介入の効果性の
エビデンスを研究に求めるものであり，因果律モデルに基づくものである。し[25]
かし教育は，教える者と学ぶ者との相互作用に依存するものであり，因果律モ
デルだけでは捉えきれない営みである。また教育には，目的−手段の関係から
自由で，未知の世界との出会いを通じて，人を変容させ，成長させていく面が
ある。それは，教育する側の意図，働きかけとは自立した営みが介在すること[26]
を意味するのであり，それぞれの学習者に対して教育が与える影響は，間接的
なものになる。したがって，エビデンスと教育との間には必然的に空隙が生じ
ることになり，それは教育実践の自由空間となり，実践者，学習者の自律的な
営みの素地となる。こうした教育の特質をどのように認識するかが重要な課題[27]
となる。

4.「エビデンスに基づく教育政策」と教育経営研究

「エビデンスに基づく教育政策」が展開されるようになると，それは，教育
に影響を与えることになり，そのことは，教育経営の環境が変化することを意
味する。そうした環境の変化のなかで，教育経営学による研究にどのようなこ
とが求められるようになるのかを検討することが必要となる。

日本教育経営学会では，教育経営研究に関して，その研究のあり方が検討さ
れてきた。1990 年代ごろまでは，教育経営研究の科学化が課題とされてい
た。科学化は，学問分野としての学術性を問題にし，その高度化を図る営みで[28]
あった。そのなかで「ほんものの理論」の不在と「ほんものの研究方法論」の
不毛，学術水準の不十分さなどが問題にされてきた。[29][30]

さらに 1990 年代半ばごろから，教育改革が進められるなかで，学校の自律
性確立が課題とされたことに伴い，そうした改革を促進することが研究の関心
事となり，また改革の推進に対する助言が求められる機会を格段に増大させる
ことになった。それに伴い，教育経営研究の実践性に関する課題意識が高まり，
臨床科学としての教育経営学のあり方の探求も行われてきた。研究の有効性，
そして研究者としての貢献のあり方が，研究の意義や方法論の問題として認識

第 4 章　「エビデンスに基づく教育政策」と教育経営研究　**45**

され，研究の発展を図ってきたといえる。このように「科学性」と「実践性」を問い続けてきた点に，教育経営学の学問的特質があるといえる。エビデンスに関心が向けられるなかで，あらためて教育経営研究の「科学性」と「実践性」を問い直すことが求められる。

教育経営学は，学校経営を中心とした教育経営の実践を対象とし，しかも学校制度という近代的制度における実践を対象としていることから，その理念を前提とし，何らかの貢献をすることに存在価値を見いだしてきた。少なくとも，学校における実践者は，制度理念を前提とし，その価値の実現を使命としている。そうした学校経営など教育経営の現象を対象としているがゆえに，これまでの教育経営学の研究も学校改善，学校改革への貢献を課題としてきた。エビデンスに基づいた学校の改善，改革に関する政策が求められるようになると，一層そうした傾向が強まることになる。

しかし改善，改革を前提としてアプローチすることは，視点を固定することになり，どれほど柔軟にアプローチしたとしても，そこには限界があり，そのアプローチでは視野に入ってこない現実があるはずである。「エビデンスに基づく教育政策」は，改善，改革に資するエビデンスを産出することを求めるものであることから，そうした政策に貢献する研究は，改善，改革を前提としたアプローチの1つとして捉えることができる。

視点を固定することは，それとは異質な現象とのズレを生み出すのであり，それは研究と実践とのズレとも重なる。ズレは，教育の不確実性，複雑性としてわれわれの実感するところであるが，「エビデンスに基づく教育政策」は，そのズレを科学性により縮減しようとするものである。しかし政策が依拠しているエビデンスが硬直的に活用されるならば，そのズレが一層拡張する可能性もありうる。エビデンスが強調されるということは，それにより議論を単純化し，わかりやすくしようとする意図を読み取ることができる。教育の不確実さが増している今日では，むしろ議論を触発し，豊かにするエビデンスを提供することが重要となる。

教育経営学が，学校改善，学校改革を前提として研究を進め，「エビデンス

に基づく教育政策」による改善志向が進展するとするならば，研究と実践との
ズレがいっそう拡大することも考えられる。前節でみたように，エビデンスと
教育との間にも空隙が生じるのが必然である。したがって，こうしたズレ，空
隙に焦点を当て，それをふまえた研究を進めていくことが必要である。これま
での教育経営学の研究では，そうしたズレに向き合い，研究と実践との関係を
探求し，臨床的アプローチによるその再構築が試みられてきている[31]。そこにお
ける「臨床的」とは，①現実をよりよいものにすることに資する，②外側から
客観的にものを眺めて把握するのではなく，自分が現場にコミットして，相手
との関係のなかで考える，とされている。この認識は，①にみられるように，
「現実をよくする」ということを前提としている。また研究者の学校へのかか
わり方を問題にし，その技法の探求もなされてきた[32]。

　しかしそもそも「臨床の知」とは，近代科学が無視し，軽視し，みようとし
てこなかった「現実」に目を向け，捉えようとするものである[33]。エビデンスと
教育とのズレ，研究と実践とのズレに着目することは，これまでみえていなかっ
た現象に目を向けようとするものであるが，学会において探求されてきた臨床
的アプローチの志向するところは，研究と実践の新たな関係を構築し，学校改
善に役立つことであったといえる。今日，必要となるのは，関係の構築以前に，
ズレそのものに向き合うことであり，そのためには「改善」といった価値志向
的な視点から一旦，自由になることも必要であろう。

　さらに検討すべきは，知見，エビデンスの活用のあり方である。第2節でみ
たように，研究の活用には，政策や実践に直接影響を与える道具的活用に加え
て，政策担当者や実践者の知識，理解，態度に影響を与える概念的活用があ
り，とくに後者について研究することが必要である。後者のような活用はどの
ような場で，どのような方法で可能となるのか，どのような活用を探求すべき
なのか，重要な教育経営学の研究課題になるはずである。エビデンスが政治化
する場合を考えるならば，健全なエビデンスの流通の仕組みを整備し，社会か
らの信頼を得ることも必要となる[34]。こうしたことは，教育や学校にかかわる合
意形成，意思決定のなかで展開されるものであり，その合意形成，意思決定が

なされる「公共空間」の構築を探求していくことが必要である。それは，研究によるエビデンスが相対化され，また常に変わりうるということを前提とする認識，議論によって成り立つものと理解されるべきであろう。　　（竺沙知章）

注
1) 有本建男・佐藤靖・松尾敬子・吉川弘之『科学的助言―21世紀の科学技術と政策形成』東京大学出版会，2016年，10頁。
2) Huw T.O. Davies, Sandra M. Nutley and Peter C. Smith, *What Works? Evidence-Based Policy and Practice in Public Services*, Bristol: The Policy Press, 1979, p.2.
3) 惣脇宏「より一層エビデンスに基づいた教育政策と実践を」OECD教育研究革新センター編著／岩崎久美子・菊澤佐江子・藤江陽子・豊浩子訳『教育とエビデンス―研究と政策の協同に向けて』明石書店，2009年，5頁。
4) Roger L. Sur and Philipp Dahm, "History of Evidence-Based Medicine", *Indian Journal of Urology*, 27 (4), 2011, pp.487-489.
5) Ibid.
6) 藤田裕子『専門知と公共性―科学技術社会論の構築へ向けて』東京大学出版会，2003年，7頁。
7) 宮川公男『政策科学の基礎』東洋経済新報社，1994年，3-18頁・375頁。
8) Sandra M.Nutley, Isabel Walter and Huw T.O.Davies, *Using Evidence; How Research can Inform Public Services*, Bristol: The Policy Press, 2007, p.36.
9) Carol H.Weiss, "The Many Meanings of Research Utilization", *Public Administration Review*, vol 39, no 5, 1979, pp.426-431.
10) Sandra M.Nutley, Isabel Walter and Huw T.O.Davies, op.cit., pp.298-300.
11) Huw T.O. Davies, Sandra M. Nutley and Peter C. Smith, op.cit., pp.6-7.
12) 上岡洋晴・津谷喜一郎・川野因・武藤芳照・塩澤信良・宮本義久・本多卓也「臨床研究と疫学研究における論文の質を高めるための国際動向：人を対象とした研究デザインのエビデンス・グレーディング」『東京農業大学農学集報』53 (1)，2008年，82頁。
13) 津田敏秀『医学的根拠とは何か』岩波書店，2013年。
14) 藤田，前掲，77-99頁。
15) 秋山薊二「エビデンスに基づく実践（EBP）からエビデンス情報に基づく実践（EIP）へ―ソーシャルワーク（社会福祉実践）と教育実践に通底する視点から」『国立教育政策研究所紀要』第140集，2011年，29-43頁。
16) 宮川，前掲，397-406頁。
17) 藤田，前掲，199-219頁。
18) David H.Hargreaves, *Teaching as a Researcher-Based Profession: Possibility and Prospects*, Teacher Training Agency, 1996
19) 苅谷剛彦『なぜ教育論争は不毛なのか―学力論争を超えて』中央公論新社，2003年。

20) OECD 教育研究革新センター編著／岩崎久美子・菊澤佐江子・藤江陽子・豊浩子訳『教育とエビデンス—研究と政策の協同に向けて』明石書店，2009 年。

21) 橋野晶寛「教育財政と『エビデンスに基づく政策』」『日本教育行政学会年報』第 42 号，2016 年，69-85 頁。

22) 松下良平「エビデンスに基づく教育の逆説—教育の失調から教育学の廃棄へ」『教育学研究』第 82 巻第 2 号，2015 年，203-205 頁。

23) 中澤渉「教育政策とエビデンス—教育を対象とした社会科学的研究の動向と役割」志水宏吉他編著『社会の中の教育』(岩波講座 教育—変革への展望 2) 岩波書店，2016 年，85 頁。

24) 秋山，前掲，39 頁。

25) ガート・ビースタ／藤井啓之・玉木博章訳『よい教育とはなにか—倫理・政治・民主主義』白澤社，2016 年，53-54 頁。

26) 松下，前掲，2-21 頁。

27) 今井康雄「教育にとってのエビデンスとは何か—エビデンス批判をこえて」『教育学研究』第 82 巻第 2 号，2015 年，196-198 頁。

28) 朴聖雨「教育経営における科学性追求の方法と体系」日本教育経営学会編『講座日本の教育経営 9　教育経営研究の軌跡と展望』ぎょうせい，1986 年，217-243 頁。

29) 同上，241-242 頁。

30) 佐藤全「学校経営研究」日本教育経営学会編『シリーズ教育の経営 5　教育経営研究の理論と軌跡』玉川大学出版部，2000 年，21-22 頁。

31) 小野由美子・淵上克義・浜田博文・曽余田浩史編著『学校経営研究における臨床的アプローチの構築—研究－実践の新たな関係性を求めて』北大路書房，2004 年。

32) 藤原文雄・露口健司・武井敦史編著『学校組織調査法—デザイン・方法・技法』学事出版，2010 年。

33) 中村雄二郎『臨床の知とは何か』岩波書店，1992 年。

34) 橋野，前掲，82 頁。

| 第5章 | 経営学と教育経営学 |

1. 経営学とは何か

　つい最近まで，多くの学校関係者は，「マネジメント」というと，お金儲けに役立つノウハウを考えておられたのではないか。それと同様に「企業経営」についても，いまだに多くの誤解や嫌悪があるように思う。経営とは，本来1人ではできない大きな仕事を，複数の人から構成される組織を活用して成し遂げようとするものであり，「一定の制度的環境の下で，何らかの経済原則にしたがって生産経済活動を営む独立的な組織単位で行われる」（占部，1978）とされている。つまり，「経営」の概念を理解する際には，次の4点を押さえる必要がある。

　まず第一に，経営は，一定の制度的環境の下での活動であり，現在の社会経済の仕組みのなかで，経営は営まれている点である。つまり，制度的な制約条件を受け入れたうえで，環境からの要請に応えつづけることが求められる。

　第二に，経営は経済原則に従うことである。経済原則とは，地方公務員法の「最小の資源で最大の成果をあげる」ことで，少ない投入資源に対して，より多くの産出成果を生み出すことをさしている。企業の場合の経済原則は，収入と経費の差である利潤であり，内部外部ともにわかりやすい。

　第三には，生産経済単位としての経営である。第1次産業や第2次産業は，有形の商品やサービスを提供することで社会のニーズに対応している，教育は，第3次産業に含まれ，無形の商品やサービスを生み出している。これらのさまざまな業種に共通する経営の仕組みや運用を扱うのが「一般経営学」であり，各業種の特殊な経営は「特殊経営学」と呼んでいる。したがって，工業経営や流通経営，行政経営があり，教育経営もこの論でいくと，教育という業種に特化した特殊経営学であり，一般経営学との共通部分をもちながらも，教育経営独自のものがあると思われる。

　そして第四に，経営は組織単位でなされる点である。経営は，1人で経営する場合もあるが，多くは2人以上が共通の目的と協働意欲をもち，コミュニケーションを通じてなされる特徴をもっている。特殊経営学である教育経営を考えた場合，多くの関心は，公教育の経営，しかも学校という組織で行われる経営

50　第1部　教育経営学における実践と研究

に向けられていると考えられる。

　以上から，経営のキーワードとして，「環境適応」「生産性」「特殊解」「組織」があげられるが，教育関係者の企業経営に対する誤解や嫌悪の多くは，このうちの「生産性」に向けられていると感じる。生産性における投入資源や産出成果とは，何もお金だけをさすのではなく，時間や労役の大変さやサービスを受け取る顧客の満足度なども含んでいる。逆にいうと，教育関係者の生産性に対する誤解や嫌悪は，生産性に対する関心のなさが原因であるともいえる。

　現在，学校における教職員の多忙化が問題視されている状況をつくり出した1つの原因は，教育経営における生産性に対する関心の薄さが引き起こしているようにも思われる。

　また，「マネジメント」とは，「経営の構成要素に働きかけ，協働的な営みを発展させることによって，経営資源の転換効率や環境適応の能力と創造性を高めて，組織体の目的を達成しようとする活動」(塩次ら，1999)であり，経営の活動を意味する概念である。そして，マネジメントの担い手である「人」は，能力と人格をもつ存在であり，マネジメントは，人の個々の能力の総和以上の成果を組織で実現しようとする活動で，上記の経営のキーワードに加えて，「人(人材)」もあげられる。

　そこで，本章では，一般経営学の重要事項を整理し，特殊経営学である教育経営，とくにその柱である学校経営を意識しながら，「環境適応と戦略」「組織」「人(人材)」に焦点をあてて考察したい。

2. 環境適応と戦略

(1) とりまく環境変化と企業経営

　今，日本の企業が直面しているさまざまな変化の特徴は，その非連続性にあるといわれる。それは，過去の趨勢を反映する一本調子の直線的な変化ではなく，また，過去の出来事が一定のサイクルで繰り返す循環的な変動でもない。過去の出来事と現在の状態との間の時間的な連続性を遮断するような変化である。それは，過去の論理や常識の物差しでは測りきれないほど，振幅の大きな

変化と捉えることができる。

　しかも，この変化の範囲は，市場環境や技術面にとどまらず，政治・経済・行政・生活者といった社会を構成する基本的要素にまで及び，企業が直面している変化は，社会そのものの構造的な変化といえる。この変化は，当然，これらの要素の変化だけでなく，相互のかかわり合いにおける変化も含んでおり，今，目の前に起こりつつあるこの変化は，これまでわれわれが慣れ親しんできた社会的枠組みの崩壊と再構築の過程そのものだと考えられる。

　社会というシステムの構成要素が，それ自体と要素間の相互のかかわり合いを短期間に劇的に変化させるとき，つまり過去と断絶して，まったく新しい異質な状態に移るとき，それを次元飛躍的な変化と呼ぶ。

(2) 環境変化に対する3つの適応パターン

　環境変化に対応するためには，「過去の成功体験」に基づくものの見方や考え方では，目の前で起こっていることの意味を十分に説明できない。なぜならば，何を，どのように行えば，状況のなかで本当に効果のある結果を引き出せるかという「有効性の基準」が急激に変化してしまい，過去の事実やデータに基づく思考や予測がむずかしいからである。

　過去の歴史を振り返ると，企業経営は，安定した環境のもとでの「漸進的な進化（evolution）」と，環境の構造的な変動に対処する「革命的な進化（revolution）」とを繰り返しながら，成長し発展してきた。変化の頻度や変化率が比較的少ない安定した環境においては，企業経営の効率性を高めるための「微調整（fine tuning）」や，経営の「部分的な変更（incremental adjustment）」を繰り返しながら環境に適応してきた。「改善」に戦略の焦点があったこれまでの企業の行動は，この典型だといえる。

　しかし，変化がある一定レベルを超えると，「微調整」や「部分的な変更」では環境に適応できなくなる。このような局面で要求されるのは，これまでの支配的な枠組みを創造的に破壊し，新たな視点や原理に基づいて経営活動全体の枠組みを再構築していくための「創造」「構造改革」であり，日本の企業経営の焦点課題となっている。そして経営戦略とは，これらの変化にどのように

対応するかについての各企業の答えである。

(3) 戦略とは環境変化に対する経営の意思決定

経営戦略をはじめて概念化したのは，チャンドラー（Chandler, A.D.Jr）で，その著書『経営戦略と組織』(1962) では，経営戦略とは，「企業の基本的長期目標・目的の決定，とるべき行動方向の選択，これらの遂行に必要な資源配分」とした。

また，経営戦略論の父と称されるアンゾフ（Ansoff, H.I.）は，経営の意思決定を「業務的意思決定」「管理的意思決定」「戦略的意思決定」に分類した。業務的意思決定とは，経営資源や活動の効率化と最大化についての意思決定であり，管理的意思決定とは，経営資源や経営を構成する要素を構造化する意思決定で，組織と資源調達・開発に関するものがある。そして，戦略的意思決定こそが，組織内部よりも外部にかかわるもので，とりまく環境との適応関係をつくりだす意思決定であるとした。

チャンドラーとアンゾフ以降，ミンツバーグ（Mintzberg. H.）によれば，経営戦略研究者の数だけその概念が存在している状況が生まれ，彼は「戦略サファリ」と呼んでいるが，多くの戦略の概念にも共通する点がいくつかある。第一に戦略は組織の将来に関する指針であり構想としての位置づけをもち，第二に，戦略は組織をとりまく環境とのかかわりを示すものである。そして第三に，戦略は組織にかかわる人の活動のよりどころとなる存在であることがあげられる。つまり，戦略とは，「組織としての活動の長期的な基本設計図であり，環境との関わりを中心に描いたもの」（加護野，1989）で，環境変化に対する経営の意思決定であるといえる。

教育経営，とくに公教育の経営においては，ここまで述べてきた一般経営学における経営戦略は，公立学校の場合，文部科学省や教育委員会の教育行政レベルの意思決定である。ただ，学校経営においての中期的な学校経営計画や経営ビジョンは，文部科学省や教育委員会の教育行政レベルの意思決定をふまえ，各学校をとりまく環境を把握し，それに適応する独自の考え方を具体化した意思決定であり，単位学校レベルの経営戦略といえる。

環境への働きかけである戦略には2つのやり方があり，まず，環境の変化に対応して自らを変化させる「環境対応戦略」があげられる。つまり，常に変化する環境に対応して，戦略を修正するやり方であるが，もう1つは，こちらから環境に働きかけていく「環境提案戦略」がある。これは，環境変化のなかにおける顧客の潜在的なニーズに目をつけ，自らの生きる領域をつくり出すやり方で，いわば環境の変化を自ら引き起こす戦略である。

　以前，高等学校の総合学科への改編がみられたが，これは高校生のニーズの多様化に伴い，情報科や福祉科などをそのつど設置する環境対応戦略ではなく，高校生自らが将来のキャリアを考えることができる学校として，普通科や実業科以外の新しいタイプの高等学校を提案しようとする教育委員会レベルの教育経営の環境提案戦略だと思われる。さらに，学習指導要領の改訂によるアクティブ・ラーニングの推進などは，文部科学省が担う環境提案戦略ではなかろうか。

　つまり，環境対応戦略は顕在化しているニーズへの対応や問題解決を重視した戦略で，環境提案戦略は潜在的なニーズや問題を先取りする戦略である。

(4) 分析型戦略とプロセス型戦略

　企業経営では，さまざまな戦略が試みられているが，これまでの経営戦略のあり方は，「分析型戦略」と「プロセス型戦略」の2つに分けることもできる。

　分析型戦略は，環境の機会と脅威を識別し，自社の強みと弱みを分析し，最適の資源配分を考え，それに応じた組織を設計し，組織の各レベルの実施計画を立案するといった手順で策定される。プロセス型戦略とは，活動のなかから戦略を産み出す視点に立つ。企業全体の経営戦略を描き，その方向づけのなかで試行錯誤を繰り返し，偶発的な事態を積極的に取り込みながら，戦略自体を精緻化し展開する。

　この両者のちがいは，環境変化の認識であり，分析型戦略は，環境変化はある程度把握でき，先読みも可能であるとの立場をとる。いっぽう，プロセス型戦略は，環境変化はあまり把握できず，ましてや先読みはむずかしく，「走りながら考える」ことを重視する。ただ，現実の経営では，分析型戦略を志向しながらも，それにこだわらず柔軟にプロセス型戦略をとっている企業が多い。

(5) ミッション・経営理念

経営戦略は，環境と組織の接点にあり，必要に応じて修正が求められるが，経営戦略の前提になるものが，経営理念やミッションなどである。これらの用語については，一般経営学でも統一されていないが，経営戦略よりも上位の概念であることはまちがいない。

ミッションとは，経営の意図であり，経営を行ううえでのよりどころである。企業のミッションは，その企業の社会で果たすべき役割を示しており，社会での存在意義を表している。これは，当該企業が何のために存在しているのかであり，経営における最も上位の目的である。そしてそれが，「わが社は，～のために（貢献目的），～することで（貢献方法），～の貢献をする（貢献内容）」といった文章化されたものをミッション・ステートメントと呼んでいる。

企業においても，同じ業種では似たミッションであることが多い。たとえば，アサヒビールグループは，「最高の品質と心のこもった行動を通じて，お客様の満足を追求し，世界の人々の健康で豊かな社会の実現に貢献します」で，サッポロホールディングスは，「潤いを創造し，豊かさに貢献する」，キリンビールは，「世界の人々の健康・楽しさ・快適さに貢献します」をミッション（経営理念）として掲げている。

教育経営のミッションは，教育基本法の第1条の教育の目的で，「教育は，人格の完成を目指し，平和で民主的な国家及び社会の形成者として必要な資質を備えた心身ともに健康な国民の育成を期して行われなければならない」とあり，ミッションの貢献目的と貢献内容が記載されている。また，私立学校のミッションは，建学の精神であり，公立学校のミッションは，各学校の学校教育目標が考えられる。ただ，学校教育目標には，育てたい子どもたちのめあてが書かれているものが多く，子どもたちへの教育を通じて，本人の将来はもとより，社会やステークホルダー（関与者）にどのような貢献をするのか不明確なものが少なくないと思われる。

(6) 経営戦略の立案プロセス

経営戦略は，企業全体の戦略をさし，ミッションや経営理念を前提にして，

中期的な将来像と財務的な目標，事業展開や資源展開の方針を明らかにする。そして，それを達成するために各事業をどのように推進するか，事業の選択と集中といった事業再編も含んで検討する。その代表的な手法としては，ボストン・コンサルティングの「PPM (Product Portfolio Management)」やアンゾフの「成長ベクトル」などがある。

　つぎに，企業戦略の下で，各事業単位の戦略が立案される。事業戦略では，その事業でどのような市場や顧客を選び，それらに対してどのような価値をどのように提供するかを検討する。とくに特定市場には競合が存在しているため，事業戦略では競争は大きなテーマとなる。その代表的な手法としてはポーター (Porter, M.E.) の競争戦略5つの競争要因分析などがある。

　教育経営においては，この事業戦略は，たとえば初等教育経営，中等教育経営，あるいは義務教育経営などにあたる。ただ，学校経営においては，中高一貫校などの場合を除いて，全体の戦略である経営戦略と事業戦略の区分がむずかしく，ほぼ同一であると思われる。また，これまでの公立の義務教育学校は，基本的には競合との競争はないと考えられてきたが，私立学校や学習塾，あるいは学校選択制における他校は，事業戦略から考えると競合であるといえる。

(7) 戦略と組織

　前述のチャンドラーは，米国の企業組織の研究から，「組織は戦略に従う」と主張し，その後，H.I. アンゾフは，「戦略は組織に従う」と指摘した。一見矛盾する2つの命題を，読み替えると，戦略に適合させるように，組織構造や運営方法，そして人材のあり方を見直す必要があるが，現実の組織や人材の能力の範囲でしか，戦略は実現できないのだといえる。つまり，環境との接点としての経営戦略の実現のためには，組織や人材を連動させなければならない。これらを中期的に検討したものが経営ビジョンである。

(8) 学校組織マネジメントの範囲

　文部科学省のマネジメント研修等カリキュラム開発会議が作成した学校組織マネジメントのモデルカリキュラム (2005) では，「学校組織マネジメントとは，学校の有している能力・資源を開発・活用し，学校に関与する人たちのニーズ

に適応させながら，学校教育目標を達成していく過程（活動）」とある。一般経営学では，組織マネジメントは，戦略を与件とした範囲に対する働きかけや活動であり，組織や人材に対するアプローチをさしている。

ところが，学校組織マネジメントでは，一見して一

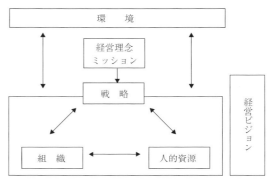

図5.1　環境・戦略・組織・人材と経営ビジョン
出所：浅野良一『学校組織マネジメントの実践演習A』2011

般経営学における組織マネジメントの定義と同様に思われるが，モデルカリキュラムの内容をみると，ミッションの探索や環境分析，ビジョンづくりが含まれている。それは，学校がこれまで以上に自律的な経営を志向し，開かれた学校等を実現するために，組織内部のマネジメントを対象とするのではなく，学校という経営組織体全体のマネジメントであるといえる。これも，一般経営学とは異なる特殊経営学であり，学校経営とほぼ同じ範囲に働きかける活動であるといえる

3. 経営における組織

組織を捉える場合，組織構造，組織過程などがあげられる。組織構造とは，組織における分業や権限配分のパターンをさし（野中・加護野・小松・奥村・坂下，1978），組織設計の基本要素として，①分業関係，②権限関係，③部門化，④コミュニケーションと協議の関係，⑤ルール化の5つがある（伊丹・加護野，1989）。組織過程とは，組織構造を推進する現実の姿であり，意思決定，コミュニケーション，葛藤処理などがある。ここでは，経営における組織構造について考察したい。

(1) 機械的組織と有機的組織

バーンズとストライカー（Burns, T. & Stalker, G.M., 1961）は，英国企業の調

査から，組織構造には2種類の形態があることを発見した。それが機械的組織と有機的組織である。

　機械的組織とは，いわゆる官僚制組織のイメージで，業務が定められたやり方やルールで処理される組織である。いっぽう，有機的組織とは，業務遂行を状況に合わせて柔軟に対応する組織である。そして，この2つの組織は，環境により有効性が異なる。外部環境が安定している場合は機械的組織が，逆に外部環境が不安定で不確実性が高い場合は，有機的組織が有効に機能するとした（表5.1）。

　また，これから発展して，ダフト（Daft, R., 2001）は，垂直型組織と水平型組織を提示し，効率的な業務遂行を重視する場合は垂直型組織が，創造的な業務遂行の場合は水平型組織が適しているとした（図5.2）。

(2) フラット型の学校組織

　学校組織の特徴の第一は，「フラット型」にあるといわれる。フラット型の組織とは，伝統的な企業や自治体組織にみられるピラミッド型と対比して，平らな構造を意味している。

表5.1　機械的組織と有機的組織

	機械的	有機的
専門化	高い。多くの明確な分化。	低い。境界は不明確で相互に異なる職務は少ない。
標準化	高い。方法は詳細に規定してある。	低い。個人が自己の方法を決定する。
成員の志向	手段	目的
コンフリクト解消	上司による	相互作用
権限，コントロール，コミュニケーションのパターン	暗黙の契約関係に基づいてピラミッド型	共通のコミットメントに基づいて広いネットワーク型
支配的な権限の所在	組織のトップ	知識と権力のあるところ
相互作用	垂直的	水平的
コミュニケーションの内容	指示・命令	助言・情報提供
パワーの源泉	組織の地位から	個人的貢献から

出所：Burns, T. & Stalker, G.M., 1961 および野中郁次郎，1980 を参考に作成

58　第1部　教育経営学における実践と研究

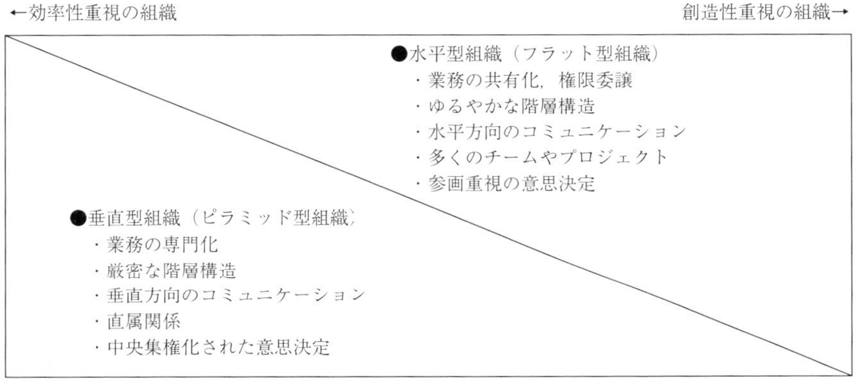

←効率性重視の組織　　　　　　　　　　　　　　　　　　　　　　創造性重視の組織→

●水平型組織（フラット型組織）
・業務の共有化，権限委譲
・ゆるやかな階層構造
・水平方向のコミュニケーション
・多くのチームやプロジェクト
・参画重視の意思決定

●垂直型組織（ピラミッド型組織）
・業務の専門化
・厳密な階層構造
・垂直方向のコミュニケーション
・直属関係
・中央集権化された意思決定

図 5.2　垂直型組織と水平型組織

出所：Daft. R.：*Organization Theory & Design,* 2001 を参考に作成

　フラット型の組織は，階層の階段が少なく，その権威勾配もゆるやかであり，業務・情報の共有化や権限委譲がなされ，上司と部下の垂直方向のコミュニケーション（指示・命令／受命・報告）よりも，水平方向のコミュニケーションが活発である。つまり，学校の組織構造は，有機的組織や水平型組織の特徴を多くもっている。

　現在，多くの企業や自治体が，従来のピラミッド型の組織をフラット型組織に見直しているが，その理由は，ピラミッド型の組織は，業務の効率的な遂行には向いているが，新しい課題への対応や変化に適応したアイデアが出にくいといわれ，意思決定も階層の多さから，遅くなりがちである。つまり，環境変化にすばやく対応し，柔軟で機動的な経営が求められる場合は，学校のようなフラット型の組織が適しているのである。

(3) ラインスタッフ型組織とマトリクス型組織

　学校組織の特徴の第二は，「マトリクス（格子状）構造」である。企業の多くが採用しているラインスタッフ型は，第一線で業務を担当するライン部門と，それを支援するスタッフ部門に分かれている。また，1 人の社員は，1 つの部署に所属する。

第 5 章　経営学と教育経営学　**59**

ラインスタッフ型組織では，命令一元化の原則（直属上司は1人），管理範囲の原則（1人の上司が管理できる部下数）などがあげられる。

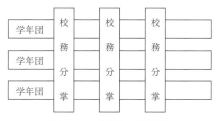

図5.3　マトリクス型組織

　ところが，学校は，「校務分掌」と「学年団」，あるいは「教科」のチームが交錯して存在いる。そして，この複数のチームに1人の教職員が割り当てられる。マトリクス型の組織とは，「校務分掌」と「学年団」が格子状になっている組織構造である。つまりマトリクス型組織とは，垂直的チームに重ねて，水平的なチームをおいている（図5.3）。

　デービスとロレンス（Davis, S.M.& Lawrence, P.R., 1977）は，マトリクス型組織が有効な条件として，①2つ以上の組織編制原理が必要な外部（顧客など）の要望が強いこと，②外部環境の不確実さや業務の複雑さと相互依存性，そして高度な情報処理が求められる場合，③業務の成果向上のため，資源の共有が必要な場合の3つをあげている。

　学校経営において，組織構造がフラット型でマトリクス型を採用しているのは，環境の不確実性，顧客の要望の多様性（教科指導・学習指導等），柔軟で機動的な経営実現，業務の複雑さと高度さ，構成員の相互依存関係と資源共有の必要性が認識されている結果であるといえる。ただ，マトリクス型組織は，複数の命令系統による組織の混乱や，組織として複雑になるため，調整の負荷，費用ともに大きくなり，業務多忙化の原因にもなっている。

　フラット型でマトリクス型の組織構造をもつ学校の組織過程理論の1つがルース・カップリング論である。この組織論は，教育目標の多義性・多様性，技術の不確実性，成果の予測や評価の困難性等の特徴から，目的・手段，プロセスと結果，教員間，教員と子どもたちなどの諸要素が緩やかに結合していることに注目し，個々の教員の裁量と教育活動を尊重して各種課題に対応するのが望ましいと主張している（勝野，2008）。

また佐古（2007）は，組織構造における意思決定の分散を，組織過程においては，相互作用の優位性を，組織文化における同僚性を特徴とした協働化による組織運営を提案している。

4. 経営における人材

　人材は，経営戦略を実現するための経営資源である。それゆえ，占部は，「経営の理論は，要するに組織の形成と運営に関する理論である。そして，組織は複数の人間によって構成されている。かくて，人間に対する仮説の違いによって，経営に基本的な違いが生じてくる」（1975）とした。

　経営の理論を振り返ると，人材を生産要素として捉え，その労働力に関心を集中することで，労働力の効率的活用を志向する「労働力有効利用説」と，人材を集団帰属欲求の強い社会的存在として捉え，チームワークや協力関係の形成・維持を志向する「協力関係形成説」がある。前者の代表的な経営理論がテーラー（Taylor, F.W.）の科学的管理法であり，後者がメイヨー（Mayo, G.E.）の人間関係論である。

　その後，これらの理論を止揚して新しい経営論を展開したのが，ドラッカー（Drucker, P.F.）で，彼は人材の特性を，①人格をもつ存在としての人間は，本人だけが利用できることが，人材とほかの資源との間の，最大にして究極の相違である，②人はほかの資源とは異なり，働くか働かないかについてさえ，本人が完全な支配力もつ，③人間は，一定の刺激に対して一定の反応しか示せず，何事にも受動的にしか参画できないほかの資源とは異なり，生産のプロセスに能動的に参画する，④人間は自ら働くことを欲する存在であり，人は働くことを忌避するという従来の前提は誤りである，⑤人の本性は，最低ではなく最高の仕事ぶりを目標とすることを要求する，⑥人は，必要な情報さえあれば，自らの仕事を計画し統制し評価することができる，⑦人間の開発は，ほかの資源のように外部からの力によって行われるものではない。人の開発とは成長である。そして成長は，常に内側から行われる，⑧働く人は単なる労働力ではなく，個性や市民性をもつ多面的な存在であるとした。

表 5.2　経営における 3 つの人間モデル

	伝統的モデル	人間関係モデル	人的資源モデル
仮定	1. 仕事は多くの人にとって本来嫌なものである。 2. 労働者がどんな仕事をするかということとは，それから得られる収入ほど重要ではない。 3. ほとんどの人は，創造性，自己統制，あるいは自己管理を要する仕事を欲していないか，あるいはすることができない。	1. 人々は，有用であり重要であると感じたがる。 2. 人々は，帰属することおよび個別の人間として認められることを望んでいる。 3. これらのニーズは，人々を働くように動機づける際に金銭よりも重要である。	1. 仕事は嫌なものではない。人々は，彼らが設定するのに一役かった意味ある目標に対しては貢献したいと思っている。 2. 大部分の人は，自分たちの現在の仕事に要求されているものよりもはるかに創造的で責任のある自己統制と自己管理ができる。
方針	1. 経営者の基本的な仕事は，彼の部下たちを細かく監督し，統制することである。 2. 経営者は，仕事を単純で，反復的で容易に習得できる作業に分割しなければならない。 3. 経営者は，詳細な仕事の手順および手続を確立し，これらを厳格に，しかも公平に実施しなければならない。	1. 経営者の基本的な仕事は，一人ひとりの労働者に，有用であり重要であると感じさせることである。 2. 経営者は，彼の部下に報告してやり，自分の計画に対する部下の反対意見に耳を傾けるべきである。 3. 経営者は，部下が日常的な仕事に関しては何らかの自己統制ができるようにすべきである。	1. 経営者の基本的仕事は，未開発の人的資源を活用することである。 2. 経営者は，すべてのメンバーが彼らの能力の限界まで貢献できるような環境を創造しなければならない。 3. 経営者は，重要な問題に十分に参加するように奨励し，絶えず部下に自己統制と自己管理を広げさせなければならない。

出所：Miles, R.E.：*Theories of Management*, 1975

　これは占部のいう「人間に対する仮説」のちがいであると考えられ，それが「伝統的モデル」「人間関係モデル」「人的資源モデル」である（表 5.2）。
　ここまで，「環境適応と戦略」「組織」「人（人材）」について，学校経営を意識しながら，経営学の基本事項を整理してきた。これらに加え，最近は「働き方改革」の流れのなかで，教員の業務適正化，学校の業務改善に注目が集まっている。冒頭に述べた経営学のキーワードである「生産性」に対して，教育経営学の取り組みが始まろうとしている。　　　　　　　　　　　（浅野良一）

文献・参考資料

浅野良一『学校組織マネジメントの実践演習 A』兵庫教育大学，2011 年

伊丹敬之・加護野忠男『ゼミナール経営学入門』講談社，1989 年

占部都美『経営学入門』中央経済社，1978 年

──『新訂経営管理』白桃書房，1975 年

勝野正章「学校の組織と文化」小川正人・勝野正章『教育経営論』放送大学教育振興会，
　2008 年

木岡一明編著『ステップアップ学校組織マネジメント』第一法規，2007 年

──『これからの学校組織マネジメント』教育開発研究所，2003 年

──『学校の組織設計と協働体制づくり』教育開発研究所，2003 年

教員研修センター『組織マネジメント』産業能率大学，2006 年

腰塚博久「マネジメント理論における人的資源概念生成」『産業能率大学紀要』第 28 巻第
　1 号，2007 年

佐古秀一「民間的経営理念及び手法の導入・浸透と教育経営─教育経営研究課題構築に向
　けて」『日本教育経営学会紀要』第 49 号，第一法規，2007 年

塩次喜代明・高橋伸夫・小林敏男『経営管理』有斐閣，1999 年

社会経済生産性本部編『ミッション・経営理念』生産性出版，2004 年

根本孝・茂垣広志監修『経営組織』学文社，2006 年

野中郁二郎『経営管理』日本経済新聞社，1980 年

野中郁次郎・加護野忠雄・小松陽一・奥村昭博・坂下昭宣『組織現象の理論と測定』千倉
　書房，1978 年

森本三男編著『経営組織』中央経済社，1985 年

文部科学省マネジメント研修カリキュラム開発会議「学校組織マネジメントモデルカリキュ
　ラム（すべての教職員のために）」文部科学省，2005 年

吉村孝司編著『経営戦略』学文社，2006 年

ローレンス，P.R. ／津田達男・梅津祐良訳『マトリクス経営』ダイヤモンド社，1980 年

Burns, T. & Stalker, G. M., *The Management of Innovation*, Tavistock Publications, 1961

第2部
教育経営実践と教育経営研究

第6章	学校経営改善の実践的研究
	―組織開発的観点からのアプローチ―

　学校組織における経営のあり方について，教育経営研究の草創期においては，学校と企業経営との根本的な相違を指摘する見解が繰り返し示されてきた（児島，1983；河野，1969；高野，1980など）。たとえば河野は，学校の特徴として，人間形成という客観的・量的な指標化が困難な目標を課せられた組織であること，その構成員たる教師は同質性が高くかつ専門的自由を必要とすること，個々の教師の創造性ならびに個性と学校全体の統一性が同時的に求められることを列挙している（94-95頁）。これらの見解は，学校に企業経営の思考や方法論をもち込むことに対する問題意識を示すものとなっている。

　組織の典型理論ともいえる官僚制組織論に対して，学校組織の特性（主として組織構造的特性）を考究する試みの1つの帰結として，疎結合構造（Weick，1976）という概念化を経て，個業型組織としての学校ないし学校組織の個業性という概念が提起された。それとともに，公共的な営為たる教育の成立に対して個業性が有する根本的な問題，すなわち教育活動が教員個々の自己完結型営為として遂行される傾向に対する問題点が提起されるに至っている（佐古ら，2005）。

　折しも2000年代初頭以降，学校への組織マネジメントの導入が推進されるなかで，企業などで採用されているマネジメント手法を学校組織に応用するという観点からだけでなく，個業に拡散する傾向を内在している学校において，学校という組織の特性をふまえつつ，教育活動の組織化を実現しうる理論と方法論（学校の組織開発方法論）の構築が試みられている。

　本章では，そのような動向をふまえて，学校組織の自己更新性あるいは内発的改善性という観点から，実践研究を推進・蓄積している2つの研究動向を取り上げ検討を行う。そして，それぞれの研究系譜における学校の組織と経営に関する基本的な考え方（モデル）だけでなく，それをふまえた実践展開（学校の組織開発の方法論）についても検討を行い，学校の組織と経営における実践的なアプローチの特徴と課題について考察を行う。

1．学校に内在する価値の探究による組織化アプローチ

　1つ目に取り上げるのは曽余田らの一連の研究（以下，曽余田研究）である。

曽余田らは学校経営改善について，学校に内在している価値を教職員が探究する過程を重視した学校経営改善の理論的枠組みと実践的方法論の研究を蓄積している。ここでは，曽余田研究のまとまった報告がなされている報告書（研究代表者 曽余田浩史，2016）に主として拠りながら検討を行う。

(1) 基本的な考え方

　曽余田研究には，学校経営改善に関していくつかの明確な観点が設定されている。第一には，それぞれの学校固有の価値ないし目標を学校組織の動きのなかで探究・構築することを通して，あれもこれも型に拡散してしまいがちな学校経営に統合性を実現しようとしている点である。この点では，教職員の行動やスキルの改善等組織行動の次元で統合性を実現しようとする考え方（たとえば，指示された統一指導を展開することを組織的統合性と捉える観点など）とは一線を画するものである。また，曽余田研究では，学校で作成される多様な目標やビジョンなどを，目標概念群として統合的に把握し，それらの諸関係を整理している。

　第二には，この学校組織における価値による統合を，他者から「与えられた」ものではなく，学校組織自らが創り出し構築するものとして捉えられている。そして，この学校組織が価値の探究と構築を持続的に行いうる能力に，学校組織の自己更新性を求めようとしている。

　第三には，学校組織が環境などからの圧力によって変容していく側面（外的圧力による変容）以上に，自分たちで生み出した内的圧力を基盤として，自らの未来を創造する能力を高めていくことに力点がおかれている。これは問題解決型アプローチではなく，未来創造型アプローチとして以下に述べる実践展開にも反映されている。

　第四には，このような学校組織における価値の探究ならびに構築過程と学校経営の自己更新性に関する理論的枠組みを，センゲの「学習する組織」（2011）を参照しながら構築していることをあげることができる。

(2) 実践展開

　曽余田研究の実践的展開については，学校評価の入り込み指導などを通して，

第6章　学校経営改善の実践的研究　**67**

学校において追求すべき価値の探究と構築過程のサポートが，さまざまな学校でなされている。ここでは，比較的長期にわたり介入がなされた事例を取り上げる（曽余田・曽余田，2016）。なお，以下の項に付した【　】見出しは本章筆者が付したもので，曽余田のオリジナルではない。

【指　針】

　まず，曽余田研究では，学校における目標概念群の構成過程を行うプロセスへの支援に関して，4つの指針を設定している。

　① 「問題解決的アプローチ」ではなく「望ましい未来を創造するアプローチ」で考えていく。

　② 学校に方向性のある動きを生み出している学校の核・軸となる「価値あること」を学校の現状の動きの中に見つける。

　③ 核・軸となる「価値あること」をもとに実践を価値づけして学校のビジョンや経営方針（戦略）を再構成し，学校として教育実践に動き（方向性）を出していく。

　④ 学校のビジョンや経営方針など学校の価値・方向性は，1年間の様々な教育実践のなかでどのように探究され練られたか，それを成果として価値づけし次年度につなげていく。

　このような指針の下で展開された学校経営改善への関与は，学校評価の改善を切り口としてなされたものであるが，その進展過程は概略以下のようである。

【学校のなかにある価値に対する気づきを促す】

　2011年度に着手された指導では，まず管理職との対話のなかで，「事例校のウリは何か」という問いかけを契機として，特色ある活動である「全校合唱」に着目し，これを学校経営を構想するうえでのコンセプト（「価値あること」）とした。このコンセプトを核に，学校の取り組みを見直し，目標概念群を再構成することを提案し支援している。

【価値に準拠して教育目標，教育活動を構築する】

　以上の経過をふまえて学校の四役が，学校の教育目標を全校合唱の観点から再考し，めざす子ども像を「（人・もの・ことに）主体的にかかわり，仲間とと

68　第2部　教育経営実践と教育経営研究

もに伸びようとする子」として設定した。次いで，教職員の参画によって教育構想図を作成するために，子どもの現状を振り返り，「主体的にかかわりあう」とは具体的にどのようなイメージであるかを KJ 法で探っている。年度の後半には，学校のミッション，経営ビジョン，めざす教師の姿，経営方針が設定されている。年度末の学校評価作成過程では，学校が経営方針の第一番目に位置づけるべき項目を「全校合唱が目指す子ども像のシンボルに」を位置づけるべきであるとアドバイスを行っている。

【教育を通して実現すべき価値の継続的な探究】

次年度になって，全校合唱というコンセプトの核となっている「主体」ということが管理職にも強く意識されるようになった。年度末の時点では，校長をはじめとする管理職が自分たちの目標観を省察する機会となったことについて，何よりも「『全校合唱』で学校をつくるとはどういうことか」を問い続けていたことにあると分析している。

【価値に基づく教育活動の展開と目標群の更新】

2013 年度は，事例校が主体性に重きをおいて教育活動を展開しはじめた時期であると位置づけている。2012 年度末の検討に基づき，目標概念群について３点の大きな変更を加え更新している。これらの変更は，学校組織が成長・成熟していくことをねらっていくステージにシフトしたことを表明する大きな変更点であること，学校の教員年齢構成の現状をふまえてミドルリーダーの育成を通して組織力の向上を図ろうとする考え方が示されていることなどが紹介されている。

【目標構造を具現化する仕組みの内在化】

2014 年度については，たとえば，学校経営計画の論理構造に対応した学年経営計画をフォーマット化し立案することなどがなされるようになった。学校組織を動かすシステムとして，新しい目標構造を具現化する仕組みを整え利用しつつ，学年経営や分掌経営が行われはじめたのである。

このように事例校では，研究者による関与を契機として，自校で大事にすべき教育上の価値を，日常の教育活動のなかから浮かび上がらせている。それ以

降，研究者との応答を経て，学校が自らの価値を継続的に探究し，目標概念群の構築と見直しを持続的に行いうる学校へと推移している。

(3) 実践展開における特徴

以上の実践展開をふまえて，曽余田研究の特徴を整理してみよう。

第一には，学校経営改善を単なる経営スキルの適用と改善というレベルではなく，学校自らが重視すべき価値（もしくは目標概念群）を学校の動きのなかで探究し構築することによって，学校経営や学校教育の統合性と改善を図ることの重要性と可能性を理論的および実践的に解明していることである。子どもの育成という，価値事象を取り扱う組織体である学校においても，実際には目前に立ち現れる課題の処理などに追われ，学校が追求すべき価値については曖昧にならざるをえない現状があるように考えられる。つまり曽余田がいう学校経営の断片化が現実には不断に進行していると考えられる。曽余田研究では，これに対して，学校自らが追求すべき価値の探究・気づきを促し，それらを設定し見直すことの重要性と仕組みを学校組織内に定着させることで，断片化しがちな学校経営や教育活動を統合しうる可能性を示している。

第二には，学校組織への関与の目的を，学習能力の深化においていることである。与えられたスキルを使うというレベルでの学校経営改善ではなく，学校の現状から自らなすべきこと，ないしなす価値のあることを探究し，目標を探究・形成する能力の向上や体制（仕組み）の構築を重視している。これに関して曽余田は，学習する組織論をふまえ，学校経営において浅い学習プロセスにとどまらず深い学習を成立させることの重要性を明らかにしている。深い学習サイクルは，組織成員のスキル・能力の増大から新たな慣行形成に至るプロセスによって成立するものであり，学校の自己更新力を高めるプロセスであるとされている。曽余田が用いている目標概念群の構築という手法は，この「深い学習」のための戦略（深い学習を成立させる要件システム）に位置づけられる。上述の事例においても，整理された見ばえのよい経営計画を策定することがねらいなのではなく，学校がめざすべきものを意識し再認識していく過程とそれを可能にする管理職の働きかけや学校の仕組みづくりのプロセスが重視されて

いる。

　第三には，問題解決型のアプローチではなく，未来創造型アプローチの有効性が示されていることである。これは学校における経営プロセスとして通例的に援用されているPDCAサイクルのように，現状と目標とのギャップからスタートする思考とは異なる目標形成過程を開発しようとする試みであるといえる。

2. 教育活動の改善サイクルの共有による組織化アプローチ

　2つ目の研究動向として，佐古らによる研究を検討する（以下，佐古研究）。この研究動向は，学校組織と経営の内発的改善を教育活動の単純なプロセスに拠りながら推進しようとするものである。

(1) 基本的な考え方

① 学校経営改善のサイクル

　佐古研究の特徴の第一は，教育活動改善のきわめてシンプルなサイクルを前提として，これを教職員（管理職を含む）が共有することによって，学校経営改善を推進しようとしていることである。すなわち，（子どもの）実態→（子どもおよび教職員の）課題→実践→実態という教育活動のサイクルに準拠しつつ，学校における目標形成（ビジョン形成）過程と実践改善過程を構築することを学校経営改善の基本としている。

　そして第二には，教職員の協働によって，これらの過程を展開しようとしていることである。すなわち，学校ビジョンの形成，実践改善の両過程を，教職員の参画協働に基づいて進行させようとしている。

② 学校ビジョン（課題と目標の構造図）形成の方法論

　学校経営改善の第一の局面である学校ビジョンの形成過程については，およそ以下の手順で進められる。

　①　自校の児童生徒の実態認識の整理集約

　②　実態の基本的な課題（根っこの課題と称している）の探究と概念化

　③　基本的な課題に対してどのような児童生徒を育成したいか，育成すべきか，教育を通して実現したい児童生徒の姿（育成課題，「学校の北極星」と

称している）の概念化

④　育成課題に対して教職員がなすべき実践＝学校の取組課題（北極星に向かう「ロケット」と称している）の具体化

これらを相互に関連づけた一定のフォーマット（学校ビジョンシート）を準備し，学校ビジョンの形成をサポートしている。

③ 実践の協働的改善過程（実践交流型研修）

協働的な実践改善過程は，この学校ビジョンの形成に引き続く過程として展開される。具体的な手法としては，学校ビジョン作成以後，校内研修で各教職員のビジョンに基づく実践とそのことに伴う児童生徒の反応や変化を個々の教職員が省察整理して，もち寄り考え合う研修（実践交流型研修もしくはレポート研修と名付けている）を展開するものである。

(2) 実践展開

ここでは，高知県教育センターと共同して実施した学校コンサル事業のなかの事例を紹介する。紹介する事例校は，学校コンサル事業を 2014 ～ 2016 年度にかけて受けた学校である（未発表）。このコンサル事業の考え方や経過などについては，佐古・垣内・松岡・久保田（2015）を参照のこと。

【学校ビジョンの構築】

2014 年度の 4 ～ 5 月にかけて，最初のステップである児童の実態の確認と共有を行っている。まず，管理職が子どもの学力や学校生活の特徴について，データなどの整理を行い教職員に説明がなされている。これに次いで，教職員によるブレーンストーミングと KJ 法を組み合わせた研修を実施し，事例校の児童の実態（よさ，問題）の整理・集約を行っている。それに引き続いてその基本的な要因（根っこの課題）と育てたい子どもの姿＝育成課題（北極星）について教職員が意見を出しあい校内で集約しとりまとめている。そしてその後，そのために教職員のアクションプランとしての実践課題（ロケット）を設定している。

本事例の場合，2014 年度には，厳しい家庭環境の児童が比較的多いこと，授業には入れない児童の存在，むずかしい問題から逃避しようとする傾向の強

いことなどから，子どもの根っこの課題を「自己肯定感・自律性の低さ」と設定した。そして育成課題としては，人とのかかわりを大切にして「『あったか言葉　にこにこ笑顔』が出るような子どもにしたい」が掲げられた。そして，そのための教職員の実践課題として，「話を受け止めて聴く」「子どものののびやがんばりを認めて返す」「気になる児童に毎朝肯定的な声かけ」の3点が設定され，それらを関連づけた図式を2014年度ビジョンシートとして作成している。このように学校ビジョンは，教職員の情報交流を担う校内研修とそれを集約整理しフィードバックするチーム（研究主任を中心とするチーム）によってまとめられていった。この組織体制の考え方は佐古・中川（2005）と同様である。

【ビジョンに基づく実践と共有：実践交流型研修を通した見直し】

2014年度の2学期からビジョンをもとに実践が展開されたが，教職員が力点をおいたのが，「子どものののびやがんばりを認めて返す」という取り組みであった。2学期以降，学期に1，2回程度の実践交流型研修会を設定し，各教員が実践内容とそれによる児童の反応変容についてミニレポートをもとに交流がなされた。しかしながら，この年度については，教職員の努力にもかかわらず児童の状況はなかなか好転せず，研修では教職員の行き詰まり感が表明されることも少なくなかった。

【実践を通した学校ビジョンの見直し】

転機は，1人の中堅教員の実践と報告であった。この教員も学校ビジョンに基づいてよさを認めることに取り組んでいたが，自分の学級も苦しい状態（授業が思うように進まない状態）が続いていた。この教員は，自分の学級の子どもの状況を振り返り，教師が児童のよさを認めようとするのではなく，むしろ登校してきた児童をとにかく温かく迎えることが重要だと考えた。端的には，登校してきた子どもに対して，どのようなことがあっても「よう来たね」という声をかけ続けることを辛抱強く実践した。これを続けるうちに，その子どもの様子も少しずつ変わり，それに伴い授業の展開も次第に容易になるようになった。このような自分の取り組みと子どもの反応を，3学期のレポート研修のなかで説明を行い，全校に紹介した。

この報告をもとに年度末にビジョンの見直しを行うよう，コンサルチームが促した。校内研修の議論と研究主任を中心とするチームの集約によって，児童の根っこの課題の設定に問題があったことがまとめられた。つまり，この学校では，当初の子どもの根っこの課題を「自己肯定感」や「自律性」という一般的であいまいな言葉で捉えていたことに限界があることが検討され，自校の子どもの実態に寄り添った根っこの課題が再度探究された。その結果，根っこの課題は「自分を大切にしてもらった経験に乏しい」と修正された。そして育てたい子どもの姿を「自分も人も大切にする子」と書き改めた。それに対応して教職員が実践すべき第一の柱は，「『よう来たね』の心で，迎えること」と設定された。

【めざす学校の姿と実践改善】

ビジョンの見直しをもとに次年度から，「よう来たね」という心と言葉ですべての子どもを迎えることを全校で展開することとした。そしてその実践の工夫と子どもの反応ないし変化をレポートにまとめて交流する研修を継続的に実施した。2015年度の1学期末の校内研修（実践交流）では，「よう来たね」の実践内容や工夫がさまざまに報告された。これをもとに，自校の児童の特徴をふまえてすべての子どもを大事にして温かく迎えいれる学校にしていくことが推進されるようになった。

(3) 実践展開における特徴

以上の実践展開をふまえて，この研究の特徴を記しておく。

第一には，学校経営改善を目標形成の局面だけでなく，実践改善過程を含めていること，そしてそれらを接合したプロセスを対象としていることである。その結果として，上述の事例からも示唆されるように，実践から学校の根本的な課題を設定しなおすことも取り込んでおり，目標形成過程と実践改善過程が連動するプロセスを学校に実装することをねらいとしている。

第二には，目標形成過程と実践改善過程を，教職員の協働的活動として成立させようとしていることである。目標形成にあたっては，管理職だけでなく教職員が，自校の子どもの実態を見直し共有するところからスタートし，根っこ

の課題，育成課題（北極星），取組課題（ロケット）の設定に至るまで，校内研修をベースにして考え合うことを基本として展開されている。同様に，実践改善過程においても校内研修をベースにして，教職員の実践と子どもの反応の報告と共有によって構成されている。

3．学校経営実践研究の特徴と展望

これらの研究動向から示唆される学校経営における実践研究の特徴としては，以下の諸点をあげることができる。

第一には，学校における自己更新性ないしは内発的改善力という観点から，すなわち学校自らが目標設定から実践改善とその評価を展開しうる能力ないし仕組みを学校に内在化させることをねらいとして，学校経営改善に関与しようとしていることである。学校経営が，理念的には学校の創意機能を核として成り立つものであるとすれば，このようなアプローチは，学校経営に対するかかわり方として，ある意味で基本的なものといえるだろう。つまり学校が何をねらいとして何を実践していくのか，これを構想し可視化し実現していく主体はあくまで学校にあるとしつつ，それを実行できる力ないし仕組みを学校に構築していくことを，学校経営改善の実践的研究の基本的観点として明確に位置づけている。

第二には，学校経営領域における実践への関与の基本的なスタンスについても示唆的である。これについて1つには，学校経営の具体的方策に関する処方箋を提供するのではなく，学校が，学校の現状（実態）とめざすべき姿を考え，具体化することを支援するスタンスから実践的関与を展開している。ただし，2つには，単なる学校の相談相手やお手伝い（サポーター）という立場でかかわっているわけではないことである。学校組織ないし経営における基本的問題点，すなわち学校経営の断片化や学校組織の個業性をふまえて，それらを解決することをねらいとしている。また実践展開においては，いずれも研究者側に学校経営の理念的ないし理論的枠組み（個別学校の学校経営の内容ではなく学校経営の理念型としての理論的枠組み）が意識されており，それに準拠しながら学校経

営実践とのかかわりを展開している。つまり，それぞれ理論的枠組みを強く意識しながら学校とのかかわり方（プロセスファシリテート）を探究している。

　そして第三には，これらの研究は継続的な関与を行っていることも特徴的である。研究者としての情報提供や示唆を与えるなどの単発的なかかわりではなく，長期的・継続的に学校経営実践の動態にかかわりながら支援を行うスタイルをとっている。

　このようにこれらの研究動向は，地域性や児童生徒の特性などの多様性が想定され，かつ教育活動の遂行においては教職員の自律性が不可避である学校において，教育の組織化を実現するための基本的な観点と方法論を明らかにしようとする試みであるといえる。

　これらの研究動向の課題としては，①それぞれの研究枠組みに沿って，学校経営の改善に関する理論枠組みや方法論を開発実践し，それに基づく学校経営変容の解釈を行うという，自らの枠組みに閉じた研究活動にとどまっている可能性や，②研究者の関与が終了したあとの学校動態の検証が十分ではないことなどがあると思われるが，教育経営研究者が学校経営改善の実践的関与を通しつつ，学校自らが組織の目標や実践改善の方策を探究し形成していくための具体的な方法論（研究者の関与様式も含めて）を構築するとともに，それとの関連で学校組織動態の理論的枠組みを明らかにしようとする研究動向であるといえる。
（佐古秀一）

文献・参考資料

児島邦宏「教育経営研究と教育実践」『日本教育経営学会紀要』第 20 号，1983 年，17-21 頁

河野重男『教育経営』第一法規，1969 年

高野佳一『学校経営の科学① 基礎理論』明治図書，1980 年

佐古秀一「学校経営研究における実践性に関する基礎的考察」『日本教育経営学会紀要』第 39 号，1997 年，28-39 頁

――「『学級崩壊』に対する小学校の組織的対応に関する事例研究（1）―学校組織における個業性維持の実態とその要因に関する考察」『鳴門教育大学研究紀要』第 20 巻，2005 年，37-49 頁

佐古秀一・垣内守男・松岡聖士・久保田美和「学校組織マネジメントを支援するコンサルテーションの実践と成果（1）」『鳴門教育大学研究紀要』第 30 巻，2015 年，147-167 頁

佐古秀一・中川桂子「教育課題の生成と共有を支援する学校組織開発プログラムの構築とその効果に関する研究」『日本教育経営学会紀要』第 47 号，2005 年，96-111 頁

センゲ，P. M. ／枝廣淳子訳『学習する組織―システム思考で未来を創造する』英知出版，2011 年

曽余田浩史（研究代表者）『学校経営における目標概念群の構成と機能に関する組織論的研究』平成 25-27 年度科学研究補助金（基盤研究 C）最終報告書，2016 年

曽余田順子・曽余田浩史「学校の成熟を促す目標概念群の構成と機能に関する事例的考察」同上報告書，30-40 頁

Weick, K.E., Educational organization as loosely coupled system, *Administrative Science Quarterly*, 21,1976, pp.1-19

第7章　学校における児童生徒の多様性と教育経営研究

1. 教育経営研究のなかの「児童生徒」の位置づけ

(1) 教育経営実践の影響要因とみなされてこなかった「児童生徒」

　日本の教育経営研究のなかで，児童生徒や子どもに焦点化した論稿は限られている。児童生徒や子どもは，公教育システムのあり方を議論する文脈において，次のようなテーマで登場してきた。[1] 学校病理（いじめ，不登校），子どもの成長，教育の自由化や規制緩和（個別ニーズへの対応），少子化，学校参加（子どもの主体論）である。教育経営研究では児童生徒は中心的な研究対象ではなく，教育サービスの受け手という位置づけのなかで，彼らに最善の教育サービスが提供できるシステムや教職員のあり方に研究関心の中心はあったといえる。[2] いっぽうで，日本の教育経営研究のなかでも，外国事例を扱う論稿では，当該校の児童生徒の民族的ルーツや使用言語，家庭の経済状態などが，当然のように事例校の教育経営実践を理解するための基本的情報として記述される。

　日本で児童生徒に関する情報を明示せずに教育経営実践が描かれてきた背景に，日本の教育経営研究がかかえる2つの問題点を指摘できる。1つは，児童生徒の個性や多様性が，教育経営実践の影響要因とみなされてこなかったことである。実際の学校経営では考慮されていても，実践事例として描かれるときに削ぎ落とされてしまっている。もう1つは，教育成果の可視化までを視野に入れていないことである。学校評価や教員評価など学校の成果を点検する制度は整備されたが，評価過程の点検や点検それ自体に価値がおかれ，教育経営の結果としてどんな教育成果を得たのかを，児童生徒の変化と結びつけて説明してこなかった。児童生徒の変化を教育経営の結果として説明する必要がなかったからこそ，児童生徒に関する情報を明示する必要がなかったのだろう。

(2) 教育成果を視野に入れた教育経営研究の必要性

　諸外国の研究動向をみると，教育成果への関心の高まりが，教育成果の向上を妨げる要因となる児童生徒の属性やとりまく環境への着目を促している。つまり，教育成果への関心の高まりが，児童生徒の個別性や多様性と教育経営とをつないだといえる。日本では，学力向上のような教育成果への関心は徐々に高まってきているものの，全国学力・学習状況調査の結果公表にも否定的意見

が少なくないように，個々の自治体や学校の教育経営の結果として，教育成果の質を議論するほどには社会的理解が得られていない。個別性と具体性への着目よりも多数性や抽象性への着目が優位で，児童生徒のもつ教育課題は「教育課題」として大くくりにされている。ときに「教育課題」が前面に出て，その教育課題をもつのであれば，誰が事例になっていても議論に支障がなかったりする。

2. 児童生徒の多様性と教育課題─外国人児童生徒在籍校を事例に─

(1) 児童生徒の「多様性」を捉える観点とそこからみえるもの

筆者が長くかかわってきた外国人児童生徒教育を事例にすると，日本の教育経営研究が，いかに児童生徒の多様性に関心が薄かったかがよくわかる。というのも，外国人児童生徒在籍校の学校経営[3]について検討する場合，実践上も研究上も，在籍する児童生徒の個性や多様性は，学校経営の方法を左右する影響要因として当然に考慮されるからである。たとえば，外国人児童生徒の在籍数の多い少ないは，学校がかかえる経営課題とその解決の優先順位に大きな影響を与える。多数在籍校では，児童生徒の人間関係づくりや日本語指導教室の運営が経営課題として優先順位が高くなるが，少数在籍校では，指導者の確保や校内での教職員の合意形成が経営課題として優先順位が高くなる。また，どの言語的・文化的背景をもつ児童生徒が在籍するかによっても経営課題は異なる。中国語やポルトガル語，スペイン語などは，教育委員会などの母語支援者派遣事業を通じて通訳者・翻訳者の確保も困難ではなく，翻訳教材や対訳資料集も整備されているが，ウルドゥー語（パキスタン），ベンガル語（バングラディシュ），ダリー語（アフガニスタン）などは，通訳者の確保も容易でなく，外国人保護者とのコミュニケーションにも困る状態である。一口に外国人児童生徒在籍校といっても，どのような児童生徒が在籍しているかを考慮しないことには，学校経営実践の現状分析や改善方策の検討はできないのである。

そもそも，法的には外国人とは「外国籍者」のことをさすが，日本の教育施策では外国人児童生徒に類する用語が複数使用されている（表7.1 参照）。「外国

表 7.1 「外国人児童生徒」の語の使用範囲

国 籍	日本国籍			外国籍	
呼 称	日本人児童生徒	外国にルーツのある児童生徒		在日外国人児童生徒	外国人児童生徒
母 語	日本語	外国語		日本語	外国語
対 象	両親が日本国籍の子ども	・両親の一方が外国籍の子ども ・日本国籍に変更した子ども		両親が外国籍の子ども	
主な例		中国帰国児童生徒	国際結婚家庭の子ども	在日韓国・朝鮮人（特別永住者）	・日系人 ・ニューカマー

出所：筆者作成

人児童生徒」は外国籍で母語が外国語の児童生徒をさすが，「外国にルーツのある児童生徒」は国際結婚家庭の児童生徒を含むため，国籍は必ずしも外国とは限らず，母語も外国語の場合もあれば日本語の場合もある。「在日外国人児童生徒」は特別永住者である在日韓国・朝鮮人をさす。

　このように複数の語が使用される理由は，どの語を用いるかで，誰を対象とするかだけでなく，どの教育課題に着目するかが異なるからである。「外国人児童生徒」の語は日本語指導が必要か否かという点を重視するときに用いられるため，事実上，この語の使用範囲内に在日韓国・朝鮮人は想定されていない。逆に，在日外国人教育もしくはより直接的に在日韓国・朝鮮人教育の語は，朝鮮語や朝鮮文化などの民族文化教育や歴史学習などを意味するため，ここに日本語指導の要素はまったく入らない。また，「外国にルーツのある児童生徒」の語は，「外国人児童生徒」の語が外国籍のみをさすことで日本語指導の支援対象から外れてしまう日本国籍の児童生徒を支援対象として可視化することを意図して，近年使用が広がってきた経緯をもつ。このように，ある語を使用するとき，その対象がもつ教育課題への着目がセットになっていることがわかる。

　しかしながら，他方で「日本語指導が必要な児童生徒」という枠でくくられることにより，児童生徒一人ひとりの個性や多様性がみえにくくなる側面もある。表7.1では，児童生徒を国籍と母語の観点で分類したが，これは日本語指導という教育課題をもつ児童生徒の可視化には有効だが，これにより外国人児

80　第2部　教育経営実践と教育経営研究

童生徒がもつ教育課題のすべてを可視化できるわけではない。いかなる観点を設定するかで，みえてくる教育課題や可視化される対象は異なってくる。

そこで，以下では，「日本語指導が必要な児童生徒」としてくくられる児童生徒にみられる多様性を，2種類の観点から読み解いていく。「児童生徒がもつ個性」の観点（児童生徒の属性や過去に形成された特徴）と，「児童生徒が置かれている環境」（現在進行形で形成されている特徴）の観点である。

(2) 外国人児童生徒の多様性① ―「児童生徒がもつ個性」の観点から

「児童生徒がもつ個性」の観点の例として，国籍，出身地，母語，来日時期，文化的背景，宗教，障害の有無などがあげられる。たとえば，表 7.2 に示した児童 A と児童 D・E は，母語の観点でみると同じスペイン語だが，出身地は

表 7.2　外国人児童の実態例（在籍学級）[4]

（事例 08）小学校第 3 学年算数科「はしたの大きさの表し方を考えよう」（在籍学級）

	母語（出身国）	日本語習得状況	算数科に関する力
A	スペイン語（メキシコ）	・渡日 2 年目。 ・挨拶や応答はできるようになってきたが，細かな意思の伝達はむずかしい。 ・文章問題などの言葉を理解することがむずかしい。	・小学校 2 年 9 月までメキシコで学習。 ・9 月に行った「大きい数のしくみ」は，在籍学級で授業を受け，テストは 80 点だった。 ・計算力や算数的な思考力はある。

（事例 19）小学校第 3 学年算数科「分けた大きさの表し方を考えよう」（在籍学級）

	母語（出身国）	日本語習得状況	算数科に関する力
B	ポルトガル語（ブラジル）	・日本生まれ。本校併設幼稚園より入学。 ・日本語は簡単な日常会話を聞いて理解できるが，日本語で話そうとする意欲が少ない。 ・学習は，母語での支援が必要である。家庭では母語のみを話している。	・四則計算は，自分で取り組める。 ・大きな位の数を読む際には言いまちがいもみられた。
C	ポルトガル語（ブラジル）	・日本生まれ。1 年生のときに他校より転入。 ・簡単な日本語は理解できる。話すことも日本語が多いが，口数が少ない。 ・家庭では母語中心だが，会話のスピードが速いと理解しがたい。	・たし算，ひき算の計算が苦手。 ・かけ算の意味は理解できるが，九九が定着していない。

（事例 20）小学校第 3 学年理科「電気で明かりをつけよう」（在籍学級）

	母語（出身国）	日本語習得状況	理科に関する力
D	スペイン語（ペルー）	・日本生まれ。県内他市の小学校から 1 年生の 7 月に転入。 ・日常会話に問題がないが，多少日本語の言いまちがいがある。 ・学習用語はほとんど理解できていない。	・母語での学習歴はない。 ・学習全般の定着が不十分である。 ・「風やゴムのはたらき」では輪ゴムについて知らないなど，生活経験をもとに考えることがむずかしい。
E	スペイン語（ペルー）	・日本生まれ。 ・日常会話はでき，学習用語も時間はかかるが理解できることが多い。	・母語での学習歴はない。 ・予想などで自分の考えを表現するのが苦手である。

第 7 章　学校における児童生徒の多様性と教育経営研究　**81**

表 7.3　外国人生徒の実態例（在籍学級）

（事例 04）中学校第 1 学年社会科「古代までの日本～日本の原始時代」（在籍学級）

	母語 （出身国）	日本語習得状況	社会科に関する力
F	ポルトガル語 （ブラジル）	・渡日 11 年目。 ・日常会話は理解しており，会話やあいさつができる。 ・学習言語は理解に時間がかかる。漢字の読み書きや文章を書く力は，たいへん厳しい。 ・家では母語だが，学校では日本語を話している。	・授業はまじめに取り組み，しっかり話を聞いて，板書を写そうとするが，内容を理解しようとすると時間がかかる。 ・むずかしい内容や用語は理解できていない。 ・宿題などの提出物は，自分だけで取り組み，完成させることがむずかしい。

（事例 05）中学校第 2 学年理科「さまざまな化学変化」（在籍学級）

	母語 （出身国）	日本語習得状況	理科に関する力
G	タガログ語 （フィリピン）	・小 1 で渡日。一度帰国し，小 4 の 3 学期に再度渡日。 ・生活言語はある程度習得している。漢字などもきれいに書く。文章は表現がおかしいときもある。 ・家では母とは英語か日本語で，姉妹では日本語で会話。学校では日本語。	・昨年度に比べ，元気に頼もしくなり，班活動も意欲的に取り組めるようになった。 ・理解力もある程度あるが，テストになると問題の読み取りで困ることが多い。
H	スペイン語 （ペルー）	・日本で生まれている。 ・日常会話はほとんど支障なくできる。字もきれいに書ける。漢字もかなり読み書きできる。家では母語と日本語。	・学習に意欲的に取り組める。 ・わからないところをきちんと質問するなど努力もできる。 ・漢字もかなり読めるが，教科書の文や問題文の表現などで困ることがある。

（事例 13）中学校第 3 学年家庭科「幼児にふさわしいおやつを考えよう！」（在籍学級）

	母語 （出身国）	日本語習得状況	家庭科に関する力
I	タガログ語 （フィリピン）	・4 歳の時来日。 ・小学 4 年生から学校に通いはじめ，ひらがな・カタカナ，算数の九九や読書など家庭学習のみであった。 ・日常生活の日本語の読み書きは問題ない。作文も自分の力で書ける。母語での学習期間がなく日本語での学習期間が長いため，読み書きは母語よりも日本語のほうを得意としている。	・幼少期を母国，または家庭のみで過ごしたため，日本の「幼児のおやつ」に関するスキルは少ない。
J	ビザイア語 （フィリピン）	・小学 5 年に来日。体が弱く小学校のころから欠席が多い。 ・学習については真面目で前向きに取り組める。 ・日常生活での日本語には困らないが，文章の読み取りや筋道を立てて何かを説明するということがまだまだ苦手である。	・幼少期を母国で過ごしたため，日本の「幼児のおやつ」に関するスキルは少ない。
K	ビザイア語 （フィリピン）	・中学 1 年に来日。2 年生の後半から卒業後の進路の不安もあり，遅刻・欠席が多い。 ・聞く・読むことは，ある程度できるようになったが，漢字の読みは，小学校 2 年生程度で，文章の読み取りはきびしい。 ・自分の考えを言おうとしても，言えずに固まってしまったり，途中でやめたりしてしまうことがある。	・幼少期を母国で過ごしたため，日本の「幼児のおやつ」に関するスキルは少ない。
L	タガログ語 （フィリピン）	・中学 3 年の 4 月中旬に来日，初期適応指導教室に通級中。 ・挨拶以外の日本語はまったく話せず理解できなかったが，真面目で明るく活動的な性格で，友だちにも積極的にかかわる。 ・わからないときは友だちや先生には英語で尋ねたり，すぐに聞けたりする。日本語の習得のペースも速い。 ・卒業後は日本の高校に進学を希望している。	・幼少期を母国で過ごしたため，日本の「幼児のおやつ」に関するスキルは少ない。

異なる。母語の観点では可視化されないが，出身地の観点でみると，児童 A はメキシコ出身のため，日本とメキシコとの学習歴の相違に起因する困難を有

表7.4　フィリピンの教育事情と日本との相違[5]

公用語	フィリピノ語／英語（他にはセブアノ語・タガログ語など）	日本との文化的相違点	※日本で就学後に学校と児童生徒・保護者との間で誤解やトラブルが生じる可能性のある文化的相違点
義務教育	6 - 4 - 4 制のうち，はじめの 6 年間		
学校年度	6 月から始まる。		◆授業時間
授業時間	午前・午後の 2 ターン制もしくは午前・午後・夜の 3 ターン制		・2 部制もしくは 3 部制のため，また，給食の経験がないため，昼食時に帰宅して自宅で昼食を取ろうとする。
進　　級	・落第，飛び級がある。 ・公立の高等学校の入学試験はないが，私立の高等学校ではある。		◆進　級 ・年齢主義（日本）と課程主義（フィリピン）のちがいがある。日本では，当該学年の学習内容を理解していなくても進級する。それゆえ，児童生徒や保護者に学力の程度が理解されにくい。 ・高校入試に向けて受験勉強を計画的に行う習慣がない。
学　　費	・義務教育期間は無料。 ・教材費などは保護者が負担する。		◆その他 ・日本とは持ち物の扱いが異なる。教科書が共有や再利用のこともあるため，学校に置きっぱなしする（毎日持ち帰る習慣がない）。 ・音楽で楽器演奏の経験がないため，楽器の扱いに困惑する。
その他	・入学年齢は日本より 1 年遅れの 7 歳頃から。 ・国語・社会・保健・音楽などの一部の教科はフィリピノ語で行われる。それ以外は英語。 ・授業料は無料，制服や教材費は有料（小学校は無料）。 ・1 クラス 38 ～ 60 人ほど在籍し，教科書も 8 人で 1 冊を使うこともある。 ・音楽はあるが，歌が中心で楽器演奏をほとんど扱わない。 ・給食はない。		

する可能性がある児童として可視化される。途中編入児童の場合，日本との教育制度の相違により，日本の小学校第 2 学年 9 月までに学習する内容を，メキシコでも学習してきているとは限らないからである。ほかにも，国籍の観点でみると同じでも，出身地が異なるために母語が異なることも珍しくない。表7.3に示した生徒 I ～ L はみなフィリピン国籍だが，母語は異なる。タガログ語の翻訳教材や母語支援者が常に役に立つとは限らないし，出身地（島）によって教育インフラが異なるため，学校に行っていたかどうかに差がある場合もある。

　また，文化的背景の観点でみると，国籍は同じでも来日時期のちがいにより，母国の教育制度や学校文化の影響を受けている程度が異なる。文化的背景と併せて来日時期の観点でみると，より高い年齢で来日している生徒 J・K は生徒 I よりも，日本との教育制度や学校文化の相違による不利益を被る可能性がある生徒として可視化される。フィリピンの場合，表7.4 に示したような制度上の相違が日本との間にあるため，進級制度への誤解から高校入試までに学力形成が間に合わないことがあったり，教科書やノートなどを自宅に持ち帰らないことが問題行動と見なされ，生徒指導の対象になったりすることもあるからである。

第 7 章　学校における児童生徒の多様性と教育経営研究　83

(3) 外国人児童生徒の多様性② ―「児童生徒が置かれている環境」の観点から

「児童生徒が置かれている環境」の観点の例として，日本語力，学力，家族構成，家庭の経済状態，来日時期，成育環境，教育経験，文化的背景などがあげられる。表7.2に示した児童A～Eはいずれも小学校第3学年である。近年，日本生まれの外国人児童生徒が増加しており，児童B～Eも日本生まれである。しかし，同じ学年で同じ日本生まれでも，日本語力の観点でみると，日本語習得状況は顕著に異なる。日本生まれの児童は，就学までに“日本人”と同程度に日本語や日本の生活習慣等を習得していると誤解されがちである。しかし，就学前の成育環境や言語環境によって，日本の保育所や幼稚園に行かず家庭内で過ごすことが多かった場合や外国人多住地域の場合，日本語や日本の生活文化などにふれる機会が少ないため，日本生まれでも日本語を十分に習得しているわけではないのである。ただし，日本語習得状況は，児童の成育環境や言語環境のみで規定されるわけではない。就学後の教育経験，すなわち生活言語力と学習言語力の獲得に適した日本語指導をどのように受けたかにも影響される。そのため，日本語指導が必要な児童生徒は，日本語力の観点だけでなく，成育環境や言語環境さらには教育経験という複数の観点を合わせてみることで可視化が可能になる。逆に，学年や来日時期と日本語力の観点を組み合わせてみれば，児童生徒が受けてきた日本語指導の内容や指導体制の質に関する課題の可視化が可能である。児童B・Dの場合，教育成果を意識すると，小学校第3学年でこうした日本語習得状況では，指導内容や指導体制に課題があることが疑われる。

ほかにも，成育環境の観点でみると，生徒Gのように，一時帰国期間がある生徒はそれが不就学期間となっていることもあるため，教科の未習・未定着内容の確認と補習が必要な対象として可視化される。また，児童Dや生徒I～Lのように，教科の学習内容理解を助ける日本の生活経験を積んでいない児童生徒は，疑似体験や実物例示などの追加支援が必要な対象として可視化される。

3．児童生徒の多様性に応える教育経営研究

―教育成果の向上に資する教育経営実践への貢献―

(1) 児童生徒の多様性を読み取る意義―教育課題発見の出発点として

　前節で例示したように，ある観点を定めると，それにより初めて何らかの教育課題とその対象者が可視化される。同じ児童生徒でも，異なる観点でみると，異なる教育課題をもつ者として可視化されることがわかった。つまり，児童生徒の多様性に着目するということは，その多様性のなかから児童生徒がもつさまざまな教育課題を抽出していくという作業にほかならない。

　表7.2の外国人児童の実態をみると，事例校により日本語習得状況と教科に関する力の記述の質に差があることがわかる。これは各校の担当教員が児童生徒の実態把握に必要な知識や情報をどの程度有していたかが異なるためである。表7.5に日本語指導教室の事例を掲載したが，これは同一校の異なる教員が異なる児童について記載したものである。表7.2と表7.3に記載したものより，教科に関する力の把握が具体的である。これは同校が外国人多数在籍校でかつ

表7.5　外国人児童の実態例（日本語指導教室）

(事例09) 小学校第2学年算数科「九九をつくろう」（日本語指導教室）

	母語 （出身国）	日本語習得状況	算数科に関する力
X	ポルトガル語 （ブラジル）	・在籍期間1年2ヵ月（ブラジル人学校から編入）。 ・分からない日本語は，易しい日本語に短く言い換えると理解できる。また，自分なりの日本語を使って話そうとすることができる。 ・意味を理解するために挿絵などをヒントにしている。指導者の聞き取りや文章化により，書くことができる。	・繰り上がり，繰り下がりの計算は，指を使ったり，簡単な数字に分解したりして計算している。 ・「長さ」の学習では，cmやmmの単位で細かく一つずつ目盛りを数えることが難しかった。 ・「大きな数」の学習では，千までの位の数を読んだり，漢数字に直したりすることが難しかった。

(事例12) 小学校第2学年算数科「分けた大きさをあらわそう」（日本語指導教室）

	母語 （出身国）	日本語習得状況	算数科に関する力
Y	スペイン語 （ペルー）	・市内の保育園を卒園しているが，休みがちであった。小学校には，日本語が話せない状態で入学した。 ・日常会話は分かる語彙が少なく，聞ける内容が限られていて，早い会話は聞き取れないが，時間をかければ，ゆっくり話すことができる。	・計算速度，正確さ，文章理解ともに難しい部分が多い。 ・不等号などは動作化や簡単な内容にすれば理解している。 ・足し算や引き算は，繰り上がり，繰り下がりがなければ計算できる。
Z	ポルトガル語 （ブラジル）	・簡単な日常会話なら少し分かる。適切な単語が出てこない時もあるが，およそのことは表現できる。 ・文章については，繰り返し読めば大体の内容が理解できる。また，助詞の間違いはあるが，自分で単文の作文を書くことができる。	・その単元を毎日学習していると間違えないように計算できるが，特に引き算は時間が経つと忘れることが多い。 ・100までの数の量感覚はあるのだが，足し算や引き算は指を使って計算することが多い。 ・文章題は図にすることは難しいが，立式はできる。

第7章　学校における児童生徒の多様性と教育経営研究　**85**

日本語指導教室の担当教員が外国人児童の教育経験が豊富なため，児童生徒の教科学習上の課題を見抜くためにどこに着目して児童を観察する必要があるのかを理解していたことによる。また，算数以外の授業は在籍学級で受けているため，学級担任と指導情報を共有するためにも，日本語指導教室では，外国人児童ができること／できないことを詳細に把握する必要があるためである。対照的に，表7.3 に記載した3つの中学校の事例では，生徒の教科に関する力の記入欄に学習意欲や日本語の理解力を記入している。これは，担当教員が，本時の教科の学習内容理解に必要な既習内容の定着状況や生活経験を把握していないためと，そうした把握の必要性を理解していないためである。

　このように考えると，児童生徒の実態把握や多様性の読み取りができないと，児童生徒がもつ教育課題を見落とす危険性があることがわかる。たとえば，生徒 F が「内容を理解しようとすると時間がかかる」のはなぜなのか，その原因の追究につながるように，観点を定めて実態把握をしていく必要がある。日本語力の観点が有効なのか，学力の観点が有効なのか，教育経験の観点が有効なのか。児童生徒のもつ教育課題が可視化される観点を仮定し，そこから児童生徒の個々の情報を収集し，立体的に児童生徒を捉えていく必要がある。

　そのためには，教員が児童生徒の実態や多様性を読み取ることができるように，教員を支援する方法を考えることが教育経営の課題となる。教員が児童生徒の多様性の読み取りができないと教育課題の発見ができず，いつまでも教育課題に気づいてもらえない児童生徒や改善策を講じてもらえない児童生徒を生むことになり，学校の教育成果の向上を妨げるからである。学校の教育成果の向上が可能になるように支援策の検討や具体策の提示をすることが，教育経営実践に貢献する教育経営研究の1つのかかわり方といえる。教育経営研究ができる貢献は，こうした教員が目を向けてこなかった情報の価値や意義を知らせることに加え，勘や経験に依存している指導に対し，理論的根拠を提供して指導の質を上げていくことでもできる。表7.2 に示した児童 B に対し，「母語での支援が必要である」旨の記載があるが，これは適切な判断とはいえない。児童 B は日本生まれでブラジルでの学校教育経験がないため，通訳支援を受け

ても，母語支援者が話すポルトガル語の学習言語は理解できないからである。母語での通訳支援は外国人児童生徒の教科内容理解を助けるというイメージをもつ教員は少なくないが，それは児童生徒の年齢，教育経験，母語の言語力によるのである。そこで，筆者が実際に行った教育経営実践へのかかわりを紹介する[6]。

(2) 教育経営実践に貢献する教育経営研究① —個人カルテの提案

表 7.2 に示した事例校は，いずれも外国人児童生徒教育の研究指定校のため，日本生まれの児童生徒の日本語習得状況も把握するように助言されている。しかし，研究指定校でもなく外国人児童生徒教育に関する知識や経験の少ない学校では，日本生まれの児童や日本国籍（国際結婚家庭）の児童については，日本語習得状況や家庭内の言語環境などの実態把握はたいてい行われない。

こうした現状に対し，学校経営や教員の指導の助けとなる情報を提供することが，外国人児童生徒教育の領域では特に求められている。2016 年度現在，「日本語指導が必要な児童生徒」は日本の全公立学校の 20％弱の学校に在籍しているにもかかわらず，教員養成教育や現職研修でも，外国人児童生徒について

【表面】　＜個人カルテ＞

記入日（　　年　　月　　日）　記入者（　　　　）				
よみがな 名　前	ローマ字（もしくは漢字）で記入			名前の呼び方
生年月日	（西暦）　　年　　月　　日		男・女	国　籍
在留資格		入国年月日 （西暦）　　年　　月　　日		予定滞在期間
現住所	〒			
連絡先	TEL		電子メール	
保護者名	続柄（　　　）			
使用言語	↓ ※家庭内言語には◎		※該当するものに○	
	第 1 言語（　　　）語		1. 日常会話ができる　2. 文章（文字）が書ける 3. 複雑な会話や文章は理解できない	
	第 2 言語（　　　）語		1. 日常会話ができる　2. 文章（文字）が書ける 3. 複雑な会話や文章は理解できない	
日本語力	読む・書く	1. まったくできない 2. ひらがなが読める（　）書ける（　） 3. カタカナが読める（　）書ける（　） 4. 簡単な漢字が読める（　）書ける（　） 5. 十分にできる	聞く・話す	1. まったくできない 2. 簡単な指示がわかる（→聞ける） 3. 簡単な会話ができる（→話せる） 4. やや複雑な指示がわかる 5. 十分にできる
成育状況・教育経験				
家庭環境				
本人の性格、特技など				

【裏面】

進路希望	本人の思い				
	保護者の思い				
健康上の留意点	アレルギー、持病など				
文化・宗教上の留意点					
その他の留意点					
家族構成（本人を含む）					
続柄	よみがな 名　前	生年月日	日本語力	使用言語	勤務先名／学校名
日本語力	1. まったく理解できない（通訳や翻訳が必要）　2. 簡単な会話はできる 3. ひらがなや簡単な漢字は読める　4. 通訳や翻訳なしで理解できる				
通訳できる知人	よみがな 名　前	TEL	言語 （　　　）語		
	よみがな 名　前	TEL	言語 （　　　）語		
学校から連絡する際の留意点					
緊急時の連絡先	名　前　（児童生徒もしくは保護者との関係）	TEL			
	（　　　）				
	（　　　）				
健康保険	加入有（　　　）・加入無				

図 7.1　外国人児童生徒の実態把握のための個人カルテ（例）

出所：臼井，2014

学習する機会は，管理職，一般教員ともに極めて限定的だからである[7]。

個人カルテ[8]（図7.1参照）は，外国人児童生徒の指導に際し，把握しておくべき情報をまとめたものである。これらは単に現時点での児童生徒の実態把握に必要というだけでなく，これらの情報をもっておかないと，いずれ学級や学校で何らかのトラブルが生じるときの原因となるものである。これらの情報をもつかもたないかで，学校経営の困難さにちがいが生じる。外国人児童生徒の在籍経験が豊富な学校とそうでない学校とで，学校経営の困難さにちがいを生じさせる要因の1つが，こうした情報の事前収集を行っているかどうかである。

(3) 教育経営実践に貢献する教育経営研究② ―「わかる」授業づくりの提案

個人カルテは，児童生徒のもつ教育課題の早期発見と可視化を意図して，児童生徒の実態把握に必要な観点の獲得を支援するツールとして開発した。並行して，学習指導案づくりのフローチャート図（図7.2参照）を開発した[9]。これは，児童生徒の実態に基づいて児童生徒に「わかる」授業づくりができることを意図して，児童生徒の学力向上につながる授業づくりを支援するツールとして開発した。授業づくりにとってなぜ児童生徒の実態把握の情報が必要かというと，外国人児童生徒の場合，たとえば，「磁石のはたらき」の授業内容が理解できないとき，理解の妨げになっている要因は日本語力とは限らないからである。出身国で理科を学習していない場合もあれば，不就学期間があって磁石の学習につながる既習内容の蓄積がない場合もある。磁石を見たり触ったりした経験がなく磁石の手応えをイメージできない場合もある。つまり，授業内容が理解できない要因を把握しておかないと，その要因に応じた手立てを授業に組み込むことができず，児童生徒の学習参加をむずかしくしてしまうのである。

授業づくりに直結する領域を扱うことは，教育経営研究が不得意としてきたところである。しかしながら，教育成果の向上を視野に入れると，授業場面への関与は避けて通れない。授業研究を取り込むことで，個々の授業の質の向上を教育経営研究の俎上に載せていく必要がある。

(4) 日本人児童生徒の教育課題の発見と改善への応用

以上，外国人児童生徒の多様性に焦点を当てて検討してきたが，本章で検討

図7.2 教科指導型日本語指導の授業づくりの方法[10]

第7章 学校における児童生徒の多様性と教育経営研究 89

した内容は外国人児童生徒だけでなく日本人児童生徒にも当てはめて考えることができる。なぜなら，外国人か日本人かというのも，児童生徒の個性を捉える際の国籍という1つの観点からみた特徴にすぎないからである。日本人児童生徒の言語環境の悪化や日本語力の未熟さは，すでに文部科学省も言語活動の充実というかたちで課題視してきているし，貧困家庭やひとり親家庭の児童生徒への社会的着目は，まさに成育環境を観点として教育課題の可視化を試みるものである。実際に，外国人児童の実態把握に用いた観点で日本人児童の実態把握を行った結果，それまで気づかずにいた日本人児童の教育課題が発見できたり，実態把握に基づく授業改善の結果，日本人児童の指導にも手応えを実感できたりしている学校もある[11]。児童生徒の多様性への着目は，それまでのルーティンの指導の見直しの契機になる。仮に児童生徒の多様性から教育課題を読み解くことの必要性や重要性が，学校や教員に理解されにくい現状があるとすれば，そのような状態の改善に寄与することも教育経営研究の役割であろう。

（臼井智美）

注

1) 『日本教育経営学会紀要』をみると，第33号（1991年）が特集「子どもと教育経営」で校則や進路選択の話題を，第35号（1993年）が特集「教育人口の変動と教育経営の課題」で少子化問題を，第42号（2000年）が特集「岐路に立つ学級経営」で学級のなかの児童生徒の姿を取り上げている。

2) 同様の指摘は先行研究でもされている。片山は「教育経営研究においては，子どもの姿が見える論稿が少なく，管理職や教員，保護者にウェイトが置かれがちで，子どもは教育経営の客体であれ何であれ，枠組みそれ自体から外れてしまっている」と述べ，本学会『紀要』第33号（1991年）で牧昌見が指摘した，「子どもをみない教育経営学であってはならない」「真に子どものためになる教育経営学の確立までにはさらに一定の年月を要する」という点が「克服されたとは言い難い」と指摘している。片山紀子「社会変動と子どもをめぐる課題」『日本教育経営学会紀要』第55号，2013年，14頁。

3) 外国人児童生徒在籍校の学校経営上の課題をもたらす要因として，外国人児童生徒の在籍数のほか，学校管理職により外国人児童生徒教育に必要な経営資源の獲得量に相当なちがいがあることと，教員が外国人児童生徒の学力形成を重要な教育課題だと理解していないことなどがあげられる。臼井智美「外国人児童生徒在籍校の学校経営」大塚学校経営研究会『学校経営研究』第40巻，2015年，11-19頁。

4) 三重県教育委員会『教科指導型日本語指導の実践事例三重県モデル集』2016年3月。

各実践事例から「対象児童・生徒の状況」を抜粋し誤字等を一部修正。表 7.2, 7.3, 7.5 のいずれも同モデル集に基づき筆者作成。

5) 三木市外国人児童生徒に対する指導推進委員会『学級担任必携　外国人の子どものための指導支援ハンドブック』(2011 年, 7 頁) を改変して筆者作成。

6) 事例校にとって筆者は校内授業研究会の講師という関係である。1 校当たり年間 3 〜 10 回の校内授業研究会 (教科指導型日本語指導法による授業研究) に参加し, 事前・事後研究会も含めて助言を行うというかかわり方である。校内授業研究会のほか, 聞き取り調査・質問紙調査を通じて, 外国人児童生徒教育に関する学校経営上の課題の解明を行い, 教員研修プログラムや指導事例集の開発により研究成果を還元してきた。

7) 外国人児童生徒教育に関する現職研修の現状は, この調査より 10 年以上が経過した現在でも大きな変化がない。「外国人児童生徒教育に関する教員研修の現状と課題」東京学芸大学国際教育センター『国際教育評論』第 4 号, 2007 年, 17-34 頁。

8) 臼井智美『学級担任のための外国人児童生徒サポートマニュアル』明治図書, 2014 年, 37-42 頁。

9) 教科指導型日本語指導の指導法と授業づくりの詳細については, 臼井智美「外国人児童生徒教育に関する教員研修プログラムの開発―子ども理解力と教科指導型日本語指導法の習得」『日本教師教育学会年報』第 25 号, 2016 年, 90-100 頁参照。

10) 臼井智美「教科指導型日本語指導について」三重県教育委員会『教科指導型日本語指導の実践事例三重県モデル集』2016 年 3 月, 4-5 頁。

11)「4 年生音楽科『指揮で自分の思いを表そう (メリーさんの羊)』での事前の実態把握では, 羊を知らない児童が 2 割もいた。知っていると答えた中にも, アルパカと羊を混同している児童やヤギと間違えていた児童も多かった。そのため, 羊とはどんな動物であるかを写真や動画を児童に視聴させて授業に入った。つまり, 自分のクラスの児童が, 何ができて, どんな学習が未定着なのかを把握した上での授業づくりを心がけることで, すべての児童が授業に参加でき, 生き生きと活動できるユニバーサルデザイン的な授業に近づくことができる。実際, 実態把握をした上で単元に入ると児童の理解度が向上していく感覚はどの教師も持っていたようであった。」兵庫県教育委員会「平成 28 年度日本語研究推進事業実践報告資料集 (K 市立 H 小学校)」より抜粋。

第8章　学校・地域・家庭との連携と教育経営研究

>>>>>>>>> 1. これまでの研究動向と「開発的研究」の必要性 >>>>>>>>>

　本章の目的は，「学校・地域・家庭との連携」に関する教育経営実践に関与した研究の動向を整理，検討したうえで，今後の研究課題としての「学校・地域・家庭の協働に関する開発的研究」における開発プログラムのあり方について考察することである。主に2000年以後の『日本教育経営学会紀要』の「教育経営の実践事例」に掲載されている研究と，質的調査により教育経営実践を詳細に記述・説明した研究を検討の対象とする。2000年以前のわが国の学校への父母・住民参加に関する研究の動向について岩永（2000）は「参加の正当性に関する研究が多く，有効性に関する研究は皆無に等しい」と述べていた。また，「父母・住民参加の有効性に関する実証的研究」を進展させるために「学校と家庭・地域の連携を促進しうるプログラムを開発し，その効果を確認する」アクション・リサーチの必要性を指摘していた。この点について，2000年以降，学校五日制の完全実施，学校運営協議制度の発足などにより，学校・地域・家庭の連携の実践が広くみられるようになってきた。そのことを背景に，以下にみていくように，学校・地域・家庭の連携の機能や逆機能，その機能や逆機能が生じている学校における連携プロセスに関する事例研究が進展してきた。

　一方，2000年以降，「学校と家庭・地域の連携を促進しうるプログラムを開発し，その効果を確認する」アクション・リサーチは十分に進展してこなかった。このようなアクション・リサーチは佐古（2004, 28頁）のいう「あるべき姿への接近を学校において可能にするシステム，プロセス，手順ないし方法のあり方＝改善方法論（変革方略）に関する知識」を産出する「開発的研究」に相当するだろう。このような「開発的研究」を行う必要性としては「父母・住民参加の有効性」を解明することのほかにもたとえば次の3点があげられる。

　第一に，「開発的研究」を行うことによって，地域連携現象の具体に関する理解と，その変容要因に関する理解が促進される。ただし，佐古（2004）のいう「既存のモデルや理論に基づいて学校経営現象を細分化して理解しようとする」研究や「実践記述型の研究」によっても，これらの促進は可能である。

　第二に，「開発的研究」を行うことによって，「どうすれば地域連携を促進さ

92　第2部　教育経営実践と教育経営研究

せることができるのか」の問いに応えることが可能になる。教職員の組織化については「どうすれば教職員の組織化を促すことができるのか」の問いに応えうる知見が「開発的研究」の進展によって産出されてきている（たとえば，佐古，2011a・2011b）。それに対して，2017 年に学校運営協議会の設置が努力義務化され，地域学校協働活動の展開が政策課題となるなかで，「どうすれば地域連携を促進させることができるのか」の問いに応えるニーズが高まってきているが，地域連携分野における「開発的研究」の進展の遅れなどにより，その問いに応えることができるだけの知見は，十分に産出されているとは言いがたい。

　第三に，「開発的研究」を行うことによって，現実の地域連携現象を地域連携の「あるべき姿」に近づけることができる。「既存のモデルや理論に基づいて学校経営現象を細分化して理解しようとする」研究や「実践記述型の研究」は今後も重要である。だが，現実の地域連携現象が地域連携の「あるべき姿」と乖離している場合，それらの研究方法ではその乖離を批判することはできても，地域連携の「あるべき姿」へ到達する方途を解明することはむずかしい。たとえば，学校運営協議会においては仲田（2010）が指摘した保護者委員の劣位性は，現在でも頻繁に観察される。地域連携活動の目的に関する意味づけが曖昧なまま，その活動が展開されているコミュニティスクールも頻繁に観察される。こうした現実の地域連携現象を地域連携の「あるべき姿」に近づけるためには，研究者が問題を発見して，そのつど解決を支援することも必要である。一方で，学校組織開発の知見や，これまでの地域連携に関する研究の蓄積をふまえたうえで，「学校・地域・家庭の協働による学校とその地域の改善を目的とした実践プログラムを開発し，実際の学校において試行，改善し，その過程と結果を記述・説明していく研究」（「学校・地域・家庭の協働に関する開発的研究」）を展開していくことも，今後の研究課題とすべきなのではなかろうか。

　以上の問題意識から，本章では「学校・地域・家庭との連携」に関する教育経営実践に関与した研究の動向を検討し，その検討から得られた研究の知見をふまえたうえで，「学校・地域・家庭の協働に関する開発的研究」における開発プログラムのあり方を考察する。以下，2 節では学校と地域の連携，3 節で

は学校と家庭の連携，4節では家庭，地域の両者と学校の連携と捉えられる学校運営協議会に関する教育経営実践に関与した研究の動向を検討する。5節では学校・地域・家庭の協働に関する開発プログラムのあり方を考察する。

2. 学校と地域の連携に関する教育経営実践に関与した研究の動向

(1) 地域が学校を支援する実践に関する研究

　柏木 (2002) は，大阪府の公立A小学校の「学校週五日制委員会」を対象に，参与観察およびインタビュー調査を通して，学校と家庭・地域の連携の効果を明らかにすることを試みている。その結果，「学校週五日制委員会」での活動により確認された効果として，次の6点をあげている。

① 保護者や住民が有機的なつながりをもつようになった。

② 保護者や地域住民が，地域全体で子どもの教育を志向する方向へと意識を変容させた。

③ 保護者や地域住民が，家庭や地域において，子どもに対して以前とは異なる言動をとるようになった。

④ 教師も，保護者や地域住民とかかわることによって，子どもに対する言動をよい方向へ変化させた。

⑤ こうした学校・家庭・地域の環境変化および，それらに対する子どもの認識の変化により，子どもの行動や態度が向上した（子どもに及ぼす間接的な効果）。

⑥ 子どもが連携活動に参加することで経験の幅を広げたり楽しい思いをしたりした（子どもに及ぼす直接的な効果）。

　この研究からは，学校と地域の連携が子どもに及ぼす効果には，①「直接的効果」と「間接的な効果」があること，②「間接的な効果」は，教職員，保護者，住民，児童生徒の四者間の認識や行為の複雑な連鎖によって生じていることが示唆される。また，「子どもに及ぼす間接的な効果」の過程は，四者間の社会関係資本が児童生徒に影響を与える過程を説明しているように思う。

　諏訪・渥美 (2006) は，「地域コミュニティの人々とコミュニケーションを維

94　第2部　教育経営実践と教育経営研究

持し，何らかの影響を与える外部参入者」を意味する「ハビタント」の概念の妥当性について，茨木市立郡山小学校の事例をふまえながら考察し，学校と地域の関係構築における校長の役割についての知見をえることを試みている。

その結果，ハビタントの5つの意義のうちの4つが，郡山小学校の事例において，校長を地域への外部参入者とみなした場合でも当てはまることが指摘されている。この研究からは，校長が住民による子どものために企画された活動の充実を促すことを通じて地域づくりを行うことの重要性が示唆される。

横山（2005）は，学校と地域の連携による合同運動会を導入し継続的に採用しながらも，その後，合同運動会の意味づけをめぐって異なった経緯をたどることになる2つの小学校を対象に，観察やスクールヒストリーに関する聞き取り調査を行うことを通じて，教育イノベーションの継続的採用を促す組織的要因を解明することを試みている。その結果，学校と地域の連携による合同運動会の場合，①学校経営組織内の意味継承の方法と，②地域住民の経営参加形態の相違がイノベーションの継続的採用に影響を与えることが明らかになった。この研究からは，教職員と住民による事業の目的や目標に関する意味づけの共有が，学校と地域の連携の維持・発展にとって重要なことが示唆される。

上記の地域連携の実践事例に共通する課題として，次の2点を指摘したい。

第一の課題は，学校と地域の連携事業において，子どもの学習に関する目標を明確にして，それを関係者間で共有することである。柏木（2002）の事例では「子どものため」が学校と地域の共通の目標となっていた。だが，地域連携における「協働」が「共通の目的を達成するために様々な立場の人や組織が有機的なつながりをもつ」（柏木，2002，98頁）ことだとするならば，学校－地域連携によって「どのような子どもの育成を目指すのか」を関係者間でより明確にしていくほうが，学校と地域の「協働」がより促進されるように思われる。

諏訪・渥美（2006）や横山（2005）の事例においても，子どもがどのような力を身につけるために，地域連携活動として実施されている「サタデークラブ」や地域との合同運動会が実施されているのかは明確に記述されていない。

第二の課題は，学校と地域の連携活動における教職員と住民のコストと受益

を等しくしていくことである。広田（2012，110頁）は「教育行政の担当者や教員は，自分の時間を惜しみなく教育の改善に向けて費やすことができる（それが仕事である）けれども，多くの人にとっては，それは負担にもなる。学校の支援や学校運営への参加は，一般の人たちにとっては，貴重な時間コストを支出する活動だといえる」と指摘している。柏木（2002）の事例では，保護者・住民は，無償で学校教育にコストを払って学校に多くの利益を提供している。保護者・住民は「楽しみ」の感覚やコミュニティの形成という利益を受けているが，これらは教職員がコストを払って保護者・住民に直接提供した利益ではない。柏木（2002）は「協働」の定義に「参加者の全てが対等な受益者」であることを含めている。だが，上記の教職員と住民の関係は，「参加者の全てが対等な受益者」になっているとは言いがたい。諏訪・渥美（2006）や横山（2005）の事例でも，教職員と住民のコストと利益の不平等性は問われていない。

(2) 児童生徒が地域や社会を創る実践に関する研究

　学校と地域の連携におけるコストと受益の不平等を解消する方策の1つは，学校が地域づくりに取り組むことを通して，地域の受益を増大することである。こうした地域づくりを通した学習の必要性について，玉井（2002，38-39頁）は，「地域と結びついたカリキュラムを創造する上で，教育課程の内容に沿って，地域の人材を活用するだけでなく，児童生徒が地域づくりそのものを目的とする活動を，新たな教育課程に組み込むことは重要である。（中略）それによって，地域に対する愛着心や創造的な発想をいっそう生み出すことができる。すなわち，学校が地域に貢献する姿勢を見せてはじめて，地域の住民も学校に協力しようとする雰囲気となる」と指摘している。米国では，このような地域づくりを通した学習を「サービス・ラーニング」（以下，SL）と呼んでいる。SLとは，「思慮深く組織されたサービスの経験への活動的な参加を通して，若者が学習し成長することを目標に置いた一つの教育方法」である（唐木，2010，146頁）。

　倉本（2006）は，SLのカリキュラムマネジメントにおける「内部的協働性」と「外部的協働性」を理論的に整理したうえで，その2つの因子がSLによる学校改善に同程度の有効性があることを明らかにしている。また，「学校と

CA（コミュニティエージェンシー；筆者注）が『協働』したビジョンの共有化によるカリキュラムマネジメントを進めていくことは学校・コミュニティーの改善を図っていくこととなる」と指摘している（54頁）。

　なお，あるSLの実践が，慈善（charity），すなわち「生徒に利他主義の感覚を芽生えさせること」を目的にしているのか，地域社会の変革（change），すなわち「生徒が社会問題を批判的に分析し，それらの問題の解決に集団で応ずること」を目的にしているのかのちがいは重要である（唐木，2010，160-165頁）。唐木（2010）は後者の変革を目的としたSL実践の重要性を強調しているが，筆者もその見解に同意する。ハーグリーブス（2015，2頁）は現代の「知識経済」に対応するためには，「学校は子どもたちに創造性や独創性を育まなければならない」が，「知識経済は成長と繁栄を刺激する一方で，人々に利潤や私欲を無慈悲なまでに追及させるために社会秩序をねじ曲げ，断片化させてしまう。ゆえに学校は，他の公的機関とともに，知識経済がもたらす最も破壊的な影響を埋める力を培わなければならない」と述べており，そのような力を子どもに育むためには，後者の変革を目的としたSL実践のほうが重要だと考えるからである。また，正統的周辺参加論（レイヴら，1993）をふまえれば，こうした社会を創るための実践的な能力は，児童生徒が住民とともに社会を創る実践（変革を目的としたSL）に参加する過程でよりよく学ばれるように思われる。さらに，古田（2015）の研究は，社会経済的背景が厳しい地域における児童生徒が，こうした地域社会を創る実践を行うことが，彼らが社会に参加するうえで必要な能力や意欲を高める点で重要であることを示唆しているように思われる。

　オルゼン（1950，368-371頁）は，アトウォーター・スクールにおいて，児童が「職業体験」を通じて地域を創りながら価値のある学習をしている様子を記述している。このように考えると，次のような「職業体験」は，地域や学校といった部分社会を創ることを通した学習の1つに位置づけることができよう。

　易（2007）は元教頭の立場から大半の生徒が高卒で就職する普通科高校における日本版デュアルシステムの導入の経緯やその実施内容，成果と課題などを記述・説明している。事例校のデュアルシステムの特色は「授業時間内の実習

であり，企業・施設の協力をえながらの授業評価」「1人1企業，1年間，週1回，1日中の実習」「もの作り，販売，保育幼稚園，看護介護の四つの実習分野の設定」「実習と連携してその質を深めるための座学の設定」の4つである。こうした取り組みの結果，生徒は企業での実習，換言すれば，社会を創ることを通して，働く意欲やコミュニケーション能力，根気強さなどを学んだという。

　田中（2001）は，元担任，元流通マネージメント科学科長の立場から，校内に「スクールショップ流通実験工房（my-SIS）」という疑似企業を創り，生徒が主体的にそれを経営することによって，質の高い学びと学校生活の充実を成し遂げた実践の経緯と成果を記述している。「『my-SIS』とは，校内販売部の運営を通じ，仕入れ・販売・棚卸・会計処理・人事など一連のマネジメント・サイクルを，生徒自身で管理・運営する」試みのことである。同校では，地域の民間企業の協力をえることによって，学校に流通のシステムを導入し，生徒たちがほぼ自律的に学校内に創られた「企業」を経営することに成功している。こうした取り組みの結果，生徒は，直接的な効果として「経営のノウハウを獲得するに止まらず，他者とのコミュニケーションや，チームワーク，学校のアイデンティティ形成など，生徒が組織集団として生きること」を学んだという。

>>>>> **3. 学校と家庭の連携に関する教育経営実践に関与した研究の動向** >>>>>

　小野田（2008）は，自身が実践する「教職員が保護者役を演じてみることによって，保護者の要求のウラにある本音や願いへの気づき，学校側の対応力のまずさの自覚，緊急を要する案件への対処の仕方を学ぶ」ロールプレイ形式のワークショップ型研修の内容や効果などを記述している。研修の結果，受講者は保護者側の視点にたって対応を考えることの重要性や，一人ひとりの生徒をきちんとみていくことの必要性を再認識するようになったという。また，小野田（2015）は，「教職員どうしで情報を共有し，トラブルがどんな状態なのかを総合的に俯瞰した"見立て"をおこない，具体的な"手立て"をうつことで，トラブル収束の見通しを展望する『エコロジカル・マップ』を作成する研修の内容や効果等」を記述している。受講者は用意された「題材」のエコロジカル・

98　第2部　教育経営実践と教育経営研究

マップをつくり，目標や対応をグループで検討することを通して「互いに見ていたものや考えていたものも違うことを再認識」し，「相関関係を明らかにし，具体的な行動を起こすことの意味」などを理解するようになったという。

これらの研修の実践は，その内容が詳述されており，各教育センターでの研修や，教職大学院の授業を計画する際などに役立つように思われる。

学校と家庭の連携に関する実践的研究の課題として，次の2点をあげたい。

第一は，各学校において，保護者対応に関して，実際に直面している問題について，エコロジカル・マップを作成し，対応策をプランニングして，実践，振り返り，改善していくことを促す校内研修プログラムを開発，実践し，その経過と結果を記述・説明していくことである。

第二は，「問題」とされる保護者への対応をプランニングするのみではなく，「問題」とされない保護者も含めて，教職員とともに，児童生徒の実態認識を共有し，ともにその学校独自のめざす子どもの姿と，その姿を実現するための取り組みを考えて決定し，実践して，振り返ることを促す校内研修プログラムを開発，実践し，その経過と結果を記述・説明していくことである。

4．学校運営協議会に関する教育経営実践に関与した研究の動向

(1) 学校運営協議会における実践に関する研究

大林（2011）は，教職員のコミュニティスクールの指定による成果認識が高い小学校を対象とし，その指定から現在に至るまでのスクールヒストリーや参与観察記録などの分析を通して，学校運営協議会導入による学校教育の改善過程を考察した。その結果，校長が，学校の課題に応じて，学校運営協議会の役割を意味づけ，学校経営に利用することで，地域住民・保護者と教員間のネットワーク形成を促し，地域住民や保護者を巻き込んだ教育活動を生み出すことを通して，学校教育の改善を起こしていることを明らかにした。

仲田（2010）は，東小学校（仮名）の学校運営協議会の議事録における選出区分による発言回数の差を分析し，保護者委員の発言が少ないことを明らかにしている。また，観察記録やインタビューデータから，その理由として，①有力

な地域住民に対して保護者が萎縮するような地域の社会関係を反映した議事の雰囲気，②保護者の多様性を統御し，その意見を集約して学校運営協議会に伝えることの困難性，③管理職と地域委員の事前相談過程の重要性とそこへの保護者の非関与，④熱心な学校支援の対価としての地域委員への価値づけ（これにより保護者委員は相対的に非協力的であると位置づけられるため積極的に発言することが困難になる）の4点を主に指摘している。

　これらのことから，学校運営協議会を，学校・家庭・地域連携の定期的なコミュニケーションの場として有効に活用しつつ，各委員の発言機会の平等化を図ることが，今後の実践における課題だといえよう。

(2) 学校運営協議会およびその類似組織におけるアクション・リサーチ

　押田ら（2011）は，志木第二中学校の「学校協議会」において，アドバイザーの立場から，学校−家庭・地域の連携を深化させていくため，子どもの参加をめざし，かつ活用していくことを支援していった事例を記述している。この論文では，①校長発案による「学校協議会」の意義を発展させるべく，校長の主導性を乗り越えるために事務局を組織化し，生徒中心のワークショップを組織する支援を行ったことにより保護者・地域住民のコミットメントが高まっていったこと，②生徒全体への広がりや日常の教育活動との連結という課題を言語化・共有化する支援を行ったことで，学校協議会での議論に関連した教育活動が展開されるようになっていったことが明らかにされている。また，「学校協議会」のような学校運営を議論する場への「子どもの参加は，それ自体が目的性を有し，そこでの子どもの成長」も重視するべきであることが主張されている。この実践研究から，生徒たちは，教職員や保護者，地域住民が学校づくりを議論する場に参加することを通して，学校・家庭・地域の連携を促すと同時に，社会を創ることを通じて成長することがわかる。

　屋敷（2011）は，自身が会長を務めた立場から，杉並区立向陽中学校における学校運営協議導入後6年間の活動の経緯と，その成果や課題を記述・説明している。同校の協議会委員は，主に，保護者や生徒に対するアンケート調査を通じて，その意見を明らかにし，学校運営の評価を行い，保護者への広報を

行うなどの活動に取り組んだ。また，制度の趣旨をふまえ，協議会と学校支援
地域本部を一体化させない決定を行った。そうした取り組みの結果，学校教育
に対する保護者や生徒の満足度が高まった。また，協議会からの要望を契機に
教職員が不登校対策に取り組んだ結果，不登校の生徒の減少や，教職員による
委員への信頼が増すなどの成果がみられたという。

5．学校・地域・家庭の協働に関する開発プログラムのあり方

　本節では，学校組織開発の知見や，これまで検討してきた「学校・地域・家
庭との連携」に関する研究の蓄積をふまえ，学校・地域・家庭の協働に関する
開発プログラムを構想する際に認識されておくべきことを考察する。

　第一に，学校・地域・家庭の協働を図る際には，子どもの学習や地域に関す
る目標を明確にし，それを教職員・児童生徒・保護者・住民の四者で共有して
いくことが重要である。佐古（2011b，123頁）は，「学校における教育の目的は
多義的で包括的（拡散的）な傾向を有している。このことは，組織ないし組織
行動を統御する基準軸としての目標が曖昧にならざるを得ないことをもたらし
ている」と指摘している。第2節（1）で指摘したように，学校と地域の連携に
おいても，子どもの学習に関する目標は曖昧である。よって，学校・地域・家
庭の協働についても，目標を明確にし，それを四者で共有していく必要がある。

　第二に，学校運営協議会を，四者による，子どもの学習および地域の目標に
関する議論や，取り組みの振り返りの場として活用していくことは有効である。

　第三に，その際，学校運営協議会における委員の属性による発話量の偏りを，
ワークショップなど何らかの手立てで是正する必要がある。

　第四に，四者が子どもの学習に関する目標を共有し，それを達成するための
取り組みを実践することにより，「子どもに及ぼす直接的な効果」の発現が期
待できる。それに伴い，その目標の達成度を振り返って，四者の取り組みを改
善させることも容易になる。また，中長期的には，取り組み内容だけでなく目
標の妥当性も含めて振り返って，改善することが可能になる。さらに，四者に
よる取り組みの目標に関する意味づけを共有することが可能になる。

第8章　学校・地域・家庭との連携と教育経営研究　**101**

第五に，議論や取り組みの実践の過程で，四者間の社会関係資本が形成され，柏木（2002）が説明した「子どもに及ぼす間接的な効果」の発現が期待できる。

　第六に，諏訪・渥美（2006）が強調した地域づくりを，地域に関する目標を四者が共有することにより意図的に展開できる。これにより学校と地域の連携活動における「教職員と住民のコストと受益の不平等」を解消することが可能となる。また，教職員と児童生徒が子どもの学習や地域に関する目標を実現するための取り組みを実践することは，SL を実践することを意味する。その際，教職員は，地域の課題に応じた SL を主とするカリキュラムを，総合的な学習の時間を中心に開発していく必要がある。また，その SL をこれまでにも各学校で行われてきたような通学路の掃除といった慈善（charity）を目的としたものではなく，変革（change）を目的としたものにしていくことも重要である。

　第七に，児童生徒は，変革を目的とした SL を実践することによって，他者とのコミュニケーション力や，チームワーク，働く意欲，根気強さなど，他者と協調しながら，知識を活用して社会を創っていく力を獲得できる。

　第八に，四者による議論や取り組みの実践により「問題」とされない保護者も含めて，学校づくり，地域づくりに取り組むことが可能となると考えられる。

（大林正史）

文献・参考資料

アンディ・ハーグリーブス／木村優・篠原岳司・秋田喜代美訳『知識社会の学校と教師—不安定な時代における教育』金子書房，2015 年

岩永定「父母・住民の経営参加と学校の自律性」『自律的学校経営と教育経営』（シリーズ教育の経営 2）玉川大学出版部，2000 年

易寿也「普通科高校における日本版デュアルシステムの導入について」『日本教育経営学会紀要』第 49 号，第一法規，2007 年

エドワード・G・オルゼン／宗像誠也・渡辺誠・片山清一訳『学校と地域社会』小学館，1950 年

大林正史「学校運営協議会の導入による学校教育の改善過程：地域運営学校の小学校を事例として」『日本教育行政学会年報』(37) 教育開発研究所，2011 年

押田貴久・仲田康一・武井哲郎「学校・家庭・地域の連携に向けた研究者の支援：志木市立志木第二中学校における学校協議会の実践」『日本教育経営学会紀要』第 53 号，第一

法規，2011 年

小野田正利「学校と保護者の良好な関係性構築のためのワークショップ実践」『日本教育経営学会紀要』第 50 号，第一法規，2008 年

――「『エコロジカル・マップ』の作成によって保護者対応トラブルの解決策を探るワークショップ実践」『日本教育経営学会紀要』第 57 号，第一法規，2015 年

柏木智子「学校と家庭・地域の連携に関する一考察：子どもへの効果に着目して」『日本教育経営学会紀要』第 44 号，第一法規，2002 年

唐木清志『アメリカ公民教育におけるサービス・ラーニング』東信堂，2010 年

倉本哲男「米国のサービス・ラーニングに関するカリキュラムマネジメントの一考察――学校とコミュニティーとの『協働性』を中心に」『日本教育経営学会紀要』第 48 号，第一法規，2006 年

佐古秀一「学校経営研究における実践性追求の意義と可能性」『学校経営研究における臨床的アプローチの構築』北大路書房，2004 年

――「漸進的な学校組織開発の方法論の構築とその実践的有効性に関する事例研究」『日本教育経営学会紀要』第 53 号，第一法規，2011 年 a

――「学校の組織特性と学校づくりの組織論」佐古秀一・曽余田浩史・武井敦史『学校づくりの組織論』学文社，2011 年 b

ジーン・レイヴ＆エティエンヌ・ウェンガー／佐伯胖訳『状況に埋め込まれた学習――正統的周辺参加』産業図書，1993 年

諏訪晃一・渥美公秀「教育コミュニティづくりとハビタント――地域への外部参入者としての校長」『日本教育経営学会紀要』第 48 号，第一法規，2006 年

田中正基「『マイクロ・マネジメント』を生かした学校改革事例――スクールショップ流通実験工房の運営と経営効果」『日本教育経営学会紀要』第 43 号，第一法規，2001 年

玉井康之「総合的な学習の時間をめぐる学校と地域の連携：教育経営の課題と方策」『日本教育経営学会紀要』第 44 号，第一法規，2002 年

仲田康一「学校運営協議会における『無言委員』の所在――学校参加と学校をめぐるミクロ社会関係」『日本教育経営学会紀要』第 52 号，第一法規，2010 年

広田照幸「保護者・地域の支援・参加をどう考えるか」『日本教育経営学会紀要』第 54 号，第一法規，2012 年

古田雄一「アメリカの貧困地域の学校におけるシティズンシップ教育の意義と可能性――『パブリック・アチーブメント』の導入事例の分析を通じて」『日本教育経営学会紀要』第 57 号，第一法規，2015 年

屋敷和佳「学校運営協議会活動の模索と成果・課題：杉並区立向陽中学校における 6 年間」『日本教育経営学会紀要』第 53 号，第一法規，2011 年

横山剛士・清水紀宏「教育イノベーションの継続的採用を促す組織的要因の検討――学校と地域の連携による合同運動会の定着過程に関する事例研究」『日本教育経営学会紀要』第 47 号，第一法規，2005 年

第9章　　　生徒指導の組織的改善の実践的研究

1.「効果のある学校づくり」の理論
―指導論と組織論の融合モデルの開発的研究―

　牧（1991）は,「われわれは, 常に子どもを見ない教育経営学であってはならない」と述べたうえで「真に子どものためになる教育経営学の確立」が遠いことに警鐘を鳴らしている。さらに林（2007）は, 牧の論を受けて「子どもを中心に位置づけた教育経営研究の必要性」に改めて言及している。

　しかし, 片山（2013）が指摘するように, 教育経営研究の領域が学校組織や管理職, 教員, 保護者にとどまり「組織論」などに傾斜しており, 学校改善の最終的なねらいとなるべき「子どもの変容」を促す「指導論」をふまえた研究が十分に蓄積されてこなかったといえる。このようななかでも佐古（2011など）は, 一連の学校組織開発を促す実践研究を通して, 学校改善（組織の変容に加え, 子どもの変容を含む）を実証的に具現化している。ただし, 研究のターゲットは学校組織であり, 子どもの変容を促す指導論への言及や論拠は不十分といえる。このような教育経営研究の傾向をふまえ, 倉本（2008）は,「生徒指導論を核とした学校改善論等への論及は脆弱であった」と指摘している。

　本章は, このような教育経営研究の課題と正対し, 教職員の組織化を生み出す「組織論」に加え, 子どもの変容を効果的に促す「指導論」(「効果のある指導」)を融合した教育改善モデルの開発に挑戦するものである。この挑戦は,「教職大学院化」などに象徴される大学の実践への貢献ニーズの高まりとも符合し, 教育経営研究に求められる「実践的有用性」に応えようとするものでもある。

(1) 日本の学校教育の構造的な課題

　今日の日本の学校教育において, 学力低下やいじめ, 不登校, 学級崩壊などの諸問題が顕在化し, 社会問題としても取り上げられる状況にある。このように生起する問題に対して,「学力低下」に対しては「学力向上」のための対応策を, また,「いじめ」に対しては「いじめ防止」のための対応策を求め, 顕在化した問題（現象）を, 解消することを目的にした方策や教育事業の乱立により, 組織のエネルギーが分散化し, 問題解決の方向ではなく, 教職員を多忙化の方向へ導いている, という構造的な課題が指摘されている（久我, 2015）。

104　第2部　教育経営実践と教育経営研究

(2) 子どもの意識と行動の構造の可視化とその構造に適合した「効果のある指導」の仮説的設定

生起する教育問題への対症療法的な対応から解放されるためには，まず，子どもがかかえる教育課題の構造を把握する必要がある。そこで，久我（2014）は，中学生5241名に質問紙調査（47項目の質問項目を設定）を行い，その質問項目間の因果関係を共分散構造分析（IBM SPSS Amos Ver.19）で明らかにし，生徒の意識と行動の構造を可視化することを試みた。紙面の関係で詳細は割愛するが，その結果を模式的に表したのが図9.1である。子どもの「学びへの意欲」や「生活における健全な社会性」を支える基底要因として「自分への信頼（「私は一人の大切な人間である」など）」があることが捉えられた。

しかし，「高校生の心と体の健康に関する調査」（財団法人一ツ橋文芸教育振興

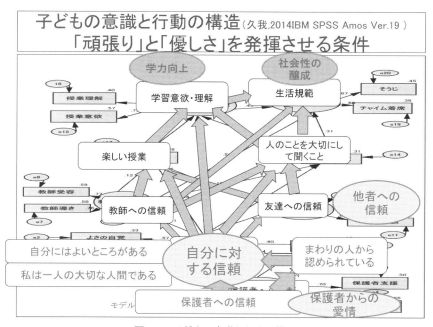

図9.1 子どもの意識と行動の構造

出所：久我，2015

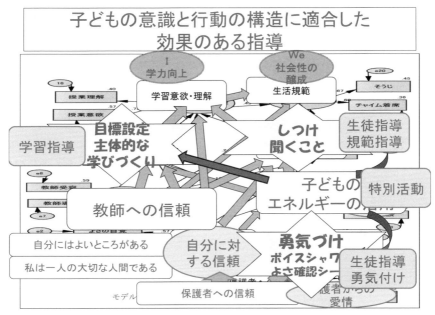

図 9.2　子どもの意識と行動の構造に適合した効果のある指導
出所：図9.1と同じ

協会ら，2011）において，「私は価値のある人間だと思う」(4件法) という自分への信頼を問う質問項目に対して，16歳の高校生は，強い肯定が7.5%にとどまるとともに，緩やかな否定と強い否定を合わせると62.7%が否定的回答をしている。9年間の義務教育を受けてきた子どもたちに，学力向上や規範意識の醸成の基底要因である「自分への信頼」が十分に育まれていない状況を示すものといえる。これは，日本の教師の指導の質的課題である統制型指導に傾斜した指導の結果ともいえる。OECDによる国際教員指導環境調査 (TALIS2013) では，「生徒に勉強ができると自信を持たせる」という勇気づけの質問項目では，日本の教師（中学校）は肯定意見が17.6%にとどまり，参加国の平均は，85.8%となっていることからも捉えられる（国立教育政策研究所編，2014）。これらのことをふまえ，子どもの意識と行動の構造に適合した「効果のある指導」

を仮説的に設定した。具体的には，①「自分への信頼」を醸成する「勇気づけのボイスシャワー」，②「規範意識」を育むための「人のことを大切にして聞くこと」の徹底，③目標設定に基づく主体的な学びづくり，④子どものエネルギーを活用した自学・自治と相互の勇気づけである（図9.2）。

(3) 「効果のある指導」の学校組織への導入とその効果

これら「効果のある指導」の組織的展開にかかる効果の検証において，久我（2014）は，生徒指導上，困難な状況にあったA中学校へ導入した。「ボイスシャワー」などの勇気づけと「聞くことの徹底」による組織的な規範指導などを通して，「自分への信頼」の高まり，「学びへの意識・理解」の向上，「生活規範」の高まりを短期間（数カ月）で実現した（詳細は久我，2014・2105を参照）。

(4) 学校の組織化を生み出す学校組織マネジメント理論

では，「効果のある指導」をどのように組織的な取り組みとすることができるか，組織論の視点から捉え直したい。

■ 学校の組織特性と自校の子どもの教育課題の共有による組織化の可能性

村田（1985）や佐古（1986）は，学校の組織について，「ルース・カップリング論」をもとに，組織化しにくい組織特性を有することを説明している。さらに，佐古（1990）は，学校組織において，統制（トップダウン）による組織化が機能しにくい実態について実証的に明らかにしている。一方，梶田らは一連の研究のなかで，それぞれの教師が「個人レベルの指導論（Personal Teaching Theory：以下，PTT）」（梶田ら，1984など）を有することを可視化している。このことは，個々の教師が持論をもった存在であり，1つの価値観でまとまりにくい（組織化しにくい）要素を兼ね備えていることを意味する

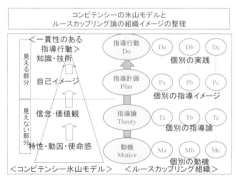

図9.3　コンピテンシーの氷山モデルとルース・カップリング論の組織イメージの整理
出所：久我，2013

と捉えられる。

久我（2013）は，このような学校組織を「コンピテンシーの氷山モデル」（スペンサー＆スペンサー，2001）などの先行研究を援用して，図9.3のようにまとめている。個々の教師の個別の指導論（PTT）が個別分散型の指導を促し，組織化を阻害する要因として働いている構造を指摘している（図9.4）。

しかし，久我（2013）は，自校の子どもの教育課題を，組織的省察を通して，共有することで協働型組織へ転換する可能性が高まることを指摘している。

具体的には，①自校の子どもの教育課題の組織的な共有（価値レベル）が，②「自校の子どもの成

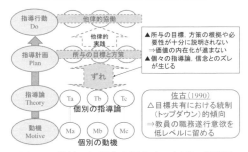

図9.4　学校の組織化を阻害する個別の指導論
出所：図9.3と同じ

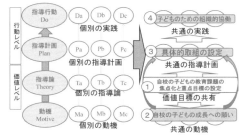

図9.5　SBTT形成による協働のメカニズム
出所：図9.3と同じ

長のため」という共通の動機（動機レベル）を生み出すとともに，③その教育課題解決に向けた共通の具体的取り組みの自律的な設定（計画レベル）を通して，④自校の子どものための主体的で組織的な協働（行動レベル）を実現する可能性が高まるとしている（図9.5）。つまり，組織的省察を通して，①価値レベル，②動機レベル，③計画レベル，④行動レベルの４つの次元での組織的な共有を実現することにより，学校組織としての指導論（School Based Teaching Theory；以下，SBTT）を形成し，教師の主体的統合による組織化のメカニズムを駆動させる可能性が高まることを整理し，そのことを，実践を通して検証している。学校の組織化を生み出す学校組織マネジメントの展開が「教師の主体

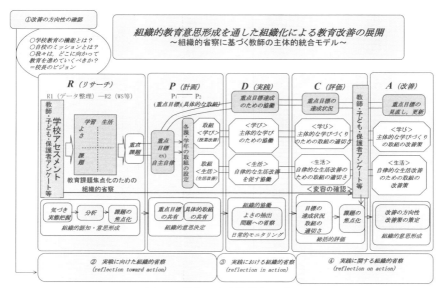

図 9.6 教師の主体的統合モデル

出所：図 9.3 と同じ

的統合モデル」である（図 9.6）。

　リサーチ期・プラン期においては，自校の子どもがかかえる教育課題をデータに基づいて焦点化し，そこから重点目標と具体的取り組みを，組織的省察を通して策定する。実践期では，策定した具体的取り組みを組織的に展開する。さらに，評価・改善期では，アセスメントアンケートと同じアンケートを実施し，目標の達成度と取り組みの確かさを評価し，次年度に向けた改善プランを生み出していく。このとき，「子どもの意識と行動の構造図」を組織的省察の支援ツールとして活用し，自校の子どもの教育課題の構造的把握を促すことを提案している。

2.「効果のある学校づくり」の実践とその効果
─子どもの意識と行動の構造に適合した「効果のある指導」の組織的展開─

(1) 実践研究の概要と経過

　A 中学校の改善の事実を受けて，高知県教育委員会人権教育課はこの教育改善プログラム（以下，本プログラム）を県内に広げることを目的とした事業を策定した（「志育成型学校活性化事業」；2013 ～ 2016 年度）。とくに，本事業においては，生徒指導困難な学校を中心に指定校を設定し，人権教育課スタッフが支援体制を組んで本プログラムの学校組織への導入を図った。筆者は本事業の統括アドバイザーとしてかかわった。高知市立三里中学校は本事業の研究指定を受けた学校である。三里中学校の刈谷好孝校長は，谷内亮推進リーダーを中心に，各プロジェクトリーダーを配置するとともにすべての教職員を 4 つのプロジェクト（①「夢実現」（目的意識醸成），②「学び」（学習），③「優しさ」（生活），④「イベント」（特別活動））に配属させて体制整備を行った。また，生徒会との日常的な連携の場を設定し（生徒会役員とのランチミーティング），生徒のエネルギーを学校改善に結びつけられるように工夫した。

　三里中学校においては，① 2013 年 11 月に学校アセスメント（生徒，教職員，保護者アンケート）を行い，②その結果をふまえながら 12 月に組織的省察を行った。さらに，③出し合われた意見やアイデアをもとにして次年度の教育計画を策定し，④ 2014 年 4 月より，本プログラムを組織的に展開した。自校の生徒の課題解決のための取り組みを全教職員が自律的に策定することで全員参加型の取り組みを生み出すことを試みた。そして，2 年間の研究指定を受けて協働的な取り組みの展開を進めた。本プログラムは「三里中ドリカムプラン」として策定され，教職員と生徒の共有のなかで取り組まれた。指定期間中，人権教育課スタッフと筆者が定期的に学校訪問を行い，本プログラムの効果と課題を生徒の変容データ等に基づいて可視化するなど，定期的な支援を行った。

① 三里中学校の問題の概要

　第 1 回訪問における校内モニタリングで，授業中の私語や机に伏せた状態の生徒など，学びと十分に向き合えていない生徒が多数存在し，私語や離席など

で授業が成立しにくい状況にあった。また，屋外トイレの鏡が割られたり，校外での問題行動が多数発生したり，学びからの逃避と生活規範の乱れという学校の特徴が捉えられた。

② 課題の整理

1）自分への信頼と被受容感…「私には，得意なものやよい面があると感じている」「私はまわりの人（家族，友達，先生）から認められている」という項目に対する強い否定がそれぞれ7.4％，7.7％存在し，自分への信頼やそれを支える被承認感がとくに低い生徒が一定層存在することが確認された。

2）学びと生活における課題…自分への信頼の低さが学びへのあきらめへと結びつき，「わたしは，授業を理解できている」の項目において，7.4％の強い否定と27.3％の緩やかな否定（34.7％の否定層）が存在した。あわせて，生活規範においても「朝の自習への取組」や「掃除への取組」に関する項目において，それぞれ8.1％，10.0％の強い否定層が存在し，学校全体の規範の乱れを引き起こしている状況が読み取れた。

3）生徒がかかえる課題の構造的整理…これら学びへのあきらめや生活の乱れに通底する課題として，生徒の自分への信頼の低さが捉えられた。図9.1の子どもの意識と行動の構造の枠組みにしたがって読み解くと，「自分への信頼」（期待）が低い状態にあること，また，そのことに起因して学びや生活における行動の乱れが生み出されていることが捉えられた。「自分への信頼」の低さの要因として，「被承認感（周りの人に認められている）」の低さ（強い否定が7.4％）が存在することが推察された。このような実態の生徒たちに，今一度自分自身のよさの自覚化を促し，自分のなかに内在する能力ややさしさを発揮できるように導くことの必要性と重要性が捉えられた。

③ 実態をふまえた教育改善プログラムの組織的開発（三里中ドリカムプラン）

1）組織的省察を通した組織的な教育意思形成段階（リサーチ・プラン）…2013年12月から三里中学校において事業をスタートさせ，年間2回程度の組織的省察（中間評価と総括評価）を行い，自校の生徒の実態に基づいてRPDCAサイクルを駆動させた。生徒の意識と行動の構造に合わせてあらかじめ設定した4

つのプロジェクトの枠組みで「効果のある指導・取り組み」を組織的に策定し，とくに「組織的な勇気づけ」と「組織的な規範指導（「聞くこと」の徹底）」の取り組みが共有された。

写真9.1　全教職員による組織的省察

2）年間教育活動のストーリー性のある展開（三里中ドリカムプランの策定）…全教職員による組織的省察を通して出し合われた取り組みアイデアを各プロジェクトで絞り込み，年間指導計画（「三里中ドリカムプラン」）を策定した。

各プロジェクトで策定された取り組みを4月「規範の徹底」から3月「感謝と次年度計画」までのストーリー性のある展開を構想した。すべての教育活動で勇気づけの「ボイスシャワー」を合い言葉に組織的に展開することを構想した。

3）「効果のある指導」の組織的展開（実践段階）

ⅰ規範意識の育成…三里中学校の学びと生活における中心課題は，学習規律と生活規範の乱れであった。各月の組織的な取り組み目標を教師と生徒で共有し，組織として常に意識した取り組みを実現した。たとえば，5月は各学年で宿泊訓練（1年生），職場体験活動（2年生），修学旅行（3年生）を中心的な取り組み場面として，「人と接するときのマナーの向上」を通した「学級の団結力の向上」を目標とした。そして，その達成のための具体的な行動目標として，「話の聴き方」「思いやりのある言葉使い」「時間厳守」を掲げ，教師と生徒が協働的に取り組んだ。

ⅱ組織的な勇気づけ…組織的省察のなかで，家庭的な背景を含めて，自分への信頼が十分に醸成されていない生徒が一定程度存在していることが共有され，そのような生徒を中心に組織的なボイスシャワーの取り組みが展開された。加えて，生徒の努力する姿（Iの伸張）や生徒相互で協力し，支え合う姿（Weの世界の拡張）を意図的に抽出し，校内各所に写真などで掲示するこ

とで、ポジティブな文化を校内に醸成する取り組みがなされた。

⒤目的意識の醸成…生徒の「学びからの逃避」や「あきらめ」が学びにおける中心課題として取り上げられた。その原因に学ぶことの意味や価値が見いだせない生徒や目的意識の不明確さの問題が指摘された。このような課題に対して、「なぜ学

図9.7　学びのポートフォリオ

ぶのか」「学ぶことの意味」を考える講演会が実施された。さらにその講演をふまえて生徒は、自分と向き合い、「自分のよさは？」「よさを生かした将来の夢目標は？」「夢目標達成のための努力（内容と方法）は？」という3つの問いに答えながら「学びのポートフォリオ」に取り組んだ。この自分と向き合う「学びのポートフォリオ」への記入については、月1回程度の頻度で定期的に場と時間が設定された。

⒥生徒のエネルギーの活用…生徒会執行部を中心にドリカムプランの全体計画をデザインし、その構想を具現化する具体的取り組みを各委員会が策定する構造で、生徒のエネルギーを学校経営に取り込んだ。たとえば体育祭では、生徒が自分たちで練習計画を立てて、自律的に協働文化を醸成し、教師は支援に徹した。生徒のアイデアとエネルギーを活用した取り組みを通して生徒の自律的・自治的な意識の醸成が促された。

(2) 教育改善プログラム（「三里中ドリカムプラン」）の効果の検証

本プログラムの効果として、図9.8のアンケート結果をふまえて以下の3点から検証をした。

① **生徒の変容**…「授業理解」の項目で、肯定意見の向上（図9.8 ❶）、「規範意識の高まり（図9.8 ❷）、さらに、「教師への信頼」の高まり（図9.8 ❸）が確認された。学びと生活の基底要因である「自分への信頼」の高まりも確認された

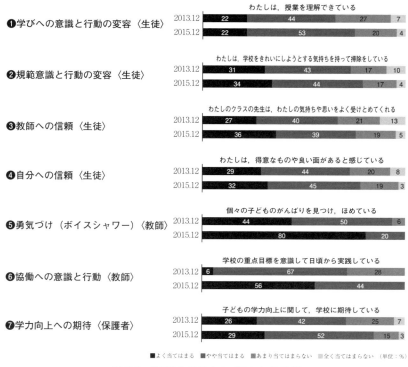

図9.8 「三里中ドリカムプラン」の効果

(図9.8 ❹)。とくに、強い否定回答がどの項目においても減少した。

② **教職員の変容**…「勇気づけ(ボイスシャワー)」の日常化が捉えられた(図9.8 ❺)。この背景として協働意識の高まりが確認され、肯定的な意見が、100%に達した(図9.8 ❻)。

③ **保護者の変容**…生徒の変容を通して、保護者の学校への期待の高まりが捉えられた(図9.8 ❼)。

(3) 本実践研究の総括

　本プログラムの組織的展開を通して，生徒の学びと生活における変容を促す可能性が一定程度確認された。また，「効果のある指導」の組織的展開を通して，教師の指導が「統制型」から「寄り添い型・勇気づけ型」へと質的に転換した可能性がある。この教育の良循環を生み出すメカニズムを駆動させた主たる要因として，組織的な指導論（SBTT）の構築が指摘できる。そのことを通して学校に勇気づけ文化と健全な規範意識の醸成が促されたと推察される。

　「組織論」と「指導論」を融合した本プログラムの学校組織への導入に関しては，現在（2017）までに小学校13校，中学校24校，高等学校9校で展開し，校種，学校の特徴（生徒指導困難校，進学校など）を越えて一定程度の効果が確認されている。一方，本実践研究の限界と課題として，「学術的有用性」において検証が不十分であることが指摘できる。

3．「生徒指導の教育経営（組織的改善）研究」領域の今後の課題・展望

　昨今，学校教育に生起する問題が複雑化・深刻化するなかで，学会としての実践的貢献性が強く求められていると捉える。牧らが指摘する「子どもの変容に資する教育経営研究」の蓄積は本学会の主要な使命の1つであり，そのときに求められることは，子どもがかかえる教育課題の論拠に基づく構造的な把握とその根源的な課題解決を促す研究的な知見である。これまで，教育経営研究において蓄積された，学校組織や管理職，教員などをターゲットにした「組織論」に加え，子どもの変容を促す「指導論」を組み込んだ実践的な研究の蓄積が，新たな教育経営研究の領域を広げる可能性を高めると捉える。また，そのために，子どもの内面理解や子どもの変容にかかる領域の学会（たとえば，教育心理学会や生徒指導学会等）との連携や共同研究も必要な時代と捉える。

　今後，教育経営学会として「学術的有用性」の高い，学校の実態を精緻に分析し，課題を整理する研究とともに，現在，強く求められている「実践的有用性」に応える実践的な研究の蓄積も学会としての機能と役割と捉える。そのために，学校，教育委員会との共同研究などへの能動的な働きかけを含め，膨ら

み続ける教育課題解決に取り組むことが今後の教育経営研究の深化につながる
もの捉える。 （久我直人）

文献・参考資料

梶田正巳・石田勢津子・宇田光「『個人レベルの指導論（Personal Teaching Theory）』の
　探求—探求と適用研究」『名古屋大学教育学部紀要—教育心理学科』31，1984 年，51-93 頁
片山紀子「社会変動と子どもをめぐる課題」『日本教育経営学会紀要』第 55 号，第一法規，
　2013 年，14-26 頁
苅谷剛彦『階層化日本と教育危機』有信堂，2001 年
河村茂雄『学級崩壊に学ぶ—崩壊のメカニズムを絶つ教師の知識と技術』誠信書房，1999 年
久我直人「教師の組織的省察に基づく教育改善プログラムの理論と実践—『教師の主体的
　統合モデル』における組織的教育意思形成過程の展開とその効果」『教育実践学論集』
　14，2013 年，1-15 頁
──「中学生の意識と行動の構造に適合した教育改善プログラムの開発的研究—教育再生
　のシナリオの理論と実践」『教育実践学論集』15，2014 年，39-51 頁
──『教育再生のシナリオの理論と実践　確かな学力を育み，いじめ・不登校等を低減す
　る「効果のある指導」の組織的展開とその効果』現代図書，2015 年
倉本哲男「『潜在カリキュラムマネジメント』による学校改善論—『生徒指導論』を核と
　した学校再生マネジメント」『日本教育経営学会紀要』第 50 号，第一法規，2008 年，
　153-158 頁
国立教育政策研究所編『教員環境の国際比較』明石書店，2014 年
財団法人一ツ橋文芸教育振興協会他「高校生の心と体の健康に関する調査」2011 年
佐古秀一「学校組織に関するルース・カップリング論についての一考察」『大阪大学人間
　科学部紀要』12，1986 年，137-153 頁
──「学校の組織構成次元の抽出とその複合性に関する実証的研究」『鳴門教育大学研究
　紀要（教育科学編）』5，1990 年，321-337 頁
──「学校組織開発の実践的展開」『学校づくりの組織論』学文社，2011 年，154-184 頁
スペンサー，L. M & スペンサー，S. M.『コンピテンシーマネジメントの展開—導入・構築・
　活用』生産性出版，2001 年
田中耕治『教育評価』岩波書店，2008 年
林孝「子どもの変容と教育経営」『日本教育経営学会紀要』第 49 号，第一法規，2007 年，
　29-30 頁
牧昌見「まえがき」『日本教育経営学会紀要』第 33 号，第一法規，1991 年
村田俊明「学校経営のためのルース・カップリング論について」『学校経営研究』10，
　1985 年，21-32 頁

第10章	**授業改善と教育経営研究** ―レッスン・スタディとナレッジ・リーダーシップの視点から―

1. カリキュラム・マネジメントの中心的概念としてのレッスン・スタディ

(1) 授業改善の教育経営研究の動向

　授業改善の教育経営研究の動向において，とりわけ2000年代から国際的に注目され，「輸出可能」なわが国の学校マネジメント研究の1つは，授業研究を核とした校内研修の実施，および教師の資質・能力向上論に該当するレッスン・スタディ（Lesson Study）であろう（Kuramoto & Associates, 2014；Cheng, 2015）。周知のとおり，近年，新学習指導要領の中心概念としてカリキュラム・マネジメントが注目されているが，本章においては，そのカリキュラム・マネジメントに関する教育経営研究をふまえ，授業改善のためにカリキュラム／授業（Curriculum & Instruction）の開発・経営に焦点化し，そのマネジメント過程を通じて学校改善を図る視点から論考を進めていく。

　教育経営学の範疇で学校改善論とは，問題解決性・教育経営の活性化・ポジティブな学校文化形成・自主的／自立的な組織体・開かれた協働性などを意味するが，学校組織の存在意義は，組織上の合理化・民主化論をふまえつつ，究極的には生徒の知的・人格的成長のための学校システムであり，すなわちこれが教育（組織）目標となる（高野，1970・1988；中留，2005・2012；天笠，2006・2013）。さらに，カリキュラム・マネジメント論は，教育方法学と教育経営学が相互補完的に交差する融合的な領域において，学校経営の中心であるカリキュラムの開発・経営を通して，教師集団がどのように成長し，生徒にいかなる学習効果を与えるのかを命題に，その学校改善論を研究対象とする。よって，カリキュラム開発研究の条件整備・組織運営の側面も含めた「カリキュラムを誰が創り，どう動かすのか」とする研究領域の発展は，学校改善論にとってきわめて重要である（中留，2005・2012；倉本，2008・2017）。

　以上に鑑みて筆者は，カリキュラム・マネジメント論を，「教育目標達成のための教育内容・方法上の指導系列としての教育活動と，それをサポートする条件整備としての組織経営活動との二系列において，その目標に対応した成果を生成するカリキュラムPDCA過程とする動態的概念がカリキュラム・マネジメントであり，カリキュラム／授業の開発・経営論を中核に据えれば，学校

組織文化・システムの改善過程に有効性を持ち，生徒の教育効果を上げることが，更に可能となる」と定義した（倉本，2008，21 頁）。

　つまり，学校改善に寄与するカリキュラム・マネジメント論とは，一定の学校教育目標の具現化を図り，生徒の育成を通して評価するカリキュラム PDCA 過程の学校経営論であり，教育理念の具現化・計画化を意図したカリキュラム・デザインのみに限定されず，カリキュラムの条件整備・組織運営の側面も含めた融合的な研究領域の発展であり，すなわちこれはレッスン・スタディ概念との重複性が指摘できる。換言すれば，レッスン・スタディを対象としたカリキュラム／授業の開発・経営による学校改善論に着目することは，レッスン・スタディがカリキュラム・マネジメント論の中心的概念の 1 つであるがゆえに，授業改善に関する教育経営研究の発展上，理論的・実践的に有効な示唆をえることができる（Kuramoto & Shi，2012）。

(2) レッスン・スタディの研究動向

　レッスン・スタディが，海外へ「輸出」され始めた当初，原単語のまま「Jugyo-Kenkyu」で紹介された事例もあったが，著名な『ティーチング・ギャップ』の Stigler らによる研究が，全米レベルで「校内研修・授業研究」ブームを生起させ，レッスン・スタディ概念が国際的に普及する 1 つの契機となった（Stigler & Hiebert，1999）。

　それらを体系化した一連の研究動向は，日本産（Made in Japan）のレッスン・スタディとして，カリキュラム開発，学習指導の深化発展，および教師の資質・能力向上論を構築し，国際的にも評価されはじめ，「教育課程・論点整理」でも注目されている（文部科学省，2015）。たとえば，上述の発展性を反映するレッスン・スタディに特化した国際学会（World Association of Lesson Studies：WALS）は国際的にも認知されており，2017 年度は名古屋大学で開催され，その論拠として特筆に値する（WALS，2017）。

　一般にレッスン・スタディとは，組織的・計画的に，教師の授業技術の向上を意図して，まずは公開授業者のレッスン（教材開発・指導案を念頭におき，授業文脈に位置づく教師の対応，生徒の学的・人格的な学び，その条件整備としての

学級マネジメントなど）について，参加教師が各専門性の視点から参与観察・分析をする。つぎに，授業後の研究会において「教育学的知識」（Pedagogical Contents Knowledge）を自覚化・内在化し，そのうえで自己実践を改善する「教師の，教師による，教師のための校内研修」システムである（Kuramoto & Cheng, 2015）。さらには，本システムのPDCAの充実が，カリキュラム／授業開発を通した教師の資質・能力向上論，および「学校改善論」へと連動すると概括できる（Stigler & Hiebert, 1999；Fernandez & Yoshida, 2004；秋田・ルイス，2008）。

つまり，レッスン・スタディの定義は，他学会などでは「授業を研究する」論調が主流であるが（日本教育方法学会，2011），「授業改善と教育経営研究」の視点からは，わが国で論じられる「カリキュラムマネジメントの中心的概念であり，いわゆる『学校改善論』において，各教師が個業としての教育効果を上げることに終始せず，学校の全体性を通してカリキュラム／授業を開発し，マネジメントする組織的能力のこと」を意味しており，「学校経営の中心であるカリキュラム／授業を如何に開発・経営するのか，その開発・経営の二系列が，どのような学校組織に対する改善効果を持ち，結果的には生徒にどのような教育効果をもたらすのか等，を命題とする概念」である（Kuramoto & Assoiates, 2014）。

よって，上述の議論からも理解できるように，レッスン・スタディをカリキュラム・マネジメント研究領域の中心的概念の1つとして把握する教育経営研究は，教育方法学と教育経営学との融合的領域において，カリキュラム／授業の開発・経営論を研究対象とした学校改善論にとって，発展的示唆に富むものと整理できよう。そこで本章は，「授業改善の教育経営研究」を対象にして再考察するうえで，わが国のレッスン・スタディ論の視点から論じていく。

2. レッスン・スタディとナレッジ・マネジメント（SECIモデル）

組織の改善過程に関する古典的研究ではTaylorの科学的管理法，Searsの組織の経営過程論などが著名であるが，学校改善論に関する研究ではSnyder,

Hammond らが，知識社会に対応する観点からは Senge，Hargreaves らの一連の研究が（倉本，2008），後述する知識・組織マネジメント論との類似点がある。

　以上の組織改善の概論に鑑み，レッスン・スタディは「職業的学習共同体」（Professional Learning Communities）の視点からも論じられるが（Louis & Marks，1998），これを発展的に知識経営の観点から考察する際，典型的論調の1つとして「ナレッジ・マネジメント論」（Knowledge Management）をあげることができる。本節では，教育的知識の創造・伝達・内在化にかかわるナレッジ・マネジメントの視点から，教師の資質・能力向上論を目的としたレッスン・スタディの概念について論考を進めていく。

　概してナレッジ・マネジメントとは，知識資産・経営の視点からの「職業的学習共同体」，および組織開発論であり，組織内部の構成員（従業員など）ばかりではなく，組織外部の対象者（顧客など）が所有する知識・情報をも分かち合い，それらを深化発展させていくことを通して，組織改善を図るマネジメント論と整理できよう。そのナレッジ・マネジメント過程は，「共同化」（Socialization），「表出化」（Externalization），「連結化」（Combination），「内面化」（Internalization）の4段階であり，SECI モデルと称される。その促進要素には「対話」（dialogue），「暗黙知と形式知の連結」（linking tacit and explicit knowledge）などがあり，その結果，組織における「行為的学習」（learning by doing），「学習組織の構築」（learning organization building）などがある（Nonaka & Takeuchi，1995；野中，1996・2003・2010）。

　まず「共同化」とは，個人の潜在意識にある「暗黙知」から，個人・小集団が意識しやすい「暗黙知」を創造するために，「対話」を基調とする変換モードである（レッスン・スタディの場合は，事前検討会などにおける対話に該当する）。一般に「暗黙知」は個人的文脈・状況のなかに埋没しているため，個人に内在した限定的な「暗黙知」が，他者との時間／空間を共有することを通して小集団で認識され，組織改善上，必要とされる高次元の「暗黙知」が生成されていく。

　つぎに「表出化」とは，「共同化された暗黙知」から「形式知」をつくり出

す変換モードである。「共同化」によって意識可能になった「暗黙知」を，具体的なシステムなどを媒介として組織で共有・認識できる「形式知」へと変換する知識マネジメントとなる（レッスン・スタディの場合は，研究授業の参与観察に該当する）。

　ただし，留意点として，そもそも「暗黙知」は，個人の文脈・状況に内在化する固有の性質があり，意識・共有化された「形式知」でさえ，個人の「暗黙知」の一部分にすぎないことを組織的に自覚しておく必要がある。

　さらに「連結化」とは，「表出化」によって抽出・形成された「形式知」から，より体系化された組織的「形式知」を創造するモードである（レッスン・スタディーの場合は，事後研究会に該当し，一般には半構造化ディスカッション法が多いが，発言記録分析法，ディスコース分析法，KJ 法などの専門的方法も散見できる）。

　ここで重要な観点は，学校組織の場合，体系化された形式知である「学校理論」を生成する必要があることである。アクション・リサーチ（Action Research）が典型的に示唆するように，潜在的で固有な個人の「思い」（Omoi）を，組織的に分かち合い，共通可能な認識を形成して組織構成員が「お互いに納得する」（Accommodation）過程が重要である（Torbert & Associates, 2004；Uchiyama, 2008）。

　最終的に「内面化」とは，「表出化」・組織化された「形式知」が，個人の「暗黙知」へと再解釈されるモードであり，個人の学びに関する PDCA 過程の「Check と Action の連結」に該当する（レッスン・スタディの場合は，事後研究会を通して学習した「学校理論」を念頭におき，自分自身の教師としての固有性・状況などを考慮して，自分なりの理論・中間理論を再自覚化し，実践化していくプロセスを意味している。これは，カリキュラム・マネジメントによる教師の資質・能力向上論，すなわち「学校改善論」にも該当する）。

　ちなみに，「連結化」された「形式知」は，個人的な再解釈，再「暗黙知」化を通して各個人に「内面化」するがゆえに，各個人の意欲の度合いによって結果が異なる。そこで，最重要な組織知から「内面化」への学習プロセスにつ

第10章　授業改善と教育経営研究　**121**

いては，各個人に一任か，あるいは組織的な支援が必要なのかは見解が分かれるが，SECIモデル論においては，スパイラル的発展が示唆されていることから，レッスン・スタディの場合，年間に，数回の継続的な校内研修システムの構築が望まれる。

　以上の見地からレッスン・スタディにおける経営過程は，ナレッジ・マネジメントの4段階と同様なプロセスをとるものと考察できる。すなわち，レッスン・スタディにおけるナレッジ・マネジメント過程とは，指導案の作成，事前検討会「共同化」，ほかの教師の参与観察による授業公開「表出化」，授業後の検討会における学校理論の構築「連結化」，さらには学校理論を反映させた独自の実践化「内面化」のPDCA過程でもある。よって，授業改善の教育経営研究において，レッスン・スタディとナレッジ・マネジメント過程を意識した専門職集団としての協働学習論は，学校組織の改善・発展について有意義な示唆を内包するものと整理できよう。

3. レッスン・スタディとナレッジ・リーダーシップの事例考察

　レッスン・スタディの内容開発，および条件整備・経営論を考察する際，コミュニティースクールにおけるカリキュラム・マネジメントのように，学校改善，および地域社会改善の視点まで含む「変革的カリキュラムリーダーシップ論」（Transformative Curriculum Leadership）も注目できよう（倉本，2017）。

　一方，教師の知識を生産・共有・発展する意味で，「共同化・表出化・連結化・内面化」のSECIモデルに合致するレッスン・スタディの「教育学的知識」を考察する際，SECIモデルを起点とするナレッジ・リーダーシップ（Knowledge Leadership）に焦点化したナレッジ・マネジメント構造は，究極的には，学校マネジメント論として発展してきたカリキュラム・マネジメント論との概念的共通性が高いと理解できる（Kuramoto & Cheng, 2015；Cheng, 2015）。

　野中は「ナレッジ・リーダーとしての任務は，知識ビジョンを創る，知識資産を絶えず再定義し，それらが知識ビジョンに合っているかをチェックする，『場』を創り，それらにエネルギーを与え，いくつもの『場』をつなぐ，SECI

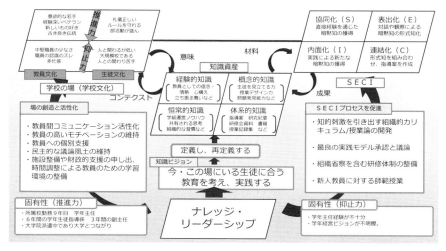

図 10.1 ナレッジ・リーダーシップによるレッスン・スタディ
出所：小室，2016

プロセスをリードし，促進し，正当化することである」と論じている（Nonaka & Takeuchi, 1995；野中, 1996・2003・2010）。

よって，本節では①「知識ビジョンの設定」，②「場の創造と活性化」，③「SECIプロセスの促進」，④「知識資産の開発と再定義」の4観点からナレッジ・リーダーシップを整理し，レッスン・スタディを推進したアクション・リサーチの典型的事例を示す。愛知教育大学教職大学院におけるアクション・リサーチとは，実践的研究者（教師）の「研究知」と協働しつつ，PDCA過程を含みながら望ましい問題解決の方法論を構築し，実践者自身が自己フィードバック・リフレクションを通して，自己実践を改善・発展する動的・行為的研究である（愛知教育大学教職大学院，2014）。

以下の事例は，小室武（2016）『ナレッジ・マネジメントによる学校知識の創造に関する理論的・実証的研究』を要約引用した。

① 「知識ビジョンの設定」（教育実践の目標設定）

組織マネジメント上，ミッション・ビジョンを設定し，それを組織構成員に

第10章　授業改善と教育経営研究　**123**

共通理解させ，一貫性を堅持することが重要である。そこで実践者（小室）は，「今，この場（学校）に存在する生徒に最も適する実践とは何か」「皆で教育を考え，共通実践を施すストラテジーとは何か」に端を発する教育知識ビジョンをともに設定し，組織改善を念頭におきながら，スパイラル的に「ビジョンを定義し，必要に応じて再定義する」柔軟なマネジメントを重視した。

②「場の創造と活性化」（学校文化の創造と活性化）

実践者は，組織文化論の観点から，主流を占める価値観に配慮して「場の生成」を行い，知識ビジョンをふまえ，いかに「場の維持」をするのか，さらに「場の結合」を図りつつ，「場の重層性」（学年間の連携）をいかに構築すれば，学校組織の「場の活性化」に貢献できるのかを命題に「場の創造」を進めた。その留意点として実践者は，まずは勤務校分析を重視し，学校組織の固有性（推進力・抑止力）を検討し，「場の創造と活性化」戦略を職員会議で提唱している。

「推進力」として，教職員は「意欲的な若手・経験深いベテラン・古き良き伝統」，および生徒は「礼儀正しい・盛んな部活動」などの要素をあげている。

一方，「抑止力」として，教職員は「中堅職員の少なさ・職員の相互認識のズレ・多忙感」などを，生徒は「大規模校で生徒数が過多・人との関わりが希薄」などを課題として把握している。

ここでは，実践者が，「場の創造と活性化」のビジョンとして，①教員間コミュニケーション活性化，②教員の高いモチベーションの維持，③教員への個別支援，④民主的な議論風土の維持，⑤施設整備や財政的支援の申し出，⑥時間調整による勤務環境の整備などを掲げ，それを推進したことが特筆に値する。

③「SECI プロセスの促進」（校内研修の活用・促進・改善）

実践者は，SECI プロセスを「協同化」（教師経験を通じた暗黙知の自覚化），「表出化」（研究授業による暗黙知の形式知化），「連結化」（形式知を組み合わせ，学校理論の創造），「内面化」（実践による新たな暗黙知の獲得）と理論的に整理していた。具体的戦略としては，①知的刺激を引き出す組織的カリキュラム／授業論の開発，②最良の実践モデル承認と議論，③組織省察を含む研修体制の整備，④新人教員に対する師範授業などをあげており（Plan），これらを可能なかぎり

実践（Do）・実証（Check）し，翌年の学校改善に活用している（Action）。

④「知識資産の開発と再定義」（学校組織における知識構築）

端的に「知識資産の開発と再定義」とは，創造された知識を学校組織の知識体系に位置づけ，その知識ビジョンに基づき，新たな戦略を立てることである。そこで実践者は，教育実践における知識資産を以下のように4類型化している。

①「経験的知識」（教員としての信念・情熱，心構え・立ち振る舞いなど）

②「概念的知識」（生徒を見立てる力，授業デザイン力，問題発見能力など）

③「恒常的知識」（学級運営ノウハウ，共有される思考，組織的な習慣など）

④「体系的知識」（指導案，研究紀要，研修会資料，書籍，授業記録など）

以上のように，ナレッジ・マネジメント論の「知識資産」とは，「経験的知識」「概念的知識」「恒常的知識」「体系的知識」などを意味しており，それを促進するナレッジ・リーダーシップとは，①知識ビジョンの設定，②場の創造と活性化，③SECIプロセスの促進，④知識資産の開発と再定義によって構成されており，わが国のカリキュラム・マネジメント論と類似する点が，多々，指摘できる。さらにその中心概念であるSECIプロセスは，カリキュラム／授業の開発・経営を通した学校改善の鍵となるレッスン・スタディに該当し，「協同化」「表出化」「連結化」「内面化」の組織的学習プロセスをとる点が，授業改善の教育経営研究にとって示唆に富む。

4. レッスン・スタディとナレッジ・リーダーシップの可能性

新学習指導要領における重要概念であるカリキュラム・マネジメントを論じる際，レッスン・スタディおよび，ナレッジ・リーダーシップを分析視点に学校改善を論じることは，授業改善の教育経営研究（実践的研究）の今後の展望にとって，1つの研究スタイルを示している。

カリキュラム研究に焦点を当てながら，教育方法学と教育経営学が融合する領域における「学校改善論」とは，組織の問題解決性・学校文化形成・自主的／自立的な組織体・開かれた協働性などの項目があるが，究極的には，生徒の知的／人格的成長に関する「カリキュラム／授業の開発・経営」研究にある観

点は，決して看過できない（倉本，2008；Kuramoto & Associates，2014）。

たとえば，レッスン・スタディに関連する「内部的協働性」(Internal Collaboration)は，「学校文化論」，およびナレッジ・リーダーシップの「場の創造」との関連で，相互理解が可能である。すなわち，教職員相互の主流となる価値観や行動規範，校長／主任層のリーダーシップ，学校組織内の職員研修のあり方などを包括的に捉え，これを前提に学校レベルで実践化すれば，さらに，教育経営における授業改善が効果的になるといえよう。

具体的に授業改善において，「ほかの教科担任教師や学級担任教師間で，学校の課題について意見交換をしたり，教材を共有したりする機会が増えた」「保守的な雰囲気から，挑戦して新しいものを創りだそうという積極的な雰囲気が出てきた」「教師の勤務意欲・モラールが向上した」「教師の能力を適材適所で活かそうとする雰囲気が出てきた」などがあげられる（Kuramoto & Shi，2012）。

よって，レッスン・スタディおよびナレッジ・リーダーシップを核とした「カリキュラム／授業の開発・経営」（カリキュラム・マネジメント）が効果的に機能すれば，包括的な「学校力」を育成し，究極的には生徒に対する教育実践を充実させる組織的原動力となりうる。

以上の考察から，レッスン・スタディとナレッジ・リーダーシップを「学校改善論」の発展可能性として捉えつつ，本章のような研究動向は，教育学の国際化の観点から，海外からも評価されるわが国の教育実践を対象化し，学校マネジメント，授業研究，および教師教育等の実態を「輸出する」研究スタイルへの転換性も展望できる。

本章における論考は，授業改善はもちろんのこと，教育実践全般を対象にした教育経営研究（実践的研究）の今後の展開にとって，わずかではあるものの，1つの方向性を示すものと総括したい。　　　　　　　　　　　　　　　（倉本哲男）

文献・参考資料
愛知教育大学教職大学院『教職大学院のカリキュラム指導方法の改善に関する調査研究―

「理論と実践の融合往還」の視点から』2014 年

秋田喜代美・キャサリン＝ルイス『授業の研究教師の学習』明石書店，2008 年

天笠茂『カリキュラムを基盤とする学校経営』ぎょうせい，2013 年

――『学校経営の戦略と手法』ぎょうせい，2006 年

倉本哲男『アメリカにおけるカリキュラムマネジメントの研究―サービスラーニングの視点から』ふくろう出版，2008 年

――「Transformative Curriculum Leadership（変革的カリキュラムリーダーシップ）からみるカリキュラムマネジメントに関する一考察」『愛知教育大学教職キャリアセンター紀要』vol.2，2017 年，61-68 頁

小室武「ナレッジマネジメントによる学校知識の創造に関する理論的実証的研究」『愛知教育大学教職大学院実践研究報告書』2016 年

高野桂一『学校経営現代化の方法』明治図書，1970 年

――編『教育課程経営の理論と実際』教育開発研究所，1988 年

中留武昭『戦後学校経営の軌跡と課題』ぎょうせい，1984 年

――『カリキュラムマネジメントの定着過程』教育開発研究所，2005 年

――『大学のカリキュラムマネジメント―理論と実際』東信堂，2012 年

野中郁次郎・竹内弘高・梅本勝博『知識創造企業』東洋経済新報社，1996 年

野中郁次郎・紺野登『知識創造の方法論―ナレッジワーカーの作法』東洋経済新報社，2003 年

野中郁次郎・遠山亮子・平田透『流れを経営する―持続的イノベーション企業の動態理論』東洋経済新報社，2010 年

文部科学省『教育課程企画特別部会における論点整理について（報告）』2015 年

Cheng, Eric, C.K. *Knowledge Management for School Education*, Springer, 2015

Fernandez, C. and Yoshida, M., LESSON STUDY, *A Japanese Approach to Improving Mathematics Teaching Learning*, NJ, Lawrence Erlbaum Associate, Inc., 2004

Kuramoto, T. & Associates., Lesson Study & Curriculum Management in Japan -Focusing on Action Research-, Fuk Japan, 2014

Kuramoto, T. & Cheng, E., Symposium presentation, Lesson and Learning Study: A Knowledge Management Perspective, World Association of Lesson Studies, @Indonesia, 2015

Kuramoto, T. & Shi, H., Summary of Lesson Study and Curriculum Management in Japan, *J. Fac. Edu. Saga Univ.* Vol.17, No.1, pp.133-147, 2012

Louis, K. S. & Marks, H. M., Does professional community affect the classroom? Teachers' work and student experiences in restructuring schools, *American Journal of Education*, 106 (4), 1998

National Association for the Study of Educational Method（日本教育方法学会），*Lesson Study in Japan*, Keisuisha, 2011

Nonaka, I. & Takeuchi, H., *The knowledge creating company: how Japanese companies create the dynamics of innovation*, New York: Oxford University Press, 1995

Stigler, J. & Hiebert, J., *The teaching gap: Best ideas from the world's teachers for improving education in classroom*, NY: S't books, 1999

Torbert, B. & Associates, Action Inquiry, *The Secret of timely and Transforming Leadership*, San Francisco: Berrett-Koehier Publisher, 2004

Uchiyama, K., *A New Theoretical Grounding of Action research: Based on Checkland's Soft System Methodology*, Collaborative Action Research Network, London, UK, 2008

World Association of Lesson Studies, @ Nagoya University/Japan, 2017, http://www.waLS2017.com/index.html（2017/9/24）

第11章　　自然災害への対応と教育経営研究

1. 自然災害と教育

(1) 学校安全施策の進展

　学校保健安全法（1958年4月10日法律第56号）は，当初，学校保健法として制定されたものであり，学校保健法等の一部を改正する法律（2008年6月18日法律第73号）により法律題名がかわり，第3章「学校安全」（第26～30条）が加えられ，2009年4月1日より施行されている。

　学校保健安全法は，第26条で「学校の設置者は，児童生徒等の安全の確保を図るため，その設置する学校において，事故，加害行為，災害等（以下この条及び第29条第3項において『事故等』という。）により児童生徒等に生ずる危険を防止し，及び事故等により児童生徒等に危険又は危害が現に生じた場合（同条第1項及び第2項において『危険等発生時』という。）において適切に対処することができるよう，当該学校の施設及び設備並びに管理運営体制の整備充実その他の必要な措置を講ずるよう努めるものとする」としている。「事故，加害行為，災害等」として自然災害についてあげられ，第27条において「学校においては，児童生徒等の安全の確保を図るため，当該学校の施設及び設備の安全点検，児童生徒等に対する通学を含めた学校生活その他の日常生活における安全に関する指導，職員の研修その他学校における安全に関する事項について計画を策定し，これを実施しなければならない」として，児童生徒に安全教育を行うこととなっている。

　学校保健安全法施行の約2年後，東日本大震災が起きたわけであるが，学校安全と危機管理に関するさらなる充実が求められ，「学校安全の推進に関する計画」（2012年4月27日閣議決定）が策定された。おおむね5年間（2012～2016年度）にわたる学校安全の推進に関する施策の基本的方向と具体的な方策を明らかにするもので，安全教育の三領域として，生活安全（防犯を含む）・災害安全（防災を含む）・交通安全を設定し，「災害安全については，我が国においては，自然災害が多く発生し，地震被害では1995（平成7）年1月の阪神・淡路大震災，2004（平成16）年10月の新潟県中越地震，2007（平成19）年7月の新潟県中越沖地震などが発生するとともに，風水害についても2011（平成23）年9月

の台風 12 号などにより多くの被害が発生している。これらをふまえ，学校の耐震化をはじめとしたさまざまな対策がとられてきている。しかしながら，2011（平成 23）年 3 月 11 日に発生した東日本大震災では，児童生徒など 600 人以上を含む，約 2 万人の死者・行方不明者を数えるとともに，東京電力福島第一原子力発電所の事故による原子力災害のため，多大な被害が生じており，これらの教訓を活かす学校安全の対策が喫緊の課題である」[1] として，以下，学校安全の推進方策をあげている。

(2) 学校安全と教育課程

　安全教育はいかに推進することが求められているのであろうか。「第 2 次学校安全の推進に関する計画」（2017 年 3 月 24 日閣議決定）では，「幼稚園，小学校，中学校，高等学校及び特別支援学校の学習指導要領等の改善及び必要な方策等について（答申）」（2016 年 12 月 21 日中央教育審議会）における安全に関する内容を以下のように示し，そのうえで各学校には，これをふまえつつ地域の特性や児童生徒などの実情に応じた安全教育の推進が求められるとしている。[2]

【安全に関する資質・能力】

（知識・技能）

　様々な自然災害や事件・事故等の危険性，安全で安心な社会づくりの意義を理解し，安全な生活を実現するために必要な知識や技能を身に付けていること。

（思考力・判断力・表現力等）

　自らの安全の状況を適切に評価するとともに，必要な情報を収集し，安全な生活を実現するために何が必要かを考え，適切に意思決定し，行動するために必要な力を身に付けていること。

（学びに向かう力・人間性等）

　安全に関する様々な課題に関心を持ち，主体的に自他の安全な生活を実現しようとしたり，安全で安心な社会づくりに貢献しようとしたりする態度を身に付けていること。

今後の教育経営研究はこれらをふまえた取り組みを分析していくことになる。第2次計画では続けて「第1次計画において必要とされた系統的・体系的な安全教育を推進する上では，各学校における安全教育に係るカリキュラム・マネジメントの確立が不可欠である。各教科等の内容と安全教育との関係については，『幼稚園，小学校，中学校，高等学校及び特別支援学校の学習指導要領等の改善及び必要な方策等について（答申）』に防災を含む安全に関する教育のイメージが例示されているところであり，国は，安全に関する資質・能力と，各教科等の内容や教育課程全体とのつながりや学校種間の系統性等について整理し，各種指導資料等を通じて教育委員会及び学校に示す。その際，前述の学校における人的体制の整備や学校安全に関する教職員の研修・養成の推進との関連にも留意して整理することが重要である」としている。そして各学校においては，「上記の国が整理した内容を踏まえ，自助，共助，公助の視点を適切に取り入れながら，地域の特性や児童生徒等の実情に応じて，各教科等の安全に関する内容のつながりを整理し教育課程を編成することが必要である。具体的には，各教科や総合的な学習の時間，特別活動等において年間を通じて指導すべき内容を整理して，学校安全計画に位置付けることにより，系統的・体系的な安全教育を計画的に実施することが求められる」としている。

(3) 自然災害への学校の対応

　自然災害は大きく，大気中における諸現象によって生ずる気象災害と，固体地球内部における諸現象に起因する地震・火山災害とに分けられる。[3]誘因となる一次的自然現象と，それによって引き起こされる二次的災害現象の主要なものを表11.1に示したが，気象災害については，ある程度予想可能である。もちろん，大雨で川のどこからいつあふれるか，などを正確に予測できるわけではないが，台風進路にあたった学校においては洪水や強風を想定した備えをすることができる。気象庁の出す特別警報[4]（大雨，暴風，暴風雪，大雪，波浪，高潮），警報（大雨，洪水，暴風，暴風雪，大雪，波浪，高潮），注意報（大雨，洪水，強風，風雪，大雪，波浪，高潮，雷，融雪，濃霧，乾燥，なだれ，低温，霜，着氷，着雪）や，これに加えて出される土砂災害警戒情報，竜巻注意情報など

表 11.1 主な自然災害の誘因と種類

	誘　因	自然災害
気象災害	雨	河川洪水，内水氾濫，斜面崩壊，土石流，地すべり
	雪	なだれ，降積雪，降雹
	風	強風，たつ巻，高潮，波浪，海岸侵食
	雷	落雷，森林火災
	気　候	干ばつ，冷夏，高温障害，霜
火山災害・地震	地　震	地盤震動，液状化，斜面崩壊，岩屑なだれ，津波，地震火災
	噴　火	降灰，噴石，火山ガス，溶岩流，火砕流，泥流，山体崩壊，岩屑なだれ，津波，地震

出所：防災科学研究所「自然災害の種類」(http://dil.bosai.go.jp/) より作成

を勘案して事前の備えが可能である。気候を誘因とする干ばつ，冷夏などは学校が直接に対応することではないが，地域の農業被害という点からは間接的に対応が求められることもある。災害とまで言いにくいが，フェーン現象による熱中症など，気候の高温化が影響している部分もある。

　いっぽう，地震・火山災害，とくに地震については，いつ起こるかわからないため，学校としては心積もりがしがたい。火山災害については，気象庁は全国110の活火山を対象に観測・監視・評価を継続し噴火警報・予報を発表しているため，警戒可能ともいえるが，2014年9月27日に発生した御嶽山の水蒸気噴火のような例もある。

2. 自然災害への対応

(1) 地震を誘因とする自然災害

　阪神・淡路大震災（兵庫県南部地震）は，初めての大都市での直下型地震として甚大な被害をもたらし，これを契機に災害支援のネットワークづくりや被災者対策が進み，またこの年が「ボランティア元年」などといわれるようになった。局所的に被害が集中し，家屋倒壊，地震火災などにより多くの人がなくなった。一方，東日本大震災（東北地方太平洋沖地震）では，海溝型地震として未曽有の被害といわれ，津波により多くの人がなくなるとともに，かなり広範囲に

表 11.2　気象庁が命名した地震火山現象（1995 年以降）

年	名　　称	地震活動開始日
1995（平成 7）	兵庫県南部地震	1995. 1 .17
2000（平成 12）	有珠山噴火	2000. 3 .31
	鳥取県西部地震	2000.10. 6
2001（平成 13）	芸予地震	2001. 3 .24
2003（平成 15）	十勝沖地震	2003. 9 .26
2004（平成 16）	新潟県中越地震	2004.10.23
2007（平成 19）	能登半島地震	2007. 3 .25
	新潟県中越沖地震	2007. 7 .16
2008（平成 20）	岩手・宮城内陸地震	2008. 6 .14
2011（平成 23）	東北地方太平洋沖地震	2011. 3 .11
2016（平成 28）	熊本地震	2016. 4 .14

注：気象庁では，顕著な災害を起こした自然現象については，命名することにより共通の名称を使用
　　して，過去に発生した大規模な災害における経験や貴重な教訓を後世代に伝承するとともに，防
　　災関係機関等が災害発生後の応急，復旧活動を円滑に実施することが期待されるため，以下の場
　　合に，原則として，「元号（西暦年）＋地震情報に用いる地域名＋地震」によって命名している。
　　①地震の規模が大きい場合…陸域：M 7.0 以上（深さ 100km 以浅）かつ最大震度 5 弱以上／海域：
　　M 7.5 以上（深さ 100km 以浅），かつ，最大震度 5 弱以上または津波 2m 以上，②顕著な被害（全
　　壊 100 棟程度以上など）が起きた場合，③群発地震で被害が大きかった場合など。
出所：気象庁「気象庁が命名した気象及び地震火山現象」
　　　http://www.jma.go.jp/jma/kishou/know/meimei/meimei2.html

地盤震動や液状化を引き起こした。

　そういった点から，阪神・淡路大震災と東日本大震災は対照的な部分もある
が，学校経営上の最も明確なちがいは，発災時刻である。前者は 1 月 17 日（月）
5 時 46 分であり，後者は 3 月 11 日（金）14 時 46 分である。

　学校に子ども・教職員がいるかいないかで，その後の学校対応は大きく異なっ
てくる。登校しない子どもたちを自宅に，あるいは避難所に安否確認に回る教
職員の場合と，校内にいる子どもたちを保護者に引き渡すまで安全確保しなけ
ればならない教職員では，おのずと行動がちがってくる。

　時期的な問題もある。新潟県を続けて襲った中越地震は土曜日発災，中越沖
地震は祝日（海の日）発災ということで，休業日であることに変わりはないが，
学校再開を進めなければならない 10 月下旬と，ともかくも夏季休業に入って

第11章　自然災害への対応と教育経営研究　**133**

表 11.3 各地の団体から出された主な報告書

『阪神・淡路大震災 10 年 翔べフェニックス 創造的復興への群像』	阪神・淡路大震災記念協会編，兵庫ジャーナル 社，2005 年
『阪神・淡路大震災 復興 10 年総括検証・提言 報告』	兵庫県企画，復興 10 年委員会編，2005 年
『震災を越えて―教育の創造的復興 10 年と明日 への歩み』	兵庫県教育委員会編，2005 年
『幸せ運べるように―神戸・教育復興の 10 年』	神戸市小学校長会・神戸市中学校長会編，みる め書房，2005 年
『2011.3.11 東日本大震災の記録 未来を信じて いま歩き始める』	岩手県小学校長会，2012 年
『2011.3.11 東日本大震災の記録第 1 集 明日を 見て前を向いて』	岩手県中学校長会，2012 年
『3.11 からの復興 絆 そして未来へ 東日本大震 災二年間の記録』	宮城県小学校校長会・仙台市小学校校長会， 2013 年
『明日に向かって 東日本大震災・宮城県内中学 校長の記録』	宮城県中学校校長会・仙台市中学校校長会， 2012 年
『東日本大震災記録集 ふくしまの絆―学校は， 復興の最大の拠点』	福島県小学校長会，2013 年
『東日本大震災を越えて ふくしまを生きる～福 島県中学校長会からの報告～』	福島県中学校長会，2012 年

出所：日本学術振興会東日本大震災学術調査「地域と絆」班 収集資料

態勢を整えようとできる 7 月半ばすぎのちがいである。東日本大震災は年度終わりが近いなかで，中学校の場合，卒業式当日や卒業式前日の発災という状況であったし，その後の終業式，年度末人事異動（岩手県は凍結），始業式など，津波などで校舎が使えなくなった学校を中心に，労苦を強いられた。

こういった活動・支援などについては，表 11.3 に示したように各地の団体から報告書が出されているが，発災後の対応や思いを取りまとめて次代の記録として残されている部分も大きい。教育経営研究においても，これらの文献の個別引用はあるが，横断的分析がなされていないため，活用度はいまだ低いといえよう。

マニュアルとして役立つようにつくられたものとして，『新潟県中越大震災に学ぶ 震災対応マニュアル 長岡版』（長岡市小・中・養護学校教頭会，2006 年）

があげられるが，教頭会の研修の一環でつくられたものであり，各学校におい
てこれを活用していった。

　阪神・淡路大震災から 10 年の時点では，単なる記録ではなく，検証・研究
的に取りまとめた報告も出されている。いずれも 2005 年の発刊であるが，『翔
べフェニックス』には「教育の創造的復興　新たな防災教育の展開」(芦田弘逸・
栗原髙志・近藤靖宏，197-228 頁)，『復興 10 年総括』には「新たな防災教育と学
校防災体制」(徳山明，49-92 頁) などが収録されている。東日本大震災でも，10
年の節目の際には総括的な報告が出ると考えられるが，検証や研究の視点を十
分に深めたものが求められる。

　なお，福島第一原発事故は自然災害とは言いがたいが，『資料集　東日本大
震災・原発災害と学校』(国民教育文化総合研究所編，明石書店，2013 年)，『原発
避難白書』(関学・JCN・SAFLAN 編，人文書院，2015 年) といった書籍も出され
ており，継続的な研究・支援が必要な事象である。

(2) 噴火を誘因とする自然災害

　学校に大きな被害をもたらした火山災害として，近年は 1991 年 6 月 3 日に
一連の火山活動を開始した「平成 3 年 (1991 年) 雲仙岳噴火」があげられる。
同年 9 月 15 日の火砕流で大野木場小学校は焼かれ，仮設校舎が立てられた。
ほかの小学校も避難所となった。火山灰，土石流の被害も続いている。これら
のことについて，副読本『雲仙岳学習　雲仙火山とわたしたち』(雲仙岳災害記
念財団編，2010 年) や現地プログラムで学ぶことができる[5]。

　また三宅島において，2000 年 6 月 26 日，マグマ貫入に伴う火山性群発地震
が起きて噴火活動が始まり，7 回の島内避難を経て，同年 9 月 2 日に全島避難，
それは 2005 年 2 月 1 日まで続いた[6]。この間，三宅村立小学校・中学校，都立
三宅高等学校が都立秋川高等学校の校舎を使用して開設され，子どもたちは同
校の寮での生活を送りはじめたが，保護者避難先への転出などが進み，小学生・
中学生の寮生活はなくなっていった。

　火砕流や噴石の影響のある範囲に所在する学校は少ないが，これらの数少な
い事例の研究はさらに進められる必要があるだろう。

(3) 雨を誘因とする自然災害

梅雨前線や秋雨前線の停滞，台風の襲来などがよくあるため，日本列島は降水量に恵まれる。またヒートアイランド現象などもあいまって，近年は，短時間に地域限定で生じるゲリラ豪雨なども頻発している。

表 11.4 の冒頭にある新潟・福島豪雨では，平日日中に堤防決壊が生じ，授業中の学校に地域住民が避難してきたものの，周囲が湛水して孤立した。[7]

平成 26 年 8 月豪雨では，2014 年 8 月 20 日に広島市で土砂災害が生じ，夏休み中の学校 8 校が避難所となった。9 月 1 日（月）に 7 校で学校再開したものの，梅林小学校の学校再開は 1 週間遅れの 8 日（月）であった。[8]

平成 27 年 9 月関東・東北豪雨では，2015 年 9 月 10 日に鬼怒川が常総市内で溢水，また堤防決壊となり，常総市では避難所開設数 39 カ所，避難者数 6223 人となった。[9] 同市では水害対応についての検証委員会が設けられ，避難所運営マニュアルがなかったこと，避難所運営総括がうまくいかなかったこと，

表 11.4　気象庁が命名した気象現象（1995 年以降）

年	名　　称	期　　間
2004（平成 16）	平成 16 年 7 月新潟・福島豪雨	2004.7.12 ～ 13
	平成 16 年 7 月福井豪雨	2004.7.17 ～ 18
2006（平成 18）	平成 18 年豪雪	2005.12 ～ 2006.3
	平成 18 年 7 月豪雨	2006.7.15 ～ 24
2008（平成 20）	平成 20 年 8 月末豪雨	2008.8.26 ～ 31
2009（平成 21）	平成 21 年 7 月中国・九州北部豪雨	2009.7.19 ～ 26
2011（平成 23）	平成 23 年 7 月新潟・福島豪雨	2011.7.27 ～ 30
2012（平成 24）	平成 24 年 7 月九州北部豪雨	2012.7.11 ～ 14
2014（平成 26）	平成 26 年 8 月豪雨	2014.7.30 ～ 8.26
2015（平成 27）	平成 27 年 9 月関東・東北豪雨	2015.9.9 ～ 11

注：気象庁では，顕著な災害を起こした自然現象については，命名することにより共通の名称を使用して，過去に発生した大規模な災害における経験や貴重な教訓を後世代に伝承するとともに，防災関係機関等が災害発生後の応急，復旧活動を円滑に実施することが期待されるため，顕著な被害（損壊家屋等 1,000 棟程度以上，浸水家屋 10,000 棟程度以上など）が起きた場合，豪雨災害の場合は被害が広域にわたる場合が多いので，あらかじめ画一的に名称の付け方を定めることがむずかしいことから，被害の広がりなどに応じてそのつど適切に判断して名称をつけている。
出所：気象庁「気象庁が命名した気象及び地震火山現象」
　　　http://www.jma.go.jp/jma/kishou/know/meimei/meimei2.html

136　第 2 部　教育経営実践と教育経営研究

一方で隣接市の学校への市民の避難がうまくいったことなどが報告されている。同報告書の副題に「わがこととして災害に備えるために」とあるように，どこでも起こりうる水害についての知見の共有と対策が求められる。

3. 東日本大震災からの社会に向けて

(1) 国の取り組み

　2011年4月10日，東日本大震災復興構想会議が設置され，5月10日に「復興構想7原則」を発表，その第一が「大震災の記憶を永遠に残し，広く学術関係者により科学的に分析し，その教訓を次世代に伝承し，国内外に発信すること」であった。これを受けて文部科学省が予算を確保し，日本学術振興会で「東日本大震災学術調査委員会」を2012年度から3年間運営した。「政治・政策」班，「行政・地方自治」班，「科学技術と政治・行政」班，「マクロ経済」班，「環境経済と災害」班，「地域と絆（特に教育）」班，「大震災と国際関係」班，「メディア・ネットワーク」班それぞれが研究書を取りまとめた。[10]

　文部科学省では，「平成23年度東日本大震災における学校等の対応等に関する調査報告書」を発刊している。[11]学校等における被害状況と発災時・発災後の対応状況について整理し，学校等での防災体制や防災教育の実施状況について把握・被災状況への影響等検証し，今後の防災教育の効果的展開について検討している。文部科学省のサイトで広く利用可能となっているが，文部科学省においては情報提供だけでなく，この調査結果をどのように活用したか（政策化されたか）も明示していくことが求められる。

(2) 日本教育経営学会の取り組み

　東日本大震災後，原発避難者への聞き取り調査などを行っていた会員を中心に，当該年度の大会（第51回，日本大学文理学部，2011年6月5日）において緊急企画「教育経営と震災を考える」を開催した。この内容については，翌年の『紀要』第54号に「特集2　災害と教育経営を考える―2011.3.11を教育経営学はどう受けとめるか」として掲載されている。[12]

　その後，学会として文部科学省の委託研究を受け，「震災時における学校対

応の在り方に関する調査研究」（国士舘大学・日本教育経営学会，2012 年 3 月）を
まとめた。[13]「東日本大震災が発生した際，被災地の学校の校長はどのような対
応を行い，避難所としての学校はどのような役割や機能を果たしたのか，震災
直後における対応や震災後 3 ヵ月経過した段階における対応などを記録として
蓄積し，今後の学校運営の在り方を考える際の示唆とするための調査研究を行
う」ことをその趣旨とするものであるが，東日本大震災の被災地としての岩手
県，宮城県，福島県，茨城県，栃木県，千葉県および東京都に加えて，大地震
が予測され対策が進んでいる静岡県，和歌山県および高知県，さらに，震災先
進県ともいえる新潟県および兵庫県という，12 都県に及ぶインタビュー調査
を行っている。

　この調査研究をもとに再構成を図って，『東日本大震災と学校　その時どう
したか　次にどう備えるか』を刊行している。[14] 各学校の津波への対応，避難所
運営，帰宅困難者などの事例が扱われ，教育委員会・校長会の動き，次への備
えなどが展開される。インタビュー調査から抽出されたメッセージを記すと，
危機をしのいだ要因としては，日常の備えの重要性，管理職の的確な判断と組
織的対応，地域住民からの情報活用があげられ，今後の備えとして，主体的に
行動できる人材を育成する防災教育，危機管理マニュアルの絶えざる見直しと
それに基づく避難訓練，家庭・地域を巻き込んだ避難訓練・防災意識の高揚，
子どもたちの心のケアと学校再開，危機管理と校長のリーダーシップが重要と
されている。

　「事実の記録を中心とする作業はひとまず終了したが，被災地域の教育経営
を正常化し充実させていく手立て…など，教育経営研究に新たな社会的問いが
発せられている。…学会執行部においては，三カ年をかけて，災害復興と教育
経営について学会員の協力とともに追求していくことを提案」[15] し，理事会企画
ミニシンポジウムが開催された。「災害復興と教育経営の課題と方策」（筑波大
学，2013 年 6 月 8 日），「教育経営と防災教育─学校段階を踏まえて」（北海道教
育大学釧路校，2014 年 6 月 7 日），「教育経営と災害復興・教育経営のこれから
に向けて」（東京大学，2015 年 6 月 20 日）である。[16] 3 年間のまとめとして，牛渡「ま

とめと今後の課題」においては，「人間が災害とどう向き合うかという，日本だけではない人類共通の課題に関する経験と取組であり，この教訓を世界に発信すること」，「学校教育を通して，震災の記憶を次世代に継承すること…学校と地域が果たすこと」，震災研究を今後の教育経営学研究にどのように引き継いでいくか，と提示された。

(3) 復興をめざす地域と学校

　先述の，日本学術振興会東日本大震災学術調査の「地域と絆」班が刊行したのが『復旧・復興へ向かう地域と学校』(青木栄一編，東洋経済新報社，2015年)であった。同書の書名を検討するなかで候補にあがったのが，「復興をめざす地域と学校」であった。しかし，いまだ福島県は復旧にもたどり着けていないことなどから「復旧」を加え，志向的(主観的)な「めざす」から事実標記(客観的)である「向かう」に変更した。学校の問題を中心に扱いながらも，地域のなかにある学校という観点から「地域と学校」という語順にし，被災前同程度の復旧ではなく，質的な向上を意味する復興をめざすこと，それこそが自然災害への対応のあるべき姿として表されているのではなかろうか。

（雲尾　周）

注

1) 文部科学省「学校安全の推進に関する計画」(平成24年4月27日閣議決定) 2-3頁。http://www.mext.go.jp/a_menu/kenko/anzen/__icsFiles/afieldfile/2012/05/01/1320286_2.pdf (2017年5月7日確認，以下URL確認日同じ)。
2) 文部科学省「第2次学校安全の推進に関する計画」(平成29年3月24日閣議決定) 15-16頁。http://www.mext.go.jp/a_menu/kenko/anzen/__icsFiles/afieldfile/2017/03/24/1383652_01.pdf.
3) 以下，防災科学研究所「自然災害の種類」による。http://dil.bosai.go.jp/workshop/01kouza_kiso/hajimeni/s2.htm.
4) 以下，気象庁「防災情報」。http://www.jma.go.jp/jma/menu/menuflash.html.
5) 雲仙岳災害記念館。http://www.udmh.or.jp/web4/gakusyu.html.
6) 以下，『平成12年 (2000年) 三宅島噴火災害誌 本編』(東京都，2007年) による。東京都「火山対策」。http://www.bousai.metro.tokyo.jp/taisaku/1000064/index.html.
7) 7・13水害新潟大学ボランティア編集委員会編『災害ボランティア報告書〜実践編　7・13水害　新潟大学ボランティア活動のあしあと』新潟大学，2005年。

8）内閣府「平成 26 年 8 月 20 日に発生した広島市土砂災害の概要」平成 26 年 12 月 4 日。http://www.bousai.go.jp/fusuigai/dosyaworking/pdf/dai1kai/siryo2.pdf.

9）常総市水害対策検証委員会「平成 27 年常総市鬼怒川水害対応に関する検証報告書」常総市市民生活部安全安心課，2016 年を参照。http://www.city.joso.lg.jp/ikkrwebBrowse/material/files/group/6/kensyou_houkokusyo.pdf.

10）村松岐夫・恒川惠市監修「東日本大震災学術調査『大震災に学ぶ社会科学』全 8 巻シリーズ刊行によせて」東洋経済新報社，2015-2016 年，各巻 iii 頁。

11）文部科学省「東日本大震災における学校等の対応等に関する調査研究報告」。ウェブサイトには「研究」の文字が入っているが，報告書表紙には書かれていない。http://www.mext.go.jp/a_menu/kenko/anzen/1323511.htm.

12）『日本教育経営学会紀要—教育経営と地域社会』第 54 号（第一法規，2012 年）に以下，所収。小松郁夫「東日本大震災を教育学研究者としてどう受けとめるか」48-54 頁，雲尾周「被災学校等の支援と日常の備え」55-61 頁，本図愛実「これからの学校災害対応：問いとしての公共性を背景として」62-73 頁。

13）日本教育経営学会「社会への提言」東日本大震災への緊急対応。 http://jasea.jp/wp-content/uploads/2016/12/shinsai.pdf.

14）天笠茂・牛渡淳・北神正行・小松郁夫編『東日本大震災と学校　その時どうしたか次にどう備えるか』学事出版，2013 年。

15）牛渡淳「『災害復興と教育経営の課題と方策』趣旨」『日本教育経営学会紀要—教育改革と教職員の資質向上』第 56 号，第一法規，2014 年，144 頁。同紀要には初回シンポジウムの内容として以下，寺島史朗「東日本大震災における宮城県教育委員会の対応と課題」145-146 頁，野澤令照「復興に向けた校長会の対応及び地域協働による教育復興」146-147 頁，本図愛実「シンポジウムのまとめ」147-149 頁が掲載されている。

16）第 2 回の内容は『日本教育経営学会紀要—教育経営の独立性を問う』第 57 号（第一法規，2015 年）に，堀越清治「東日本大震災と学校経営の視点からの教育復興」162 頁，諏訪清二「環境防災科設置を通して教育改革を考える」163 頁，雲尾周「大学における危機管理と防災教育」164 頁，牛渡淳「まとめにかえて」165 頁が掲載されている。なお，第二報告者の内容に関連して，諏訪清二『高校生，災害と向き合う—舞子高等学校環境防災科の 10 年』（岩波書店，2011 年）参照。第 3 回の内容は，『日本教育経営学会紀要—学校組織のリアリティと人材育成の課題』第 58 号（第一法規，2016 年）に，阿内春生「福島の教育復興とその課題—県立中高一貫校ふたば未来学園の設置」80-81 頁，小田隆史「被災地の教員養成大学が果たし得るローカル／グローバルな結節機能」82 頁，牛渡淳「まとめと今後の課題」83-84 頁が掲載されている。

第12章　　　学校制度の〈ゆらぎ〉と教育経営研究

1．学校制度の〈ゆらぎ〉と教育研究―不登校とどう向き合うか―

（1）学校制度の〈ゆらぎ〉

　さまざまな制度と同様に，学校制度も制度としての自明性が当該成員によっ[1]て一定程度疑われ，制度としての「正統性」(legitimacy) をゆるがされかねない事態に直面することがある。もちろんリスクの深刻さや切実さには一定の幅がある。ここでは，学校制度としてのあり方に一定のリフレクションを求めるような状況をさして，〈ゆらぎ〉と称することにしたい（今田，1987）。学校制度のこの種の〈ゆらぎ〉のなかで最も根源的な性質をもつものが，教育の近代性にまつわる〈ゆらぎ〉である。明治期以降の近代教育の歴史のなかで，学校制度はこの〈ゆらぎ〉を内包しつつ，教育の再秩序化を展開してきたといってよい。本章では，この歴史的なプロセスのなかで，教育経営研究がどのような役割を果たしうるのかを問うていきたい。

　結論を先取りしていえば，教育経営研究はもっぱら近代教育の再秩序化を担う知的なツールとして近代性のもとに絡め取られる傾向性があった。たとえば，不登校について教育経営研究はどれほどの知的貢献をしてきたかを問えば明らかである。例外的に，他国のオルタナティブ教育のエスノグラフィがあげられるが（武井，2003），教育経営研究と称される研究群が不登校現象を視野に入れ[2]つつ知的貢献をしてきたかといえば正直心許ない。その際，①「経営」概念の捉え方，②当事者との関係性の捉え方の2点がきわめてクリティカルである。これらは，「臨床」概念の定義にも左右される。

　本章では，さしあたり，学校の〈ゆらぎ〉と〈ゆがみ〉という2つの次元で捉えることによってこれからの教育経営研究のあり方を展望してみたい。なお，前者は，制度そのものの変革へとリフレクションしていく，つまり枠組みや関係性そのものを変えていく創造的な視点である。これに対して，後者は，秩序にとっては消し去るべき夾雑物として捉えるものであって，制度の現状維持にとどまるという特徴をもつ。

（2）近代教育装置＝学校と不登校現象

　学校制度の〈ゆらぎ〉に関連して最も根源的で典型的な現象は，まちがいな

141

く不登校である。フリースクールなどオルタナティブな学び舎のマネジメント問題として一足飛びに矮小化して捉えるのではなく，不登校といういわばオルタナティブな現象が私たちに送り届けてきたメッセージに耳を傾けることから始めたい。以下は，その歴史の輪郭をおおまかにデッサンしたものである。

　西洋に遅れて近代化してきた日本において，近代教育はまさに西洋近代の取り込みそのものであった。わが国の教育の特徴は，「学齢期の子どもたちを学校に行かせること」，すなわち「教育義務＝就学義務」として捉えられたことに象徴される。国家の命を受けた各地方政府は，就学告諭にしたがって，児童生徒を学校に収容することに躍起になる。「立身出世」と「人格（品格）形成」には就学が不可欠という神話を構築し，人々を近代学校へと引き寄せていった。もちろん，当初は学校焼き討ち事件などの事案が生まれたように，じつに違和感のある何ものか（＝西洋近代）が村々に突然出現していったという受け止めがなされた。学校は決して自明視されるべき教育空間ではなかったということはゆめゆめ忘れてはならない（森，1993）。一方では，児童労働を防止し有為な国民へと啓蒙する営みであるという面もあるが，個人や世帯の欲望をうまく動員しながら，国家が教育の大衆化へと巧みに途を拓いていった。

　紆余曲折を経ながらも，西洋への違和は次第に解消され，人々は心身ごと体制化されていく。〈ゆらぎ〉と呼びうる状況として，大衆化以降の段階で不登校が最初に顕在化したのは，1950年代になってからである。ある生徒が学校に行けなくなり，身体症状に悩まされ医療機関を訪れるという事案が生じる。学校化されている社会の病理であるということに気づくには，社会の側の批判的・反省的認識があまりにも欠如していた。身体の不調という主訴は医療的な診断によって，「身体の異常ではない」と決着させられる。近代特有の心身二元論の支配する社会において，生徒が次に送り届けられるのが精神科である。まさに「身体の病理でなければ心の問題だ」といわんばかりに，である。あくまでも矯正されるべき病理として捉えられ，当事者もこれを疑いなく受け容れる。アメリカなどの学問の影響を受け，「学校恐怖症」（school-phobia）と名づけられた不登校は，医療化言説によって整然と解釈されていく。とくに児童精神

医学がきわめて大きな影響力を発揮し，もっともらしい診断を下していくことになる。たとえば，（母子）分離不安論は，とくに母子間のアタッチメントを前提とする密着した関係が就学によって切り離されることに対する不安によって学校恐怖症の発生機序を説明するものである。中学校において不登校が多くなることをまったく説明できないにもかかわらず，この理論＝神話は相当な影響力をもつことになる。しかも，「甘え」や「放任」など家庭教育に不登校の原因を帰す傾向をその後の世代に引き継がせることにつながっていった。

（3）コペルニクス的転換と変わらなさ

1950〜1960年代にかけて支配的な不登校言説として登場するのは，もっぱら児童精神医学や教育心理学など医療化・心理主義化に則った説明枠組みである。1970年代にいたっても行政の解釈は一向に変わる気配がなかった。不登校を病理とみなし，専門的知識によって診断し，早期治療し学校に復帰させるべきであるという前提は微動だにしなかったのである。ところが，不登校研究にとってコペルニクス的転換ともいえるパラダイム展開が起こる。とくに，当時国立国府台病院の精神科医であった渡辺位氏の「不登校は身体症状にすぎない」というまなざしの転換と希望会という当事者によるセルフヘルプグループの試みは，きわめて重要な意味をもっていた（渡辺，1992など）。のちに「登校拒否を考える会」の結成や全国ネットワーク化へとつながっていくという点においても，時代を画する転換点をなした。つまり，子どもの切実さに寄り添い，専門知さえも捨て去る用意のある関係性のあり方が事態を根本から変えていったのである（鷲田，2001）。すなわち，「医療化カテゴリーによって分類・矯正される対象」というまなざしからの脱却である。

にもかかわらず，「一条校」中心の教育行政・思想およびこれらに追随する研究群には，創造的な転換は生じなかった。管見によれば，現代の教育困難を語る際の枕詞として引き合いに出されることはあっても，教育経営研究において不登校が正面切って取り上げられることは皆無に等しかった。不登校は〈ゆがみ〉として認識されるにとどまっていたといってよいだろう。

〈ゆらぎ〉としての不登校が，〈ゆがみ〉として再解釈される例をあげてみよ

う。以前，雑文のなかで論じたところであるが，そこには，不登校をめぐるまなざしの偏りがある（菊地，2001）。学校関係者（教務主任・教頭など）が下す不登校の原因帰属（在籍当時）と当事者のそれ（追跡調査時）は，大きな隔たりを示している。当事者の解釈に比べて，学校サイドは原因を本人の気質や特性あるいは家庭の問題に帰する傾向があり，学校内の問題としては語りたがらない傾向が強い。これは，児童精神医学を中心とする医療化言説が，対象について語り分析する際の視点と酷似している。まさに，近代の知を支える構成物として学校も専門知を内面化してしまっているのであろう。メインストリームの大きな物語に従う視点に立つかぎり，不登校の当事者たちが身をもって表現する〈ゆらぎ〉さえも，矯正されるべき〈ゆがみ〉にしか映らないのである。

(4) 多元的公共性の可能性へ

　他方，1980年代後半以降，わが国でもフリースクールやフリースペースなどの「一条校」以外のオルタナティブな学び舎が増えていった。これに伴って，少しずつではあるが，不登校を〈ゆらぎ〉として捉える研究が生まれていくことになる。たとえば，森田（1996）や滝川（1998）は，「そもそもなぜ不登校にならないのか」「高度経済成長期の不登校の少なさこそが説明されるべきなのではないか」などといった視点の転換を行った点で学術的には非常に重要な貢献をした。ただし，前者に関していえば，最終的には，いつのまにか不登校傾向・学校忌避感情を抑止する要因を探すということで，究極的には〈ゆらぎ〉として捉えるという重要な視点を消し去っていくことになった。やがて不登校現象を近代教育の前提である学校復帰問題へと矮小化することで，不登校がもともと発していたメッセージの大切な部分を切り捨ててしまうことになる。これは，包摂と排除という近年の教育社会学研究などが積極的に取り組んでいるテーマに関しても同じである。すなわち，いつしか当事者が分析対象へと転換され，研究者が特権的な位置に立ちつつ無意識的に学校適応を促すという危険性をはらんでいるのである。ここにおいて，教育研究における「関係性の罠」に留意する必要がある。[4] 教育経営研究を深化させていくうえで，不登校現象が私たちに送り届けてくれる大切なメッセージ（＝学校のもつ近代性を相対化しつつ私た

ち自身が変容する機会）を受け止めることがまずもって必要である。

　その際にカギを握るのが，公共性概念を鍛えるという課題である。半ば所与とされた公教育という概念をさらに一歩進めることの重要性を不登校という〈ゆらぎ〉は暗示している。たとえば，一条校でなければ公的資源の配分などの行政支援を得られないという不条理を目の前にするとき，公共性の一元的な捉え方の限界が浮かび上がる（菊地・永田，2001 など）。やがてさまざまなオルタナティブな学び舎の当事者が子どもたちの声を丁寧に聴き取り，社会の側を批判的・反省的に自己革新していくというベクトルが生まれていく。それらには，教育の近代性そのものを相対化し，多元的公共性などのオルタナティブなあり様を明示する語りがなされるという共通点がある。大人社会に象徴される近代の枠組みにさまざまな声を押し込めようとしない点は，まさに〈ゆらぎ〉として不登校を捉えるまなざしそのものである。とはいえ，これらの語りは現在の学校とは異なる場をつくることで解決するかのごとき幻想をふりまく危険性もある。したがって，オルタナティブな学び舎の拙速なる経営研究は，ものごとの本質を見誤るものとなりかねない。私たちは，包摂のための研究や実践そのものが体制維持的な限界をはらむ危険性をいま一度認識しておく必要がある。[5]

2　時代傾向のなかの教育経営研究の課題

(1) 現代を読み解く 4つの時代傾向

　端的にいって，学校制度の〈ゆらぎ〉の問題を通して教育経営研究そのものが鍛えられ，より豊かな内実を伴うようになっていくことが根本的な課題となる。どのような未来像を描くことができるのかを論じる前に，不登校現象に象徴的に表れる〈ゆらぎ〉と向き合ううえで，これまでの教育経営研究はどのような限界をもっているのかを見定めていくことにしたい。ただし，これは教育経営研究の共通する限界であるというよりも，学校制度の〈ゆらぎ〉という視点を中心におくときに浮き彫りになる限界であり，教育経営研究全般にあてはまるかどうかとは別問題であることをあらかじめお断りしておきたい。

　さて，教育経営研究の特徴として，もともと経営学が企業組織への偏った関

第12章　学校制度の〈ゆらぎ〉と教育経営研究　**145**

心から生まれてきたことを指摘しなくてはならない。テイラーの科学的管理法まで遡らなくても，企業組織の効果的・効率的・合理的な経営が出発点にあったことはいうまでもない。アウトプットは企業としての生産性である。スピード感のある迅速な対応，資源の選択と集中などは当該分野の「殺し文句」である。経営にかかわる知識や技術は，応用科学の一端を担うものとなる。

　「学校とはそもそも何なのか」とか「学び（教育）と経済・政治の関係性はいかにあるべきか」とかいった根本的な問いから教育経営研究がメインストリームの改革の一翼を担う道具としての性格を相対に強めていくのは，やはり縮小期に入って規制緩和と地方分権改革が本格的に進みはじめた1990年代後半以降であるとみて大きな狂いはないだろう。とくに，アングロサクソン系の教育改革の紹介や経済のグローバル化言説が一定の近似性をもってきた。とりわけこの時期に，わが国の教育社会に関して一貫して強まってきた時代傾向が4つある。すなわち，新自由主義（経済）・新保守主義（政治）・形式主義（組織）・功利主義（文化）である。

　まず，新自由主義。モノ・情報・人…あらゆるものが国境を超えて行き交う社会的変化のスピードは，技術革新に伴い加速度を増している。経済のグローバル化と国家主義の蜜月が強まっている。私たちは循環する大気や水などから代えがたい恩恵を受け，国境を超えて地球によってケアされている点で，一人ひとりに大差はない。であるにもかかわらず，生命の根っこ（＝人間の限界性）[6]のことは脇におき，少しでも「生産性」を高め権力やお金を手にすることに躍起になっている。マネー資本主義の病理はもはや国境を超え，「スモール・イズ・ビューティフル」は絵空事とされる。この時期に日本の教育界では，大きな改革のうねりが生まれていった。アングロサクソン系の国々の後追いをして進められた「小さな政府」と福祉国家の見直しがある。新自由主義への転換である。教育改革でいえば，市場原理に基づくことで学校は「よくなる」という前提である。競争が効果的な教育を後押しし，その結果として総じて教育サービスが向上し，競争から排除された者にも剰余価値が振り向けられる。

　新自由主義と手をたずさえて推進されるのが政治の領域の新保守主義である。

資本主義社会の維持・拡大で生まれる不遇な環境下の諸個人の不満を「自己責任」として解消させ，国益を無視して金儲けに走る者たちには国家への忠誠を誓わせなければならない。ここで，個人は国家によって統制されるべき対象であるという「洗脳」が必要になる。私的領域（家庭教育など）にも入り込み，従順さを内面化・身体化させる。道徳の教科化など改革例は枚挙にいとまがないし，「教育勅語」でさえも「洗脳」の道具とされる。

　これら新自由主義／新保守主義を矛盾なく個人に落としこんでいくのが，学校という社会装置である。個人が進んで内面統制をすることで，自らを体制に都合よく仕立て上げていく。その際に大切なのは，問いを奪うことである。官僚主義はこの点で最大の力を発揮する。加えて，目標管理主義的な教員評価システムの普及と職員会議などの対話的空間の剥奪によっていっそう徹底される。PDCAサイクルを回して学校経営の合理化（カイゼン）が図られていくものの，より根源的で切実な問いは奪われたままである。「主体」「対話」「深さ」の概念をどこまで根源的に捉えてアクティブ・ラーニングを実践するかにもかかわるが，教師の多忙化と評価の網の目という現実のなかでは決して楽観視できない。

　さらに，これらの時代傾向の根っこにあるのが，功利主義である。外から定義された効用の総和が幸福度の指標とされ，多様な幸せのあり方を自己決定する権利を奪う。幸せは専門家などが決めた方程式に組み込まれていくのである。たとえば，不登校支援や特別支援教育の言説さえも，「良心的に」当事者の声を奪う。医療化言説は，人々を分類する道具にさえなる。これらを正当化しているのが功利主義の発想である。すでに私たちの身体に深くしみ込んでいる。

　まさに，新自由主義／新保守主義／形式主義／功利主義は，危機感を煽りながら私たちの内面を支配する。教育経営研究が経営概念を固定観念として設定するにとどまるとき，これらの時代傾向に深刻な影響を受ける。学校の現実に丁寧に耳を傾け，制度や慣習や文化そのものにメスを入れられる学問でなければあっという間に単なる技術学に堕してしまうであろう。中長期的にみれば学問の存在理由を奪われるか，エスタブリッシュメントの永遠の僕となる。

第12章　学校制度の〈ゆらぎ〉と教育経営研究　**147**

(2) 教育経営をめぐる2つのモデル

　現実には，これらの大きな時代傾向のなかで，さまざまな教育経営にかかわる変更が生じてきた。学校評価の実施などに関しては，関係者評価などを実質的に展開する場合には，これまでの慣習を振り返るきっかけとして用いることにもつながっていった。学校支援地域本部の動きなどはその典型であろう。しかし，通学区の弾力化を超えて，都市部を中心に実施された義務教育における学校選択制，そして，学力低下論を受けての学力向上という目標の一元化傾向が同時進行することによって，学校組織がライン化することになっていく。昨今語られている「チーム学校」は学校の現状からすれば往々にして「ライン学校」と化す危険性がある。工場の組み立てラインのような地位役割構造をもつ。とりわけ，他国に例をみない勤務時間の増加による教職の多忙化（残念なことに，すでに巷では教職はすでに「ブラックな仕事」だという認識が広まってしまっている）があるかぎり，これらの傾向に歯止めがかかりそうにない。

　先述した不登校を例にとってみよう。不登校をめぐって，きわめて特徴的なのは，「不登校ゼロ」を学校目標として設定する学校が多いという点である。これは，まさに学校制度の〈ゆらぎ〉が教育という物語に再秩序化されていくことを意味している。多忙な現状から考えれば，往々にして「とりあえず保健室にでも来ていてくれればよい…」ということでも経営目標は達成されることになる。スクールソーシャルワークも，子どもの現実へのまなざしや協働的な関係性の定義によっては，教育問題処理の外注化にとどまる危険性もある。形式主義的な学校復帰が一義的になるとき，学校化の裾野をただ単にじわじわと延長し，多様性を一元的に管理するような方向へとシフトすることになってしまう。〈ゆらぎ〉を通した共生社会の可能性は，〈ゆがみ〉の矯正プロジェクトに転じていく。

　教育経営研究がこの点をどのように評価するのかはあまり真剣に議論されていないようにみえる。「役に立つ」思想に馴化され，功利主義を下支えするような技術学に堕するとき，教育経営研究の学術的な価値は大きく損なわれ，社会科学としての本来的な可能性をそぎ落としてしまう。教育経営研究は，時代

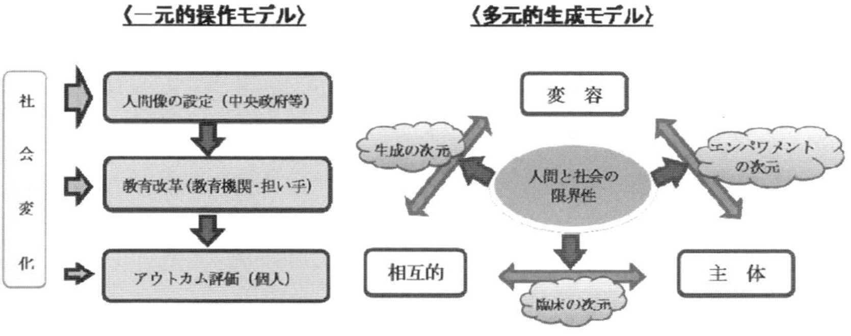

図12.1　教育経営をめぐる2つのモデル

出所：筆者作成

傾向とどのように向き合い，不登校の声に耳を傾けて〈ゆらぎ〉をもとにしながら教育社会や学校のあり様を変えていくのかが問われている。

　すでに示唆したように（菊地，2016），さまざまな教育社会にかかわるさまざまな領域に適用可能な2つのモデルを設定できる（図12.1）。

　1つは，〈一元的操作モデル〉である。近代の文脈に乗っている従来の教育研究の多くは，このモデルに基づき社会的評価を高めるための努力を企ててきたと考えられる。学校制度を〈ゆがみ〉という視点で是正するために，一元的なプロセスの一端に研究を位置づけることで存在価値を主張するものである。とはいえ，このモデルに基づいているかぎり，小さくされた声に深く耳を傾け，現実をよりよく変えていくことにはつながらない。なぜなら，そこには，対話と学びが適切に織り込まれていないからである。あるのは，立場性と物象化された関係性のみである。縮小期においてさらに強まってきた傾向ではあるが，これが時代にとって機能的であったかといえばそうではない。むしろ，逆機能的である。対話を通して，場をよりよく変えていくためには，当事者の学びが豊かになる組織論が必要になってくる。その意味でいえば，「学習する組織」についての近年の議論は一定の可能性をもっている（曽余田，2010）。とりわけ，コンセプトの共有やシステム論的思考などは，一考に値するものである。部分

第12章　学校制度の〈ゆらぎ〉と教育経営研究　**149**

的に〈多元的生成モデル〉と重なるものでもある。そこでは，相互的主体変容という学びのプロセスが作動することになる。

(3) 教育経営研究のこれから―近代の呪縛と向き合う―

教育経営研究が今後留意すべきは，〈多元的生成モデル〉に含まれる以下の視点である。

第一に，〈公共性〉とはいったい何を意味しているかを問い直すことである。これは対話的関係を取り戻すということでもある。たとえば，不登校は病理として捉えて矯正されるべき対象ではなく，その声をもとにしながら，多元的な公共圏を織り成すメッセージを聴き取る重要な契機となる。多様な声を組織に組み入れながら，場を変えていくことがもっと問われなくてはならない。直線的な思考を超えていきたい。

第二に，広い意味での実態分析の必要性である。旧来の経営的な視点での分析ではなく，複数の視点で学校制度の〈ゆらぎ〉が問われなくてはならない。その結果を突き合わせ，対話していくことである。たとえば，職員会議の制度的な規定をすることを通して，見えないかたちで「対話」の空間と時間が失われていったのではないかという問いを立て，科学的・複眼的に検証していく必要がある。

第三に，互いに他者を通して変わっていくことを大切にすることである。相対的に資源をもっている者こそ，他者に変えられていくことを尊重しなければならない。その意味では，ことばの正確な意味での臨床を大事にしたい。臨床的アプローチを称揚することはたやすいが，実際に学校づくりなどに協働的にかかわっていくことによってしか，臨床の重要性を示したことにはならない。

教育経営研究は，近代の申し子のような性質を歴史的に背負わされてきている。そのこと自体は否定できない。その際，はたして何のための教育経営研究であるのかを深く問わなければならない。グローバル化する情報化社会のなかで，ますます軸を見失いがちなこれからの時代であるが，多様な場をともにしながら対話を通して研究者自身が変わっていくことを楽しめるような，当事者とともによりよい場を創造していけるような，希望に満ちた教育経営研究の未

来を思い描いていきたいものである。もっといえば，思い描くよりも丁寧かつ具体的に自らが実証していきたい。 （菊地栄治）

注

1) 本章では，社会成員によってつくられる一方で社会成員のあり様を枠づける「制度」（institution）としての学校に照準を合わせた学校制度概念に着眼する。この点は不登校現象を視野に入れた教育経営研究にとって必須である。

2) ここでいう不登校現象には，不登校にまつわる諸言説も含まれる。初期のすぐれた不登校言説研究として，久保・西村（1993），横田（1994）など参照。

3) たとえば，統合失調症等を中心とする理論と実践について，きわめて示唆的なのは「浦河べてるの家」の試みである（向谷地，2008 など）。経営という発想ではなくとも，「人間らしく営々とした場づくり」が営まれている。これは，結果として織り成されたきわめて豊かな経営そのものである。

4) 子どもと教員の自律性の連動の必要性についての言及は，従来の教育経営研究の課題を示唆している（藤井，2015）。

5) 教育機会確保法についての議論は典型である。賛否についてもさることながら，不登校の〈ゆらぎ〉に耳を傾け，冷静に構造を見極めることも重要であろう。たとえば，菊地（2018）参照。

6) 人間を「力への意志」（ニーチェ）や「強さ」の視点からのみ捉えるのではなく，いやむしろ「弱さ」「できなさ」「いたらなさ」に枠づけられざるを得ない存在として捉えて初めてみえてくるものがある。これは，近代性に執着させられることで見失ってきた視点である。

文献・参考資料

今田高俊『モダンの脱構築』中央公論社，1987 年

菊地栄治「『不登校問題』からオルタナティブな教育へ—『追跡調査報告書』を手がかりとして」『月刊生徒指導』31，学事出版，2001 年，25-28 頁

――「高校教育のポリティクス」小玉重夫編『学校のポリティクス』岩波書店，2016 年

――「『オルタナティブな学びの場』からのメッセージ—フリースペースの来し方をふまえて」永田佳之編『変容する世界のオルタナティブ教育』世織書房，2018 年

菊地栄治・永田佳之「オルタナティブな学び舎の社会学—教育の〈公共性〉を再考する」『教育社会学研究』東洋館出版社，68 集，2001 年，65-84 頁

久保武・西村秀明『不登校の再検討』教育史料出版会，1993 年

曽余田浩史「学校の組織力とは何か—組織論・経営思想の展開を通して」『日本教育経営学会紀要』第 52 号，2010 年，2-14 頁

滝川一廣「不登校はどう理解されてきたか」佐伯他編『岩波講座 4 現代の教育 いじめと不登校』岩波書店，1998 年

武井敦史『クリシュナムルティ・スクールの民族誌的研究』多賀出版，2003 年

藤井穂高「学校の自律性と子どもの自律性」『日本教育経営学会紀要』第 57 号，2015 年，22 頁

向谷地生良『べてるな人々　第 1 集』一麦出版社，2008 年

森重雄『モダンのアンスタンス』ハーベスト社，1993 年

森田洋司『「不登校」現象の社会学』学文社，1996 年

横田正雄「登校拒否論の批判的検討〈その 6〉」『臨床心理学研究』31（3），1994 年，30-39 頁

鷲田清一『〈弱さ〉のちから』講談社，2001 年

渡辺位『不登校のこころ』教育史料出版会，1992 年

第3部
教師教育・スクールリーダー教育と教育経営研究

第13章　スクールリーダー教育の実践と校長の専門職基準

　教育改革におけるスクールリーダーの役割とその教育の重要性が認識されて久しい。その認識は，世界的な広がりをみせ，各国で，スクールリーダーの「専門職基準」の作成につながっている。本章では，まず，諸外国において，「専門職基準」，とくに「スクールリーダーの専門職基準」がどのような目的で，どのようにつくられたのかを明らかにする。つぎに，わが国における「スクールリーダーの専門職基準」について，日本教育経営学会が作成した「校長の専門職基準」および，2017年12月の中教審答申において示された「育成指標」（2019年3月に教育公務員特例法に明記された）を中心に検討する。そのうえで，スクールリーダー教育の実践に果たすべきその役割と課題について明らかにする。

>>>>>>>>>>>>>>>>>>>> **1.「校長の専門職基準」とは** >>>>>>>>>>>>>>>>>>>>

　「専門職基準」とは，Professional Standards の日本語訳であり，そのほかに「専門性基準」も使用される。また，「スタンダード」と，そのまま使われることも多いが，ここでは，「専門職基準」に統一して述べる。「専門職基準」は，専門職としてのその職業に共通に求められる専門性の枠組みを示すものであり，養成・免許・採用・研修などの基礎となるものである。諸外国において教師や校長の専門職基準がどのように成立し，どのような特色をもっているか，以下，アメリカの例をみてみよう。

　アメリカにおいて教師の専門職基準が作成された背景として，1987年に出された2つの報告書があげられる。1つは，カーネギー報告書であり，ほかの1つはホームズ・グループ報告書である。1983年に出された『危機に立つ国家』から始まった全米的な学力向上運動は，「教育における卓越性（エクセレンス）」を政治的なトップダウン的手法により実現しようとするものであった。これに対し，この2つの報告書は，教育の質の向上は，下からの改革，すなわち，すぐれた教師の存在があって初めて実現できるという立場から，教職をほかの専門職に匹敵する専門職とするために，教師教育の高度化と教職の専門職化を提唱した。そのための具体的な方策の1つが，カーネギー報告書において提唱さ

154　第3部　教師教育・スクールリーダー教育と教育経営研究

れた「全米教師専門職基準委員会（National Board for Professional Teaching Standards；以下，NBPTS）」の設置であった。これを受けて，1989年にNBPTSが設置され，全米で有効な高いレベルの教員免許状と，そのベースとなる教師専門職基準が作成されたのである。NBPTSの専門職基準は，生徒の発達と教科という2つの要素に沿って，25の教員免許状のためにつくられており，それぞれにおいて，教員に求められる知識や行動が定められている。また，その基準は，それぞれの分野のすぐれた教育者で構成された小委員会によって開発されており，各小委員会の過半数は学校教員によって占められ，そのほか，児童発達の専門家や教師教育関係者などが参加している。そのため，この基準は「教員によって教員のために作られた」基準と呼ばれている[1]。

　各州においても，NBPTSの専門職基準をモデルとして，州ごとの基準が1990年代以降に作成された。カリフォルニア州では，2009年に「カリフォルニア教師専門職基準」が作成された。作成したのは，カリフォルニア州教員免許委員会であり，そのメンバー構成は，12名中，教員代表4名，市民代表4名，教育長，教育委員，学校管理職，大学代表の各1名となっている。「カリフォルニア州教師専門職基準」は，教員として必要な知識，技能，態度等を示した枠組みであり，6つの基準で構成され，その下にそれぞれ5～7の小項目がつけられており，合計38の小項目がある。カリフォルニア州の教員免許基準や教員養成プログラムも，この専門職基準の枠組みに沿って作成されているが，他方，カリフォルニア州の教師養成機関や養成プログラムはきわめて多様である。すなわち，教師専門職基準は，多様な関係者が共同で，教員に必要な専門性や力量の共通の枠組みをつくることにより，教師教育を画一化するというよりも，「教師教育の多様性と質の向上を両立させる」ことをねらいとするものである。同時に，「教員や教員養成機関の自律性と質の向上を両立させる」仕掛けともいえる。

　また，学校管理職のための専門職基準も，教員の基準とは別につくられてきた。1994年，全米の州教育長協会が全国的な学校管理職の専門職基準をつくるためのコンソーシアム（ISLLC）を設置し，1996年，このISLLCが6つの柱

からなる「スクールリーダーのための専門職基準」を作成した。これらの基準には，学校管理職に必要な知識，価値，心情，行動が列挙されているが，それは，学校管理職に求められる資質・能力・力量と，それを養成するためのプログラム内容の枠組みを示すものであった。この ISLLC の基準は，その後，各州で州ごとの専門職基準をつくる際のモデルとなり，全米の学校管理職免許要件や養成プログラムに大きな影響力をもっている。カリフォルニア州では，1990 年代末に，州当局，大学，学区，校長会などの関連団体の代表が集まり，検討グループを設置して，ISLLC やほかの専門職の基準を検討しはじめた。その結果，2001 年に「カリフォルニア教育リーダー専門職基準」が完成した。その後，州教員免許委員会が，この基準を，カリフォルニア州の管理職免許状の基準として採用したことにより，多くの大学が，自らの学校管理職養成プログラムの基準として採用し，学区教育委員会や校長会なども，この基準をもとに，それぞれの管理職養成・研修プログラムを作成していった。学校管理職の専門職基準を作成するメリットは，大学，教育委員会，校長会などに，学校管理職の資質・能力・行動などに関する，「共通の言語，明確な期待，すぐれた事例，進歩を判断するフレームワーク」を提示することにあった。[2]

このように，教員や校長のための「専門職基準」を作成するということは，専門職としての教員や校長の専門性や力量，行動などに関する「共通のフレーム」を，多様な関係者が共同で話し合い，確認し，作成することであり，多様性のなかに共通性を盛り込み，多様性と質の保証を両立させることにねらいがある。同時に，それらの作成過程においては，当事者である教員や校長が中心となっているという特徴がある。したがって，専門職基準は，免許状を発行する権限をもつ教育委員会によって承認された「専門性の枠組み」という側面のみならず，同時に，専門職としての教員や校長，大学関係者の専門職的自律性を確立すること，いわば，教員や校長，大学関係者等の専門職への「エンパワーメント」に，もう 1 つのねらいがあるといえる。[3]

2. 日本教育経営学会による「校長の専門職基準」

　わが国においては，アメリカと同様の，教員の専門性や能力などを示した共通の枠組みとしての「教師専門職基準」に相当するものは，大学や教育委員会ごとにつくられてきた。たとえば，上越教育大学や兵庫教育大学などにおいて作成された「教員スタンダード」は，自らの大学で養成する教員に求められる資質能力を示したものであった。また，横浜市や仙台市などの自治体でも，教育委員会が，自らの自治体で働く教員に必要とされる専門性や力量などを，教員としての成長段階ごと（初任者レベル，中堅レベル，ベテラン・管理職レベル）に示したものを作成し，教員の研修計画などに利用してきた。他方，校長の専門職基準については，2009年に日本教育経営学会が，アメリカの校長の専門性基準をモデルとした専門職基準を，わが国の学会としては初めて作成し，その普及と啓発活動を続けてきた。

(1) 背景と成立プロセス

　日本教育経営学会が「校長の専門職基準」を作成した背景には，1998年の中教審答申「今後の地方教育行政の在り方」がある。その基調となったのは，第一に，「学校の自律性」の拡大と，第二に，規制緩和と競争のなかの学校という方向性であった。そして，それを担うスクールリーダーの役割の重視と力量の強化が必然的に求められることになったのである。こうしたなかで，スクールリーダーの育成を目的とした教職大学院設立への動きも進んでいた。日本教育経営学会が，学校管理職の専門職基準を作成する最初の契機となったのは，2004年6月に，学会内に，「学校管理職教育プログラム開発特別委員会」が設置されたことに遡る。その後，学会内に，常設委員会として「実践推進委員会」が設置され，2009年6月の第49回大会の実践フォーラムにおいて，「校長の専門職基準—『教育活動の組織化』の専門性確立を目指して」を開催し，同大会において，学会員に，本学会としての，正式の「校長の専門職基準［2009年版］—求められる校長像とその力量」が公表されたのである（なお，2012年に一部修正している）[4]。

(2)「校長の専門職基準 2009（一部修正版）」の概要

　「校長の専門職基準」は，7つの基準に沿って構成されており，さらに，それぞれの基準の下に4〜5の小項目が示されている。7つの基準の内容は以下のとおりである（図13.1）。[5]

Ⅰ　学校の共有ビジョンの形成と具現化：「校長は，学校の教職員，児童生徒，保護者，地域住民によって共有・支持されるような学校のビジョンを形成し，その具現化を図る。」

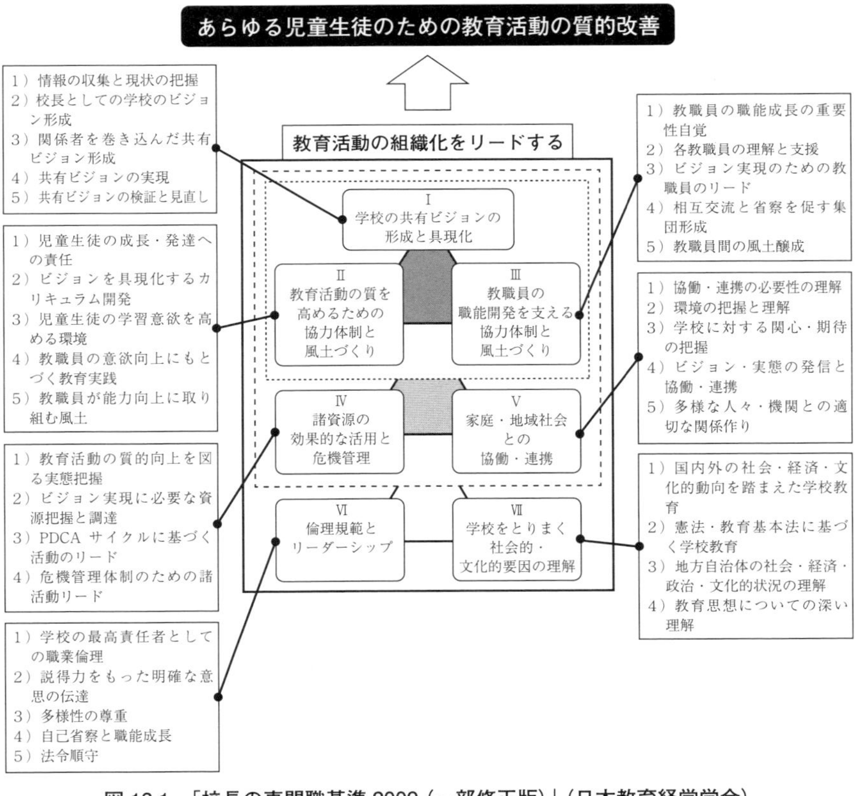

あらゆる児童生徒のための教育活動の質的改善

教育活動の組織化をリードする

1）情報の収集と現状の把握
2）校長としての学校のビジョン形成
3）関係者を巻き込んだ共有ビジョン形成
4）共有ビジョンの実現
5）共有ビジョンの検証と見直し

1）児童生徒の成長・発達への責任
2）ビジョンを具現化するカリキュラム開発
3）児童生徒の学習意欲を高める環境
4）教職員の意欲向上にもとづく教育実践
5）教職員が能力向上に取り組む風土

1）教育活動の質的向上を図る実態把握
2）ビジョン実現に必要な資源把握と調達
3）PDCAサイクルに基づく活動のリード
4）危機管理体制のための諸活動リード

1）学校の最高責任者としての職業倫理
2）説得力をもった明確な意思の伝達
3）多様性の尊重
4）自己省察と職能成長
5）法令順守

Ⅰ　学校の共有ビジョンの形成と具現化

Ⅱ　教育活動の質を高めるための協力体制と風土づくり

Ⅲ　教職員の職能開発を支える協力体制と風土づくり

Ⅳ　諸資源の効果的な活用と危機管理

Ⅴ　家庭・地域社会との協働・連携

Ⅵ　倫理規範とリーダーシップ

Ⅶ　学校をとりまく社会的・文化的要因の理解

1）教職員の職能成長の重要性自覚
2）各教職員の理解と支援
3）ビジョン実現のための教職員のリード
4）相互交流と省察を促す集団形成
5）教職員間の風土醸成

1）協働・連携の必要性の理解
2）環境の把握と理解
3）学校に対する関心・期待の把握
4）ビジョン・実態の発信と協働・連携
5）多様な人々・機関との適切な関係作り

1）国内外の社会・経済・文化的動向を踏まえた学校教育
2）憲法・教育基本法に基づく学校教育
3）地方自治体の社会・経済・政治・文化的状況の理解
4）教育思想についての深い理解

図13.1　「校長の専門職基準 2009（一部修正版）」（日本教育経営学会）

出所：日本教育経営学会ウェブページ「社会への提言」より

158　第3部　教師教育・スクールリーダー教育と教育経営研究

Ⅱ　**教育活動の質を高めるための協力体制と風土づくり**：「校長は，学校にとって適切な教科指導及び生徒指導等を実現するためのカリキュラム開発を提唱・促進し，教職員が協力してそれを実施する体制づくりと風土醸成を行う。」

Ⅲ　**教職員の職能開発を支える協力体制と風土づくり**：「校長は，すべての教職員が協力しながら自らの教育実践を省察し，職能成長を続けることを支援するための体制づくりと風土醸成を行う。」

Ⅳ　**諸資源の効果的な活用と危機管理**：「校長は，効果的で安全な学習環境を確保するために，学校組織の特徴を踏まえた上で，学校内外の人的・物的・財政的・情報的な資源を効果的・効率的に活用し運用する。」

Ⅴ　**家庭・地域社会との協働・連携**：「校長は，家庭や地域社会の様々な関係者が抱く多様な関心やニーズを理解し，それらに応えながら協働・連携することを推進する。」

Ⅵ　**倫理規範とリーダーシップ**：「校長は，学校の最高責任者として職業倫理の模範を示すとともに，教育の豊かな経験に裏付けられた高い見識をもってリーダーシップを発揮する。」

Ⅶ　**学校をとりまく社会的・文化的要因の理解**：「校長は，学校教育と社会が互いに影響しあう存在であることを理解し，広い視野のもとで公教育および学校を取り巻く社会的・文化的要因を把握する。」

　また，各基準の下に示されている小項目に関しては，たとえば，Ⅵ「倫理規範とリーダーシップ」の基準には，以下のような小項目がある。

　1）教育専門家によって構成される学校の最高責任者として，高い使命感と誠実，公正，公平の意識をもって職務にあたる。

　2）自らの豊かな教育経験と広い視野に基づいて，児童生徒の最善の利益を優先しながら，校長自身の意思をあらゆる立場の人に対して説得力をもって明確に伝える。

　3）多様な価値観，思想，文化などの存在を認めることができる。

　4）学校の最高責任者として，職務上の自らの言動や行為のありようを絶えず省察することを通じて，自己の職能成長に努める。

5）法令順守についての高い意識を自らがもつとともに，教職員の間にそれ
　を定着させる。

3. 中教審による校長の「育成指標」

（1）中教審による「育成指標」提言のねらいと特色

　教師専門職基準の導入を国レベルで初めて提唱したのは，2015年12月に公
表された中教審答申「これからの学校教育を担う教員の資質能力の向上につい
て」であった。この答申において，アメリカにおける「教師専門職基準」と同
様の「教員育成指標」の作成が提唱された。その目的は，「教員の養成・採用・
研修の接続を強化し一体性を確保するためには，大学と教育委員会が目標を共
有し，連携を図る」ことが必要であり，また，「高度専門職業人として教職キャ
リア全体を俯瞰しつつ，教員がキャリアステージに応じて身につけるべき資質
や能力の明確化のため」に必要であるためであるという。前者の理由の背景に
は，同答申のキーワードとしての「学び続ける教師」像がある。教職生涯にわ
たって学び成長しつづける教師の姿を，これからの教師像として描いており，
そのような生涯にわたる学びを支援するために，そして，養成・採用・研修を
一体のものとして考えていくために必要とされている。また，後者の理由とし
て，教師が「高度専門職業人」として捉えられていることがあげられる。こう
した指標は，諸外国の「教師専門職基準」に相当するものといえよう。すなわ
ち，教員の専門職としての専門性の基本的枠組みを示すもので，養成・免許・
採用・研修の基盤となるものである。さらに，「教員の経験や能力，適性，学
校種を考慮しつつ，各地域の実情に応じて，例えば，初任段階，中堅，ベテラ
ン，管理職や専門職段階など，ある程度の段階に分けて策定されることが必要
である」ことが求められていることも，諸外国の「教師専門職基準」と同じ構
造をもつものが想定されていることを示すものである。
　さらに，同答申では，「教員育成指標」を作成する組織として，「教員育成協
議会」を設置することが求められた。その目的は，「教育委員会と大学その他
の関係者が教員の育成ビジョンを共有するため教育育成指標を協議し共有」し，

「教育委員会と大学が相互に議論し養成や研修の内容を調整する」ことにあり，そのための制度として創設することになったのである。設置の基本単位は，各都道府県，政令指定都市の教育委員会とされており，また，議論・調整の具体的内容については，「養成・採用・研修に関する教育委員会と大学との連携協力の在り方や養成カリキュラムと研修内容の相互理解，学校インターンシップ等に関する調整，研修の協力のための協議，相互の人事交流，教師塾等の実施等具体的な施策等」とされたのである。教員育成指標を，教員の養成や研修等に関わる関係者が共同で作成することについては，アメリカにおける州レベルでの「教師専門職基準」の作成プロセスと類似したものが予定されていることを示している。[6]

(2) 校長の「指標」

以上の協議会によって作成される「育成指標」に関して注目すべきは，教員の指標と校長の指標を別に作成することが求められたことである。全国の都道府県・政令市教育委員会に設置される協議会が指標を作成する際の，共通の枠組みとして出された文科省による「指針」では，教員の指標と管理職の指標を別に作成することを要求している。すでに述べたように，日本教育経営学会は，2009（平成21）年に，わが国では初めての「校長の専門職基準」を作成した。これは，同学会が，校長職を，学校経営の最高責任者としての確かな力量をもった専門職として位置づけようとして作成したものであるが，学校管理職を高度な専門職として位置づけるという見方は，今回の指標の作成によって，今や，一般的なものになりつつある。たとえば，2015（平成27）年12月の中教審答申，「これからの学校教育を担う教員の資質能力の向上について」には，少なくとも今後10年以上にわたるわが国の学校と教師の新しい姿が描かれているが，同時に，これからの学校管理職に求められる姿を読み取ることができる。同答申においては，教師の発達段階に応じた「教員育成指標」を都道府県・政令市単位で作成することが義務づけられることになったが，そのなかには，教師一般とは異なる「学校管理職の育成指標」も含まれることになった。これは，いわば，6年前に日本教育経営学会が作成した校長の専門職基準と同様のものが

全国で作成されることになったことを意味する。また，同答申では，従来ミドルリーダーの育成を目的の1つとしていた教職大学院に対して，今後は，学校管理職の育成を行うための管理職コースを設けるよう求めている。教育委員会による管理職育成のみではなく，大学院において，専門職にふさわしい力量を身につけた学校管理職が必要な時代になったといえよう。

4. スクールリーダー教育の実践に
「校長の専門職基準（育成指標）」をどう活かすか

（1）校長・研修プログラムの作成

　中教審答申を受けて改正された教育公務員特例法第22条の4では，「指標」をふまえて，任命権者が研修計画を定めることになっている。従来の校長研修プログラムは，多くの課題をかかえていた。第一に，その多くが，1年目（新任校長対象）の研修が中心となっていることであり，2年目，3年目と継続的・長期的視点に立った研修を行うことが少なかった。第二に，方法論である。講義やワークショップ以外の，より実践的な研修方法が開発される必要があった。第三に，日数である。多くは2日程度であり，十分な日程を確保することができないでいた。第四に，校長の専門性全体の力量形成を視野におくことが少なく，危機管理や組織マネジメントといった内容に集中していた。校長の専門的力量全体を視野に入れた，本格的な研修プログラムが必要とされていたのである[7]。このようなことから，今後作成される指標に基づく校長研修プログラムは，危機管理や組織マネジメントのみならず，指標に示された校長の専門性全体を広く底上げするような，多様かつ数年にわたる継続的で，より実践的な研修プログラムを策定することが望まれる。その際，そうした研修は，行政研修のみが担うことはむずかしい。したがって，教育委員会以外にも，大学院，校長会，OJT，自主研修等，多様な主体や方法を総動員して行うことを前提とすべきであろう。そのためには，校長自身が，校長の専門職基準を，校長としての自らの力量の全体のありかを知るための指標として利用し，より強化すべき力量，不足している力量を身につけるために，どのような機会にどのような方法を利

用すべきかを主体的に判断する，そのような「校長自身による研修計画の策定」
も，校長の専門職基準の有効な活用方法となるだろう。

　また，校長の育成指標は，教頭研修のベースとしても利用すべきであろう。
本来は，校長になる前に，校長の専門職基準に示された力量を身につけておく
ことが望ましい。したがって，教頭研修は，教頭の職務を十全に果たすための
力量形成と，将来の校長として職務を遂行するための力量形成（校長養成）と
いう2つの側面をもつのである。前者のためには，校長の専門職基準を一部修
正しながら，より簡素な内容構成にして，教頭の専門職基準を作成し，それに
基づいた研修プログラムが作成されることになる。後者のためには，校長の専
門職基準に基づいた研修計画，すなわち，校長養成プログラムを作成しなけれ
ばならない。こうした研修を本格的に行うためには，大学における1〜2年か
けた学習が必要であろう。教職大学院におけるリーダー研修の充実が求められ
る。

(2) 専門職基準に基づいた実践的な研修方法の開発

　さらに，校長の専門職基準と結合させた，より実践的な研修方法が開発され
る必要がある。なぜならば，新しい方法で伸ばすことになる力量が，校長の専
門職基準のどこに位置づくのかということが常に明確でなければならないから
である。すなわち，校長に必要な全体の枠組みと新しい方法論の組み合わせが
必要となるのである。これに関して，日本教育経営学会実践推進委員会が開発
した「ケースメソッド」による研修プログラムは参考になる。ケースメソッド
は，本格的な事例研究であり，ハーバード大学で生まれたため「ハーバード方
式」と呼ばれる。「日々発生する様々な経営上の問題に対して有効に対処して
いくために，どのように試行して，解決策を創出していくか」について教育を
行う方法として注目されている。ケーススタディと比べて長文の複雑な事例を
扱い，時間も3日から数カ月に及ぶものもあるという。したがって，扱うケー
スの内容がきわめて重要になる。そこで，実践推進委員会は，独自に，「ケー
スメソッド事例集」を作成したが，その特色は，それぞれの事例が，校長の専
門職基準（Ⅰ〜Ⅶ）のどれに対応するかを明確に位置づけたことである。これ

第13章　スクールリーダー教育の実践と校長の専門職基準　**163**

によって，校長として必要とされる専門性の枠組みに基づいて新しい実践的研修を行うことが可能になったのである。[8]

(3) 校長任用の基礎として

第三の活用方策は，校長選考の際の指標として利用することである。校長の任用試験は，一般に，面接や筆記試験，そして，これまでの教頭や指導主事としての勤務状況などの評価を基にして行われる。しかし，選考のための詳細な基準などが公表されることは少なく，ブラックボックスといってもよかった。そこで，今回作成され公表される校長の指標をもとにした選考方法を工夫することで，より客観的かつオープンな選考が可能となるであろう。また，校長候補者が，指標を目標に自らの力量の向上に努めて任用試験に臨むことになろう。

また，民間人校長を任用する場合も，この指標に照らすことで，専門性の不足している部分が明確になる。校長の任用は，本来は，それを身につけていることを前提として任用すべきであるが，民間人校長の場合は，不足を前提に任用するわけであり，その分，それを補う十分な研修計画が必要となる。そうした保障なしで校長として採用することは，保護者に対しての責任を問われかねないし，指標をつくる意味がない。校長職が，一般企業などの管理職経験者であれば誰でもできる職ではない「専門職」であることを，指標は明確に示しているのである。

(4) 大学，教育委員会，校長会などの協力連携の「共通言語」として

すでに述べたように，教育公務員特例法の改正により，校長の指標は，協議会で作成することになった。したがって，育成指標が，校長の育成に関して，大学と教育委員会との連携・協力の枠組みとなることになる。スクールリーダー教育，とくに校長の養成・研修に関しては，今後は，行政研修のみならず，時間的な余裕と学問的に十分な背景をもつ大学院で行われることが必要となろう。そのための関係者間での協議と連携のための，いわば，「共通言語」として指標は利用されることが期待されるのである。

また，指標を作成する協議会には，校長会が加わることが望ましい。なぜならば，校長会は，校長の職能団体として，自らの専門性の枠組みを作成する責

任があるからである。すでに述べたように，アメリカにおける専門職基準は，教員や校長の専門職的自律性と彼らへのエンパワーメントを示す方策としての側面ももっていた。校長の指標が，諸外国の専門職基準と同様のものであるとするならば，校長の指標を作成する母体となる協議会には，教育委員会や大学のみならず，校長会も含めて，校長自身の意見や見識を指標に反映させることが不可欠と思われる。

　なお，今回の法律改正で全国的に作成されることになった「校長の指標」は，国が作成の基本方針を示したうえで，任命権者である各都道府県および政令市の教育委員会ごとに，協議会によって作成されることになったが，その理由は，国によって画一的な教員像を押しつけてほしくないという，中教審での意見が反映されたものである。地方の自主性と多様性を活かしてほしいという趣旨であるが，他方，わが国における校長職の専門性の枠組みに関する共通の指標についても専門家集団により研究・検討される必要があろう。先述したように，アメリカでは，各州の教育委員会によって作成される教員や校長の専門職基準は，全米的な教育専門家集団によってつくられた専門職基準をモデルとして，各州が作成していた。わが国においても，学校経営を研究対象とする専門学会・専門家集団である日本教育経営学会が作成した「校長の専門職基準」やその解説書，そして，新しい教材などが，全国の教育委員会によって校長の指標がつくられ，それに基づく研修プログラムがつくられる際に，そのモデルとして参照されることを望みたい。それによって，学会での研究が，地方のスクールリーダー教育の実践の質的向上に活かされることになるからである。　　　（牛渡　淳）

注
1) 牛渡淳『現代米国教員研修改革の研究』風間書房，2002 年，577-593 頁。
2) 牛渡淳「アメリカにおける校長の専門職基準の役割・特色・課題―カリフォルニア州を中心に」日本教育経営学会実践推進委員会編『次世代スクールリーダーのための「校長の専門職基準」』花書院，2015 年，148-154 頁。
3) 牛渡淳「教師政策の課題と展望」『岩波講座　教育　変革への展望　第 4 巻　学びの専門家としての教師』岩波書店，2016 年，197-226 頁。
4) 牛渡淳・元兼正浩編著『専門職としての校長の力量形成』花書院，2016 年，3-14 頁。

5）日本教育経営学会ウェブページ。
6）中央教育審議会答申「これからの学校教育を担う教員の資質能力の向上について」2015
　　年12月。
7）日本教育経営学会実践推進委員会編『次世代スクールリーダーのためのケースメソッド
　　入門』花書院，2015年，196-211頁。
8）同上書。

第14章　教員養成・採用・研修制度と教育経営研究

　本章では，はじめに教員養成・採用・研修にかかわる議論，政策と制度の改変を概観するなかで，何が焦点に問われてきたのかを整理する。そして，この焦点は教育経営の観点からどのような問いとして成り立つかを説明したうえで，先行研究をいくつかあげながら，その知見と課題を述べる。

1．教員養成・採用・研修制度の動向

（1）図られてきた制度化

　学校内外の環境とその把握のあり様は常に変化するので，これに対応を余儀なくされる学校教員に関する議論は，いつまでも結論をうることがなく連綿と続けられる。そして，およそこの四半世紀を視野に入れた場合，教員養成・採用・研修は次のような認識と議論を通じて制度化され，法的・行財政的そして経営的な根拠と基盤をえてきたといえる。

　これらを時系列でみれば，以下のように概観できるだろう。まず1987年の教育職員養成審議会答申「教員の資質能力の向上方策等について」では，①普通免許状を「初級」「標準」「専修」の3種類に分けること，②社会的経験や各種の資格に基づく「特別免許状」を設けること，③初任者研修制度を創設すべきことが示された。

　これらの提案は，1988年の教育職員免許法の改正へと至ったが，それは，①教員資格として大学院修士課程修了レベルを組み込んだ点，②教員の資質能力向上の方策を，養成・採用・現職研修を通じて総合的に講じるとして，長期的な教職キャリアを想定した点で特徴的である。もっとも，教職課程を経ていない者に対する免許状制度をも求めた点で，教員の専門職性を強める方向のみが志向されたとはいえない。

　これに続く大きな制度的改変は21世紀を待つが，それに向けた基調は，1997・98・99年に出された教育職員養成審議会の3つの答申（「新たな時代に向けた教員養成の改善方策について（第1次）」「修士課程を積極的に活用した教員養成の在り方について」（第2次）「養成と採用・研修との連携の円滑化について（第3次）」）に示されている。

つまり，「画一的な教員像を求めることは避け，生涯にわたり資質能力の向上を図るという前提に立って，全教員に共通に求められる基礎的・基本的な資質能力を確保するとともに，さらに積極的に各人の得意分野づくりや個性の伸長を図ることが大切」（第1次）とする一方，初任期，中堅教員，管理職と区分けされた「教員の各ライフステージに応じて求められる資質能力」（第3次）の形成も，併せて求めるものであった。

　そこには，養成段階のみでは教員の資質能力は完成せず，生涯にわたって継続する過程として捉えるべきこと，このため教職経験年数を軸にした局面ごとの課題の大枠を想定しつつ，主体性や自発性に依拠した各々の教職キャリアの設計を促すという考えがみられる。

　なおこの間，「教員が個人の尊厳及び社会連帯の理念に関する認識を深めることの重要性にかんがみ」，介護等体験特例法（小学校及び中学校の教諭の普通免許状授与に係る教育職員免許法の特例等に関する法律，1997年）が制定された。これにより，小・中学校教諭の普通免許状を取得するための要件として，7日間の介護等の体験が求められることになる。

　また，「個々の教員の能力，適性等に応じた研修により，教科指導，生徒指導等，指導力の向上や得意分野づくりを促す」ことをねらいに，2003年度から都道府県・指定都市・中核市教育委員会による10年経験者研修が実施された。ただし，2016年の教育公務員特例法の一部改正により，「教育活動その他の学校運営の円滑かつ効果的な実施において中核的な役割を果たすことが期待される中堅教諭等としての職務を遂行する上で必要とされる資質の向上を図るため」，この制度は新たに中堅教諭等資質向上研修へと改変されている。

　そして2000年代初頭，中央教育審議会（以下，中教審）答申「新しい時代の義務教育を創造する」（2005年）が，新たな制度化に向けた強い基調となった。これは，教員免許状について，「教職生活の全体を通じて，教師として必要な資質能力を確実に保証するものとなるようにする必要」を強調するとともに，「教育委員会の判断で，スーパーティーチャーなどのような職種を設けて処遇し，他の教師への指導助言や研修に当たるようにするなど，教師のキャリアの

複線化を図る」と述べたように，教員としての最小限必要な資質能力の質保証と併せて，教職キャリアの分化を促すことを主張するものである。

　もっとも，これらの一方で，多様な人材の学校教育への登用として，「特別非常勤講師制度や特別免許状制度を積極的に活用したり，学校ボランティアとして多様な外部人材の協力を得ることが重要」とも述べられており，普通免許状を有するプロフェッショナルと，特別免許状を有するスペシャリストに二元化された，1990年代以来の教職像は維持されたままであった。

　上記の答申をさらに具体化したのが，中教審答申「今後の教員養成・免許制度の在り方について」（2006年）である。そこでは次のように述べられる。

　　「教員に対する揺るぎない信頼を確立し，国際的にも教員の資質能力がより一層高いものとなるようにすることが極めて重要である。（中略）教員には，不断に最新の専門的知識や指導技術等を身に付けていくことが重要となっており，『学びの精神』がこれまで以上に強く求められている。」

　こうした課題認識をもとに，同答申では次の3つの制度が示された。それは，①教職課程の質的水準の向上（とくに「教職実践演習（仮称）」の新設・必修化），②「教職大学院」制度の創設，③教員免許更新制の導入である。

　このうち②については，「大学院段階で養成されるより高度な専門的職業能力を備えた人材が求められている。教員養成の分野についても，研究者養成と高度専門職業人養成の機能が不分明だった大学院の諸機能を整理し，専門職大学院制度を活用した教員養成教育の改善・充実を図るため，教員養成に特化した専門職大学院としての枠組み，すなわち『教職大学院』制度を創設することが必要」と述べられ，「大学における教員養成」の前提を問うものとなった。

　なぜなら，師範学校批判として成立した高等教育段階における教員養成は，学術性（アカデミズム）の重視を眼目としており，それは実践性（エデュケーショニスト）をむしろ忌避する。これに対して，専門職業人志向は「理論と実践の往還」というスローガンをたずさえつつ，実践性をより優位におく発想に基づくのである。言い換えれば，学校を離れてこそ「よりよい」教員が育つと考える発想から，現場実践を経てこそ「よりよい」教員を育てられるという発想へ

第14章　教員養成・採用・研修制度と教育経営研究　**169**

の切り替えが明言されたのが，この教職大学院制度であった。

そして，学校教育法と教育職員免許法の改正後，教職実践演習は2010年度，教職大学院は2008年度，教員免許更新講習は2009年度から始まっている。

なおこの時期から，地方自治体によっては，大学生らを対象にいわゆる教師塾を設ける動きもみられた。それらは，東京教師養成塾（2004年），杉並師範館（2006年，ただし2011年廃止），京都教師塾（2006年），滋賀の教師塾（2007年），大阪教志セミナー（2008年）などである。これらは，「確固たる教師観や実践的指導力を身につけてもらうための多様なプログラムを用意し，教師として必要とされる資質や能力，使命感に一層の磨きをかけていただくためのもの」（滋賀の教師塾）とうたうように，大学とは別のチャンネルによる教員養成であることを第一義にしている。

ちなみに，「当該講座を良好な成績で修了し，さらに在籍する大学又は大学院から推薦があった場合は（中略），大学推薦特別選考の対象者」とする（京都府「教師力養成講座」），「特別選考の受験対象とする」（東京教師養成塾）など，教員採用の「青田買い」の側面をもつものでもある。

こうした教員の養成段階と採用段階の滑らかな接続をねらう制度は，教職生活をキャリアの継続的な過程と捉え，これに包括的に関与しようとする発想に基づくとみなせる。それは「小1プロブレム」や「中1ギャップ」といった児童生徒にかかわる言説と同様，段階間のギャップと葛藤を望ましいものではなく，解消すべきものと捉えている点で特徴的である。

最後に，2010年代に入ってからの中教審答申をみよう。それは，「教職生活の全体を通じた教員の資質能力の総合的な向上方策について」（2012年）と，「これからの学校教育を担う教員の資質能力の向上について〜学び合い，高め合う教員育成コミュニティの構築に向けて〜」（2015年）である。

まず前者では，「学び続ける教員像の確立」として，「一般免許状」「基礎免許状」「専門免許状」（いずれも仮称）の創設，教職大学院の全都道府県での設置，教員免許更新制の変更などが提案されている。

また後者では，学び続ける教員を支えるキャリアシステムの構築として，「教

員の養成・採用・研修の接続を強化し一体性を確保」するべく，「共通のビジョンの下で様々な連携が可能となるよう，その基盤となる全国共通の制度として，『教員育成協議会』(仮称)の創設，教員育成指標の策定及び教員研修計画の全国的整備を実施すること」が述べられている。

この一方，「望ましい研修の在り方や実施されるべき事項を国が参考に提示することや，国の策定指針を踏まえ，大学が教職課程を編成するに当たり参考とする指針(教職課程コアカリキュラム)を関係者が共同で作成することで，教員の養成，研修を通じた教員育成における全国的な水準の確保を行っていくことが必要である。ただし，その一方で具体的な養成や研修の手法等については，養成を担う各大学や研修を担う各教育委員会の自主性，自律性に委ねられるべき」とも述べ，めざす教職像とその方法が一元的に捉えられているわけではない。

これらの答申を受け，指導行政や省令を通じて改変された部分に加えて，2016年の教育公務員特例法等の一部改正により，以下の制度化が図られた。これらは，各学校を単位にした教員研修を拡充しようというものである。

すなわち，①「文部科学大臣は，公立の小学校等の校長及び教員の計画的かつ効果的な資質の向上を図るため，校長及び教員としての資質の向上に関する指標の策定に関する指針」を定める，②「公立の小学校等の校長及び教員の任命権者は，指針を参酌し，その地域の実情に応じ，当該校長及び教員の職責，経験及び適性に応じて向上を図るべき校長及び教員としての資質に関する指標」を定める，③同様に「指標を踏まえ，当該校長及び教員の研修について，毎年度，体系的かつ効果的に実施するための計画」(教員研修計画)を定める，④「指標を策定する任命権者及び公立の小学校等の校長及び教員の資質の向上に関係する大学等をもって構成」する協議会を組織するである。これらはいずれも，今後の学校行政・経営の課題とされることになる。

なお，この改正では，外国語にかかわる小学校教諭の特別免許状の創設，独立行政法人教員研修センターの同教職員支援機構への改変も定められた。

(2)「高度化」・基準化・緻密化

第14章　教員養成・採用・研修制度と教育経営研究　**171**

これらの制度化に方向性を見いだすならば，①教員の資質能力の「高度化」，②教員の育成と学びを促すうえでの内容と時期の基準化（スタンダード化），③学校内外の諸問題に実効性のある計画と評価を伴う緻密化と捉えられる。

すなわち，教員になる，教員であり続けるうえで，①大学院修士課程相当の被教育経験，②生涯設計としての研修機会の設定とキャリアの形成，③大綱的基準としての資質能力の設定と「協議会」を通じた進捗管理をめざすものである。

以上の制度化にあって，教育経営研究は何を課題にできるのか。つぎに，教員の養成・採用・研修という教師教育に対して，教育経営研究はどのような視角をもちうるかの整理を通じて，この間の研究を意味づけたい。

2. 教育経営研究にとっての教師教育

教員の養成・採用・研修に関する制度は，学校を中心とした教育政策上の問題であり，公教育行財政のテーマでもある。そのなかで，教育経営の観点からもこれらを問うことの意義は何だろうか。

ここで，政策は理念の投影であり，行財政はその制度化と捉えれば，経営とは運営あるいは実践の局面で，理念や制度とどのような整合（調和）また不整合（葛藤）が起こっているのかを問題とする。つまり経営研究とは，政策や行財政のレベルでは捉えにくい事実を発見，確認することを通じて，「子どもの利益」にいっそうつながる制度に関する知見と，制度には直接は依拠しない運営や実践に関する知見をえることが課題である。この点で，制度についての紹介や解説，政治的・行財政的分析，あるいはその国際比較などは，直接の教育経営研究から外れる。

さて，経営学において基本要素とされる，“ひと・もの・かね”などのなかでも，教育にかかわる経営では人的要素を考慮しすぎることはない。なぜなら，公教育サービスの核は，匿名性を帯びない人間による働きかけであること，つまり，公教育は制度として組織化されているにもかかわらず，その重要な部分が制度として求められる標準化や再現性を基本的にもちえないからである。

これは次のことを含意する。第三次産業に属する対人サービス労働のなかで

172 第3部 教師教育・スクールリーダー教育と教育経営研究

も客観的な商品が存在する業態の場合，人的要素の意味は必ずしも大きくない。たとえば，宅配サービスでは届けるべき商品があって初めて業務が成り立つのであり，商品を扱う細やかさや受け渡し時の丁寧さは必ずしも最重要ではない。

　これに対して教育サービスでは，机や椅子，教科書などの教材やICTといった機器が伴うものの，それらは授業などで扱う教員の解釈や技能を通じてはじめて具体化されるのであって，机が置かれていればこうした教育活動になる，あるいは教科書にそう書かれていれば子どもにこのように影響を及ぼすことになるといった「いつでもどこでも誰にでも」同じように効果を発揮するわけではない。同じ教科書を扱っているのに授業の様子はまったくちがう，また，同じような授業に見えたとしても児童生徒の受け止めは決して一様ではないというように，最終的な教育活動とその結果は，当該の人的要素に大きく左右されるのである。

　しかも現在，その効果は，「主体的・対話的で深い学び」(学習指導要領)として，教員にとって児童生徒という他者の行動変容や志向性に即して評価されるので，曖昧なままである。サービスの提供とほぼ同時に結果が期待される多くの業態と比べて，教育サービスが時間と親和性の低いことは明らかだ。

　たとえば，ある授業を受けたからといって，それがわかるのは授業終了時か学期末か，さらには卒業時かはたまた成人してからかは特定できず，この反対に，以前にはわかっていたこと，できたことがそうでなくなる「学力の剥落」もよく観察される。昔は解けた入試問題に対して今や臨む気力すらもちえないのは，多くの人の認めるところだろう。

　これらは，教育活動において客観的な商品が存在しないゆえの特徴である。教育−学習では提供側と受容側の直接的な関係は観察できず，提供者による教材の再構成とあわせて，受け手による再構成も必然的である。これらはいわば伝言ゲームの様相を呈している。

　また，働きかける主体として教員はその人格と離れて業務を遂行することが困難で，むしろ「人間らしく」自身を表出することが少なからず期待され，またこの点は自己実現としても肯定的である。多くの業態では，労働者個人の人

格が第一義とされない。というのも，担当者によって応対や解釈が異なることは，業務を効果的・効率的に遂行するうえで阻害要因になるからだ。したがって，「私らしい授業や学級経営」と教員が思い描いて行為することが，普遍的サービスの提供を求めるニーズと葛藤することは明らかである。

また，仮に「標準的教員」をめざしても，年齢・性差，外観，趣向や身振り手振り・表情などのちがいは埋めがたいので，その人なりにならざるをえない。人格的行為として教育業務が行われることは不可避である。しかも当人自身も教職経験，加齢ほか生活環境の変化に伴って変わる。もちろん，その日の気分・感情にも影響され，言動は決して反復的，機械的ではありえない。

さて，教員の養成・採用・研修に関する制度は，政策意思を受けて行財政的に具体化される局面において捉えられるから，基本的には再現性を志向する。つまり，全国津々浦々の教員に適用され，同じように授業や「学力」として姿を現すことが期待されている。これに対して，教育経営で注目する人的要素はすぐれて不安定な資源であり，量的側面以外では安定的な供給を期待することがむずかしい。以上から，制度に対する教育経営的研究は2つの流れで捉えられる。

その1つは，制度に即して現実化されるはずの事項が，実際にはどのようになっているのか，整合的なのかそれとも「予期しない現実」を導いているかを明らかにする研究である。これは客観性志向の研究といえる。

もう1つは，制度は現実を構成する条件の1つではあるけれど，学校にもっとも近い当事者にとっては，意味世界として事実が構成されるから，満足，納得，了解として，どのように彼ら／彼女らは生きているのかを追求しようとする研究である。これは主観性志向の研究といえるだろう。

そこで以下，この2つの流れに沿って，先行研究を確かめたい。

3．先行研究の概観と結論

制度を通じた教職の「高度化」・基準化・緻密化という動向にあって，人的資源の投下と効果の観点，また不安定な教育メディアとしての教員の行為とい

う観点は，次のような研究を導いている。

（1）正統性を担保するものとしての制度把握―客観性志向

この方向での研究は，大学や（教職）大学院あるいは研修センターをフィールドに，次のように論じる。

「課程認定を受けている7他学部（中略）における，実践的な指導力の育成を目指した教員養成カリキュラムの理念の追求と編成は（中略）焦眉の課題である」（有吉，2007）

「教職専門実習の現状を振り返り，その成果と課題を明らかしながら，学部卒院生が理論知を実践知に変換できる資質能力を獲得できるために，実務家教員がどのような役割を果たしていけばよいか。」（阪梨・藤村，2009）

あるいは，「教職大学院という高等教育機関において，教師の教育課程経営の実践的指導力とビジョン形成力の向上に関する取り組みの成果」（山崎ら，2015）や，「理論と実践の融合」をめざす取り組み（中妻，2016），さらには「養成・採用・研修のシステムが一貫性を持ちより系統的なものになれば，教員のゆとり創造や業務の効率化に，ひいては教員の質向上につながっていく」（真木，2010）など，学部や大学院での「高度化」が，望ましい効果を上げていること，さらに，養成・採用・研修のシステム化が追求されるべきことを指摘する文献がみられる。

これらはいずれも，教員養成カリキュラムや教職大学院という制度が，望ましい結果をもたらすことを想定しつつ，その完全な実現には課題があるという基調で共通する。制度の正統化をめざす研究といえるだろう。

（2）契機あるいは批判の対象としての制度把握―主観性志向

これに対して，制度化はあくまでも教員の職能開発や成長にとって1つの契機にすぎず，核となるのは教員による省察と反省的実践とみる研究も見いだせる。「教育実践研究を，学校・地域・行政・大学を横断して，さらに教育にかかわる極めて多様な領域をも結んで，それぞれの拠点における＜実践者＝省察者＝研究者＞による，実践の中での省察の持続的な展開と，領域をこえるその交流・相互検証・共有の組織化として進めていくこと」（柳沢，2012），「課題は，

そうした教員の『思い』を教育現場に実現するために，学校を『教員が学びあうコミュニティ』に変えていく『教員研修のあり方』をシステムとして追究」（入江，2010）といった記述は，教職大学院や教員免許更新講習などの場が，教員に振り返りと交流の機会を提供することで，実践的・実際的な意味をもつと捉える。そこでは，教師教育の「高度化」に対する順接的関係は述べられるものの，基準化や緻密化への言及はみられない。

　また，一連の制度化は教員が育つうえでの阻害にこそなれ，促進するものではないと論じる研究もある。「『省察的実践』を探求しようとするならば，教師個人の資質・能力だけでなく，学校組織のあり方をも省察的に探究することのできる主体の養成が視野に入れられなければならない。さらに学校組織の問い直しは，教育行政と学校との関係をも問い直すものになるはず」（木村，2016）との記述は，とりわけ基準化と精緻化に対する批判的論理を構成している。

（3）結　論

　以上，先行研究は 2 つの論調に区分できる。その１つは，客観的な制度の妥当性を検証しようとしており，効果を部分的に指摘する一方で，課題を条件整備，当事者の構えや意識に帰属させる。いま１つの先行研究は，教員のあり様にとって制度はあくまでも契機にすぎないと述べる。そこでは，学校での実践と省察を通じた教員それぞれの解釈と意味世界の構築という主観的な仕掛けの重要性が説かれる。

　これら２種類の先行研究は，いずれも予定調和論である。なぜなら，前者が制度を望ましい現実へと直線的に導く仕掛けだと捉える一方で，後者は消極的・忌避的に制度に臨むことが，既存の教員と教職世界を侵食しないことにつながると見なすからだ。

　これらは研究成果の指標においても相反している。前者では観察，測定の結果から制度化が適切であると主張すると同時に，そこで欠ける部分を意識改革や自己責任に求める。これに対して後者は，教職アイデンティティがほかの職業と一線を画する独自なものであるがゆえに，その集合体・共同体が自律性をもちうると立論して，主観的にすぎないかもしれない振り返りや省察（リフレ

クション）の結果が妥当なものと主張する。そこに制度の視点は明瞭ではない。

　かくして，①基本的にナショナルな制度への依存とその合理化，②制度には直接依存しないものの，個人あるいは仮構された共同体という制度への依存とは明確に分離しており，この分野の教育経営研究とは何か，何を追求するのかを問い返すものである。

　今後も，教員や学校教育に関する新しい認識のもと，政策意思が立法化され，行財政的に制度化されていく。これらが各学校の経営や運営，そして教室での実践と「子どもの学び」へと具体化される過程をどのように捉えたうえで，制度の効用と限界を探るのか。つまり，国・都道府県・市町村，さらには各学校や教員といった，主体ごとの制度化に関する吟味を行うこと，そして，これら制度と実際とのずれ，衝突，葛藤，妥協あるいは交渉といった動的な局面に注目することで，制度自体をより相対化することが課題である。　　　（榊原禎宏）

文献・参考資料

秋田喜代美「教師教育における『省察』概念の展開―反省的実践家を育てる教師教育をめぐって」『教育学年報』5，世織書房，1996 年，451-467 頁

有吉英樹「実践的指導力の育成を目指す教員養成教育の在り方―岡山大学教育学部の場合」『岡山大学教育実践総合センター紀要』9，2009 年，73-81 頁

石川須美子・小野貴美子・柴田雄企「教員研修会における自己理解促進の効果―『自己理解に基づくコミュニケーション』研修会の検討」『別府大学大学院紀要』17，2015 年，29-36 頁

入江直子「神奈川大学における教員免許更新講習の取り組み―『教員が学びあうコミュニティ』の展望」『神奈川大学心理・教育研究論集』29，2010 年，131-145 年

川本治雄「効果的な教員養成・教員研修体制の構築―ジョイント・カレッジの取組の成果と課題」『和歌山大学教育学部教育実践総合センター紀要』17，2007 年，65-74 頁

木村浩則「今日の教師教育改革と『省察的実践家』論」『文京学院大学人間学部研究紀要』17，2016 年，73-82 頁

久我直人「教師の組織的省察に基づく教育改善プログラムの開発的研究『教師の主体的統合モデル』の基本理論」兵庫教育大学大学院連合学校教育学研究科『教育実践学論集』12，2011 年，15-26 頁

前田輪音・箭原さおり「教職大学院および修了後の教師の『研究』過程―『省察』し『学び続ける』教師の姿から」『教職大学院研究紀要』6，2016 年，95-108 頁

真木吉雄「教職大学院の役割と教員養成・採用・研修の在り方―山形県公立小・中学校の

学校数の推移等からの検討」『山形大学大学院教育実践研究科年報』1，2010 年，6-11 頁

森脇正博「校内研修としての授業研究の動向と新たな方略の提案―『学びの共同体』論の検証を軸として」『京都教育大学紀要』125，2014 年，131-146 頁

中妻雅彦「『理論と実践の融合』をめざした教職大学院の授業改善―学生授業，リフレクション活動を取り入れて」『愛知教育大学研究報告 . 教育科学編』65，2016 年，149-156 頁

野平慎二「学校教育の公共性と教職の専門性―対話による基礎づけの試み」『教育学研究』75-4，2008 年，356-367 頁

岡野勉・住野好久・濁川明男他「国立の教員養成大学・学部における 1 年次教育実習カリキュラムの編成動向と課題」『新潟大学教育人間科学部紀要 人文・社会科学編』5-2，2003 年，237-248 頁

大津悦夫「教員採用制度の改革の動向」『立正大学人文科学研究所年報 別冊』8，1991 年，34-44 頁

小柳和喜雄「実習指導における協力校と大学の連携に関する研究報告」『学校教育実践研究』2，2010 年，113-118 頁

阪梨學・藤村法子「連携協力校における教職専門実習の在り方と実務家教員の果たす役割」『教育実践研究紀要』9，2009 年，177-184 頁

嵯峨根早紀「教員の力量向上における『reflection』議論の分析― 1990 年以降の小学校教員を対象にした文献を中心にして」（京都教育大学教育学研究科，2016 年度修士論文）2017 年

辻野けんま・榊原禎宏「『教員の専門性』論の特徴と課題― 2000 年以降の文献を中心に」『日本教育経営学会紀要』第 58 号，2016 年，164-174 頁

山崎保寿・島田桂吾・三ッ谷三善他「教育課程経営の実践的指導力とビジョン形成力の向上に関する研究―教員研修の高度化を目指した教職大学院授業に基づいて」『静岡大学教育実践総合センター紀要』23，2015 年，123-132 頁

柳沢昌一「実践と省察の組織化としての教育実践研究―福井大学教職大学院における長期教育実践研究の目的・方法・組織の省察のために」『教師教育研究』5，2012 年，291-307 頁

米澤正雄「教育研究者における『反省的思考』の必要性―佐藤学の『反省的実践家としての教師』論の検討を通して」『鳴門教育大学学校教育実践センター紀要』15，2000 年，1-10 頁

第15章	教員評価制度と教育経営研究

　本章では，教育経営学の実践的展開として，教員評価制度に着目し教員評価制度研究の動向と課題を整理することを目的とする。そこで，第1節において，これまでの教員評価制度の変遷とその概要を整理したうえで，第2節で，1990年代以降の教員評価制度に関する研究を中心に，教員評価制度を取り扱った研究がどのように進められてきたのか，その動向と特徴をレビューしたうえで，第3節で，教員評価制度研究の到達点と課題を提示する。

1．教員評価制度の変遷と概要

（1）勤務評定

　現行の教員評価制度は，2006年度より本格的に導入されたといわれるが，従来からの勤務評定制度の形骸化が指摘され，それに代わるシステムとして導入された。

　勤務評定の実施には，政治的な意味合いが大きくかかわっており「教育行政機関からする学校の管理体制確立要求に基づいて」進められた制度であると指摘される（堀内，2006）。勤務評定は，1950年12月13日に交付された地方公務員法（法律261号）第40条「勤務成績の評定」の規定に基づき実施されたものである。「任命権者は，職員の執務について定期的に勤務成績の評定を行い，その評定の結果に応じた措置を講じなければならない」とされ，地方公務員である公立学校の教職員に対しても，本規定が適用され，勤務評定の実施が求められた。その趣旨は，地方公務員法第1条で「職員がその職務の遂行に当り，最大の能率を発揮し得るように，民主的な方法で，選択され，且つ，指導さるべきことを定め，以って国民に対し，公務の民主的且つ能率的な運営を保障することを目的とする」と示されているように，公務員の人事管理を「民主的で科学的，合理的に行うこと」を意図して導入された（水原，2015）。

　このように，民主的で科学的・合理的な人事管理を目的に，政治的意味合いのもと導入された教員の勤務評定の実施には，日本教職員組合（以下，日教組）を中心に激しい抵抗があったことは周知のとおりである。その背景には，勤務評定の導入が，自由民主党による日教組対策として画策されるなどの政治的要

因に基づくものであったことが関係している（同上）。勤務評定の元案とされる都道府県教育長協会試案による勤務評定は，勤務実績と能力による成績主義を採用し，評定結果を人事に反映させるという考え方に基づくものであり，「人事管理にともなう成績の評価を組織的に統一的」に行うことで，それまでの情実人事ではなく，公正な人事を可能にすることをめざして提案された（伊藤，1973）。この試案に対し，水原は，「細部まで都道府県教育委員会が決めることによって，全県的な人事が可能になる」という論理がある点，「評定の内容は非公開とすることが適当である」とする非公開の原則が基本とされた点を注目すべき点として指摘している（水原，2015）。この「試案」作成後，勤務評定を実施する都道府県が全国で広がっていったことが報告されている。

　このような勤務評定に対し，日教組だけでなく日本教育学会も，以下の理由により批判する声明を発表している。「第1に，格差のある職務条件で勤務評定することは不当であること，第2に，科学的研究がない中では，科学的な勤務評定はできないこと，第3に，勤務評定は教員の志気向上にはつながらないこと，第4に，不適格教員は勤務評定をしなくても明らかに確認できること，そして第5に，教員の納得が得られてないこと」が批判された（同上）。また，水原は，勤務評定が職員の勤務成績を評定することで人事管理を公正で科学的に進めることを志向したシステムであるならば，「評定結果を生かすための教員表彰・研修・人事配置等への全体的構想が必要」であると述べ，資質向上策の一環として勤務評定が位置づけられてこそ「教員の資質向上と学校の活性化」の達成につながるという（同上）。このような資質向上策としての未熟さが指摘されていた勤務評定は，全国的に展開されたものの，ほとんどの都道府県において形骸化されていった。

（2）教員評価制度

　2006年度より本格的に導入された教員評価制度は，形骸化された勤務評定に代わり，東京都の人事考課制度を嚆矢として全国で展開されていった。この本格導入の背景には，教育改革としての側面と公務員改革としての側面の2つの流れがあったといわれる。2000年12月，当時の森首相の私的諮問機関とし

て設置された教育改革国民会議「教育を変える17の提案」において，「教師の意欲や努力が報われ評価される体制をつくること」が提案された。これを受け，2001年に文部科学省は「優秀な教員の表彰制度と特別昇給の実施」を発表し，さらに，2002年には中央教育審議会答申（「今後の教員免許制度の在り方について」）において，教員の資質向上に向けて「信頼される学校づくりのために新しい教員評価システムの導入」が提案され，学校経営改革の一環として，新しい教員評価システムが提案された（藤村，2014）。

一方，2001年12月に閣議決定された「公務員制度改革大綱」において，「現行の勤務評定制度に替え，能力評価と業績評価からなる新たな評価制度」の導入が提案された。公務員制度改革の一環として，公務員への成果主義的な賃金体系の導入がうたわれた。とくに，業績評価とかかわって，「民間で行われている人事考課のひとつである『目標管理』と呼ばれる手法を用いて業績を評価し，その結果を業績手当てへと反映すること」が提案されたことが，特徴の1つとして示されている（妹尾，2010）。

2002年の中央教育審議会（以下，中教審）答申を受け，文科省は，都道府県教育委員会・政令指定都市教育委員会に対し「教員の評価に関する調査研究」を委託し，実質的に，ほとんどの自治体において，新しい教員評価制度の導入が進められた。

2002年の中教審答申をみてもわかるように，新しい教員評価制度の特徴は，信頼される学校づくりの「手段」として，教員評価制度が位置づけられている点にある。答申では，「信頼される学校づくりには，学校は保護者や地域住民に積極的に情報提供し，共通理解を得る努力が必要である」（中教審答申，2002）ことが示されたうえで，校長や教員には説明責任を果たす力量の向上が必要であり，その手段として教員評価制度が提案されている。もう1つの特徴は，目標管理の手法を用いることにより，組織との関連性が意識されている点である。業績評価について，「目標管理の手法を用いて業績を評価することにより，職員が組織の目標を明確に意識して，主体的な業務遂行に当たることを促す」（「公務員制度改革大綱」2001）ことが提言されているように，新しい教員

評価制度に目標管理手法を用いることで，教員個人の教育活動を学校全体の業務遂行を促進させるツールとして活用し，学校組織の活性化が図られている。

このように，新しい教員評価制度は，学校経営改革のツールとして提案され，「自己申告による目標管理」と勤務評定の2本立てを柱とする制度として整備・展開された。

(3) 教員評価制度の改訂

2016年4月から施行された改正地方公務員法では，「職員がその職務を遂行するに当たり発揮した能力及び挙げた業績を把握した上で行われる人事評価制度」の導入が求められ，改正法の趣旨に則した「能力評価」と「業績評価」で構成される人事評価制度が提案された。これを受け，公立学校教員の人事評価制度も変更が求められている。

改正地方公務員法では，人事評価を「任用，給与，分限その他の人事管理の基礎とするために，職員がその職務を遂行するに当たり発揮した能力及び挙げた業績を把握した上で行われる勤務成績の評価」と定義しており，「任命権者は能力評価と業績評価の両面から定期的に評価を行うこと」が義務づけられている。「能力評価」は，「職員の職務上の行動等を通じて顕在化した能力を把握して評価する」ものとされ，「業績評価」は，「職員が果たすべき職務をどの程度達成したかを把握して評価する」ものとされ，従来どおり，目標管理の手法を用いたものとされる。

従前の地方公務員法（第40条）に規定がおかれる「勤務評定」に代わり，新しく「人事評価」を制度として導入し，人事管理の基礎として活用することを明確に法定された点が大きな特徴である。「評価基準の明示や自己申告，面談，評価結果の本人への開示などの仕組み」が想定されており，従来の勤務評定と比べて，「能力・実績主義を実現するためのツールとして，人事の公平性・公正性を担保しながら客観性・透明性を高めるものであり，人材育成にもつながるものである」ことが期待される（総務省，2014）。

地方公務員法の改正を受け，各自治体は，教員評価制度の改訂を行っている。原則として，評価方法などについて知事部局との協議が必要とされ，都道

府県単位での評価制度の統一が求められているが，教育職については，業務内容の特殊性により，「教員の資質能力の向上」および「学校組織の活性化」をめざす従前の教員評価制度の考え方が引き継がれる。各教育委員会に対し，具体的に変更が求められたのは，「能力評価」と「業績評価」の2本立ての構成を組み入れることである。とくに，「能力評価」では，「職務上の行動等を通じて顕在化した能力を把握して評価」することが規定されており，「教職員が，経験や職制に応じて発揮することが求められる能力」について明示し，「評価者が勤務状況を把握し，教職員にきめ細かな指導・助言を行うこと」が求められた。これを受け，「職制の段階に応じて求められる能力」を明確にするため，教員の「キャリア段階」を設ける自治体もみられる（群馬県教育委員会，2016）。また，人事評価結果の昇給や勤勉手当などの処遇への反映も，本格的に導入されつつある。

2. 教員評価制度と教育経営研究

教員評価制度は，教員の人材育成や学校の活性化につながる重要な政策として期待され，展開されてきたことは上述のとおりである。では，教育経営研究のなかで，教員評価制度はこれまでどのように取り上げられ，論じられてきたのだろうか。教員評価制度に関する研究は，教員評価の理論に関する研究（八尾坂，2004；葉養，2004，堀内，2006；林，2006）や，教員評価制度の課題や問題を指摘する研究（牛渡，2012；勝野，2009），教員評価に関する実証的研究（諏訪，2015；古賀ら，2008）など，一定の蓄積がみられる。なかでも，教育経営における教員評価制度の果たす役割や意義を検討している教員評価の理論に関する研究は，教員評価制度の導入が始まる2000年前半を中心に展開されている。

(1) 学校改善と教員評価制度

教員評価制度は，指導力不足教員の問題などを背景に，保護者や地域住民などの外部社会からの「生産性向上要求」に基づくものであったと指摘されるように（堀内，2006），学校での教育活動に対する説明責任の手段として「評価」が位置づけられ，学校改善の文脈で論じられている。

『日本教育行政学年報』第 30 号 (2004) では，課題研究「教育行政における評価論」のなかで，2003 年度は「学校自己評価と教職員評価の有効性」をテーマとして課題研究報告が集録されている。2002 年度小学校設置基準および中学校設置基準が制定され，そのなかで，学校の自己点検・自己評価が努力義務として定められ，各学校に対し，自己評価を実施し，保護者などに対して説明することが促進された。また，教員の人事評価も導入され，この時期「評価」が教育行政における今日的な重要課題の 1 つとなっていることが指摘されている。このような状況をふまえ，葉養は，課題研究として「学校自己評価と教職員評価の有効性」が設定された趣旨として，「学校改善を図るための『評価』の本質と役割，機能を捉えながら学校の自己評価および教員評価に果たす教育行政の役割と有効性を探ること」であると説明して，学校改善の目的達成手段としての「学校評価」と「教員評価」の有効性を分析している（葉養，2004）。

報告者の 1 人であった八尾坂は，学校改善を「各学校が子どもの実態をふまえた具体的教育目標を共有化し，これを実現するために学内での協働体制と地域との双方向的コミュニケーションによって，継続的に自律的活性化を図る経営活動」として定義づけ，これを進めるための方途として，「学校評価」と「教員評価」のあり方を提案する。そこでは，「学校評価」と「教員評価」の「学内での協働体制と地域との双方向的コミュニケーション」を実現するための手段としての役割が明確に示されている。

また八尾坂は，今日教員が直面する多様な教育課題に対し，学校組織が一丸となって対処する必要があり，そのためには「能力開発の人事評価」が不可欠であるという。具体的に，「教員がそれぞれの役割や状況に応じて，学校全体や集団としての目標と適合した個人の目標を自主的・主体的に設定することにより，校長等がモラール向上を念頭に置き，教職員の目標達成を支援する合目的かつ公正な評価・育成システムが期待されている」と分析している。そのためには，教員評価における「双方向的な仕組み」が構築される必要があり，学校管理職と教員一人ひとりの双方向的対話や，また，公正で客観的な評価の点からも，同僚や子どもからの意見をふまえた自己評価の重要性を指摘している。

「自己変革能力を高める教員評価」を期待し，それは学校改善に向けた一翼を担うものとなるとその意義を唱えている（八尾坂，2004）。

一方で，課題研究における討議のまとめとして，葉養は，「評価」制度の構築が求められて間もないこともあり，学校教育の世界に「評価」を導入する必然性や合理性は自明なこととされていないことを指摘している。政策として導入されたという消極的な理由ではなく，学校評価や教員評価を実施する積極的理由を解明する必要があることを提起している（葉養，2004）。

(2) 学校の自律性と教員評価制度

『日本教育経営学会紀要』第48号（2006）では，「学校経営の自律化に向けた評価と参加の在り方」をテーマとし，教育改革や学校経営改革のあり方が揺れ動き学校経営の構造転換が図られるなか，「評価と参加の在り方」の検討が試みられた。林は，新しい時代の新しい学校づくりの「手段」として，学校経営の自律化を位置づけ，その実現が求められていることを示したうえで，学校自律化を実現するための両輪となるのが学校評価と教員評価であり，その可能性と限界について考察している（林，2006）。林は，求められる学校像として「学校内を開いていく視点」と「学校外に開かれた視点」をもった学校を描いている。とくに「学校内を開いていく視点」として，「学校には『学び』を重視する組織文化を確立し，教職員間に成長的・挑戦的な組織風土を醸成していくことが不可欠」であり，「教育活動の展開にあたって，教職員それぞれの持ち味（専門性）が活かされ，その取組の過程や成果をめぐって自由闊達に論議できること，そして，教職員一人ひとりが，学校としての明確な教育方針のもと組織的一体的な教育活動を展開する担い手として，学校の組織的な取組を代表する存在である」ことが重要であると説明している。このような学校像を実現するために，学校の自律化を推進する必要があるという。

さらに，教育の質向上をめざす学校経営の自律化の実現方途として，「学校の経営責任を明らかにするための取組」が必要であるとし，「学校の教育目標と評価を実施して，その結果について到達点と改善点を保護者や地域住民に説明すること」（学校評価）が求められ，「直接的に教育活動を担う教職員一人ひ

とりは，その取組の成果と職務遂行能力の有様を絶えず点検し，力量形成に努め，学校として明確な教育方針のもとに組織的一体的な取組を代表する存在であることを体現」（教員評価）していかなければならないという。そのような文脈のなかで，学校評価・教員評価の意義が示されている。

また，林が示す学校の自律化にあたって，教員評価の役割を整理すると，「学校の組織力を高め学校教育の質を向上させる視点」と「教員に対する人材育成に資する視点」の双方が期待されているという。「各学校の目指す目標の達成に寄与しうる組織人としての能力開発」を図り，「個々においても集団としても教員の指導力量の向上と専門性の確保」につなげることが求められている。そのためには，「教師にやる気と自信をもたせ，教師を育てる」教員評価であることが不可欠であるという。学校評価・教員評価が，このような期待に寄り添うものとして運用されるならば，学校経営の自律化に求められる要件の1つである「学校が自己責任において自己決定することに対する信頼を教育行政機関や地域社会，親に対して示す」（堀内，2001，341頁）を満たすという点で，学校経営の自律化の実現に必要不可欠な装置であると，その意義が主張される（林，2006）。

林が示す学校の自律化に果たす教員評価制度の役割や意義は，先にみた葉養による教育の世界に「評価」を導入する必然性が示されていないという指摘に対し，一定の答えを示すものであったと捉えられよう。一方で，林は，評価が「対外的な説明責任を果たすのみに執着して，評価のための評価となったり，評価疲れを招いて本来の教育活動に支障が出たりすること」があるならば，学校の自律化そのものが疑われると課題性も指摘している。つまり，「学校外に開かれた視点」としての機能のみが一人歩きし，「学校内を開いていく視点」が失われると，教員評価制度の意義が喪失し，単なる負担になる可能性を認識している点は注目される。

また，堀内は，「学校の自律化」と「評価」と「参加」の関係について，学校経営の自律化を図るうえで，学校の公共性を担保するためには，「評価システムにより学校内部組織を確立」し，「保護者，地域住民の参加によって実質

186 第3部 教師教育・スクールリーダー教育と教育経営研究

化していくこと」が不可欠であると説明する（堀内, 2006）。学校に対する評価には，子どもの学習活動に対する「教育評価」，教員の教育活動を中心とする「教員評価」，学校の組織活動に対する「学校評価」の3種類があり，これらは同心円的な構造をもつものとして理解され

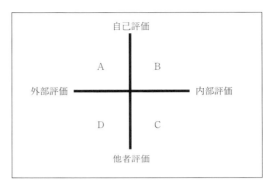

図 15.1　学校評価の4象限枠組み
出所：筆者作成

る。堀内は，学校における評価を「自己評価」に対する「他者評価」，「内部評価」に対する「外部評価」の4象限でその特徴を説明する（図 15.1 参照）。

　この分類によると，「自己評価」がその行為者による評価であるのに対し，その行為のあり方を理解できる関係者による評価を「他者評価」とする。対して，別の次元に属する分け方として「内部評価」と「外部評価」があるという。学校における評価実践が，「教職員がその諸活動を自ら評価する」自己評価から，「子ども，保護者や地域住民，また学校評議員等の評価を加えるもの」へと展開することが必要とされ，「自己評価」から「外部評価」へと展開してきたといわれている。これは，学校における評価が内部の自己評価（象限 B）と外部の他者評価（象限 D）の対応関係で語られてきたことを示しているが，外部の自己評価[1]（象限 A）と内部の他者評価[2]（象限 C）も重要であると指摘される。

　堀内は，教員評価は学校における評価活動に組み込まれるものであり，この「自己-他者」「内部-外部」を軸とした4つの象限に基づき，学校評価との関係を明確にする必要があると述べている。組織的な教育活動は教職員によって担われており，教育的生産性向上に向けた改善は，システムの更新とそれを担う教職員の活動の改善を意味するものであり，教員の力量向上は組織の改善につながる。ここに教員評価の意味や意義があると指摘される。

　このように，学校経営の構造転換が学校の自律性の確立として図られるなか

で，その手段として，評価や参加の制度整備が求められてきた。堀内らは，学校経営における評価と参加の関係を問い，「教員評価は学校評価の内円」と述べているように，学校評価のなかに教員評価を位置づけ，その意義や役割を明らかにしている。

(3) 教員評価制度のかかえる課題

2000年代前半を中心に，教員評価の理論的研究において，学校経営改革の文脈のなかでの教員評価制度の意義や役割が明らかにされてきた一方で，近年では，教員評価制度の課題や実証的研究が散見される。一ノ瀬らは，学校評価制度の内円としての機能が期待される教員評価制度が，本格的に導入されて10年以上経過した現在において，学校評価制度と教員評価制度が有機的に連動して運用されていない実態をふまえ，両システムの効果的な運用方法を提案している。両システムの有機的な連結が図られない原因に，融合を図るためには課題があることを指摘し，それを克服するための効果的な教員研修の必要性を示し，教員研修モデルを提案している（一ノ瀬，2015）。

また，勝野は，今日の教育改革において提案される一体感は，学校外部からの要請によって「強制的」につくられる「わざとらしい同僚性（contrived collegiality）」であると批判する（勝野，2009）。多義的で不明確な学校目標が具体的なものへと明確化され，また具体的方法を一律に実行することが強調されるなかで，これらは教員の「実践過程に対する相互的関心」を弱めることにつながるものであると指摘される。目に見える成果を重視する学校が増え，目標は共有されているものの教員間に互いの教育実践が開かれていない状況を明らかにしたうえで，新しい教員評価制度は「教師と校長の個別的なコミュニケーションを通じて，目に見える成果を上げるという目標の共有を促している」だけであり，学校の活性化などの意図した成果にはつながっていないと批判している。

牛渡は，評価の客観性の問題や評価制度の効果性の問題，制度設計上の問題など教員評価制度のかかえる課題を指摘している（牛渡，2012）。そのなかで，「『能力開発』のための『目標管理』型の評価システム自体が教員の職務の本質

的な部分とどこかにズレがあるのではないだろうか」と指摘したうえで，教員評価制度の根本的な見直しが必要であるという。苅谷も，制度と現場とのズレを，「力量形成についての教師たち自身の経験知」と「評価制度の技術」との間の溝と指摘したうえで，評価制度において「評価の厳密さを高め，教えるという仕事に肉薄する」よりも，「曖昧な多様な解釈の余地を残す方式のほうが，現場の抵抗感がさがる」と述べ，現場の知恵が生かされるような柔軟性が求められると改善案を示している。また，事例分析を通し，評価制度を「どのように導入するかという導入のプロセス自体が，評価制度の中身や影響力を変える可能性」があるとの知見が提供された点は重要である（苅谷，2010）。

3．教員評価制度研究の到達点と今後の課題

　勤務評定に代わり教員評価制度が導入されて以降，教員評価制度の理論的研究において，教員評価を学校改善や学校の自律化の手段として位置づけ，学校評価との関係のなかでその役割や意義が論じられてきた。とくに，教員評価が学校評価の内円として機能するとき，学校の自律性を支える方略となり，教員の力量形成だけでなく，学校組織の活性化につながる有益なツールであるとその意義が示された点は，なぜ評価が必要なのかとの疑問への答えを示すものであり，重要な成果である。しかし，2000年後半を中心に実施された教員評価の実証的研究のなかで，教員評価に対する教員の否定的な認識が多数報告され，「教師にやる気と自信をもたせ，教師を育てる」教員評価からは程遠い実態が看取される。その原因として，評価制度と教育現場のズレの存在が指摘されている。

　では，このようなズレを解消するためには，何が必要であろうか。諏訪は，学校が教員評価に対する課題をかかえる状況に対し，学校や教職員の特徴に適合した教員評価の理論構築に加え，学校現場での運用方法の確立の必要性を主張している（諏訪，2015）。制度に期待される理念や意図を，政策決定と遠い場所に位置する教員に伝えることは容易なことではない。制度を運用するプロセスにおいて，教員に可能なかぎり具体的取り組みのイメージや方法を理解させ

ることが必要であり，そのためには，管理職による適切な説明など，丁寧な運用プロセスが重要である。「教職の特性に適合した教員人事評価における目標管理の在り方に関する理論研究を進める必要性」と「現実の運用・実践事例を基盤とし，各学校段階の特性を考慮した効果的な運用方法・モデルの構築」（諏訪，2015）が重要であると指摘されるように，理論研究に加えて，制度の運用にかかわる方法論やモデルの構築を進める必要があるだろう。また，苅谷が評価制度の導入プロセス自体が評価制度の性格や運用に影響を与える可能性を示唆している（苅谷，2010）点を加味すると，教員評価制度の意義や役割を解明する理論研究だけでなく，導入プロセスや運用プロセスなどの実践的展開もふまえた多面的な研究構築が求められているといえよう。　　　　　　　（藤村祐子）

注
1）外部の自己評価は，保護者の参加の枠組みが当てはまり，学校組織の外部に位置する保護者が学校の意思決定に参加し，その参加行為を自己評価する行為がこれにあたる。
2）内部の他者評価の例として，業務に詳しい同僚が他者として評価することは教育改善において有効であるという。

文献・引用資料
一ノ瀬敦幾・野村真澄・山﨑保寿「高等学校における教員評価システムと学校評価システムとの融合に関する研究―教員評価システムの活性化を目指して」『日本高校教育学会年報』第 22 号，2015 年，8-17 頁
伊藤和衛『教師の専門職性と行政参加』明治図書，1973 年，142 頁
牛渡淳「教員評価の現状と課題」『教育展望』58（7）2012 年，31-35 頁
勝野正章「教師の協働と同僚性―教員評価の機能に触れて」『人間と教育』No.63，2009 年，28-35 頁
苅谷剛彦「終章　教員評価から見えてくるもの」金子真理子・苅谷剛彦編著『教員評価の社会学』岩波書店，2010 年，177-194 頁
群馬県教育委員会『教職員人事評価制度　Q&A』2016 年 4 月
古賀一博他「『能力開発型』教職員人事評価制度の効果的運用とその改善点―広島県内公立学校教員アンケート調査の分析を通して」『日本教育経営学会紀要』第 50 号，2008 年，28-35 頁
諏訪英広「教員評価における目標管理の効果及びその影響要因に関する検討」『日本教育経営学会紀要』第 57 号，2015 年，94-109 頁。
妹尾渉「全国の『教員評価』実施動向から」金子・苅谷，前掲書，11-20 頁

総務省自治行政局公務員部給与能率推進室『地方公共団体における人事評価制度の導入等について』2014 年 6 月 9 日

内閣閣議決定『公務員制度改革大綱』2001 年 12 月 25 日

林孝「学校評価・教員評価による学校経営の自律化の可能性と限界」『日本教育経営学会紀要』第 48 号，2006 年，16-27 頁

葉養正明「（課題研究 1）『評価問題』の多元的な深化に向けて」『日本教育行政学会年報』第 30 巻，2004 年，232-239 頁

藤村祐子「第 9 章　教員評価の制度」高妻紳二郎編著『新・教育制度論』ミネルヴァ書房，2014 年，98-109 頁

堀内孜「学校経営の構造転換にとっての評価と参加」同上，2-15 頁

──編著『学校組織・教職員勤務の実態と改革課題』多賀出版，2001 年

水原克敏「1950 年代勤務評定問題における原理的課題」『早稲田大学教職科研究科紀要』第 7 号，2015 年，17-35 頁

八尾坂修（2004）「（課題研究 1）学校改善のための評価論」『日本教育行政学会年報』第 30 巻，2004 年，209-215 頁

第16章　教職大学院におけるスクールリーダー教育と教育経営学研究

1. 教職大学院におけるスクールリーダー

(1) 教職大学院制度の全国化の影響

　日本教育経営学会は，過去の学会活動の変遷をみても，今次の「スクールリーダー教育」というテーマに最も積極的にかかわってきた学会の1つである。日本における「教育経営学研究」は日本教育経営学会が提唱してきたが，学術研究としての「教育経営学研究」は，全国的に大学院段階へと拡大した「スクールリーダー教育」にどのようにかかわるべきなのだろうか。

　2008（平成20）年度にわが国で初めて大学院段階の教育系専門職学位課程として「教職大学院」が開設された。当時の2008～2009年に開設された一部の私立大学を除いて，多くは教員養成系の教育学系修士課程が母体となり設置された。専門職大学院として，学校教員の人材育成を対象とした教職大学院の多くは，既存の国立教員養成系の修士課程を再編したが，名称は多様であるがおよそ，①学校経営領域（ほとんどが中堅層リーダー），②生徒指導領域，③教科指導領域，④若年層領域（学部卒対象含む）などのコースを開設し，各都道府県（または複数）の教員委員会の長期派遣・教員研修のキャリア・ステージに応じた人材育成を担うこととなった。この時期を本章では教職大学院「第1期」と称する。

　この点，「スクールリーダー教育」は義務教育・高等教育段階などの学校管理職養成が教職大学院段階に移行したのではまったくない。制度的には学校管理職の資格・免許制度との関係性はまったくなく，専門職学位の管理職採用・任用の基礎資格要件として議論されることはなく，人事処遇（給与など）として何ら効果を発揮するものではなかった。

　2015～2017年の教職大学院開設または増設は，教職大学院制度の「第2期」に入ったといえる。全国都道府県にある国立教員養成系大学院が教職大学院を開設するに至った。しかし「全国化」とも呼べる第2期の教職大学院の制度化においても，先述したキャリア・ステージに対していくつかの領域が細分化しているのみで（④特別支援領域，⑤管理職領域の細分化（明確に校長・教頭の学校管理職，教育委員会指導主事など）），校長・教頭の任用資格として専門職学位課

192　第3部　教師教育・スクールリーダー教育と教育経営研究

程が位置づけられていない。第2期では，教職大学院の設置が中央の教育政策主導で全国化を果たしたが，制度的には給与，人事制度，資格・免許制度等と専門職学位の関係は，各教職大学院と教育委員会との関係で協議されるのみの状況にある。この点，日本教育経営学会および教育経営学研究が，教職大学院の全国化という動向に対して，どのような影響を与えたのか。

(2) 教職大学院に求められるスクールリーダー教育

そもそも，教職大学院における「スクールリーダー教育」と「教育経営学研究」について述べなければならないが，この「スクールリーダー教育」と「教育経営学研究」が示す用語の意味や範囲，教職大学院という高度職業人養成機関としての役割について整理しておきたい。そもそも「学術研究」としての教育経営学研究と，養成機関としての「教職大学院」はどのような関係にあるのだろうか。

1つ目の論点は，「スクールリーダー教育」における「プログラム開発」を通じた高度専門職化に対し，学術研究が何を果すべきかという論点である。

専門職の大学院段階（高度職業人養成機関）におけるスクールリーダー人材（具体的には学校管理職層や中堅層リーダーなど）の育成のために，従来よりも高度な人材育成プログラムを提供し，その効果性をもって教育委員会が求める人材を適正規模で育成しなければならない。絶えざる効果検証に基づくプログラム開発が学術的に研究できるからこそ，教職大学院で実施される意義がある。従来よりもという意味は，教職大学院は既存の都道府県などの教育（研修）センターで実施されている短期研修などより，高度な学術研究と効果検証の蓄積に基づいて育成されるということであり，各地域に設立された教職大学院は，求められる多様なキャリア・ステージに対応した人材を，教育プログラムを通じて学校現場へ還元できることを証明しなければならない。この点，「教育経営学研究」の成果が人材育成やプログラム開発と関連しているならば，その意義があるものと捉えることができる。

効果的なプログラムといってもスクールリーダーに階層が存在するため，1つのモデルがすべてのケースに対応できるというわけではなく，多様なプログ

ラム開発が求められる。この点,「教育経営学研究」の成果が,各教職大学院に求められるキャリア・ステージに対応した人材育成について,単にプログラム開発に活用されるだけでなく,人材育成プログラムの効果に関連させて教職大学院および学会が社会に対して広く証明しなければならない。職業的な理念や人材像,共通に必要とされる知識や技術の体系化を定め,根拠となる諸研究の実証的な調査研究の成果を広め,高度専門職としての教職存在を外部関係者(教育委員会など)に証明する役割を担うことができるのかという論点である。

ただし,第2期の教職大学院の全国化において,教職大学院に求められるスクールリーダー教育は,必ずしも校長・教頭といった職位,学校管理職の人材育成を意味していないのが実態である。2016(平成28)年以降に議論されている教職大学院の改革に関する文部科学省の諸会議では,管理職層として校長職[1]らの人材育成を教職大学院が担うことを議論しているが,いまだ議論の段階である。同会議で議論されている内容は,現職教育に対して教員養成系大学や教職大学院の役割の拡大を期待しているものの,現段階では教職大学院だけでなく,教育センターなども含めて,スクールリーダー教育の研修機関が描かれている。

第二に効果的なプログラムにおける指導法・教授法の選択・開発が教職大学院に求められるため,この点,教育経営学研究がどのような役割を果たしているのかという論点である。

多様なキャリア・ステージに対して,年間を通じて講義型,演習型,各関係機関での実務実習,特定課題解決に向けた課題演習と複合的な学習機会において,集団・個別に対応した効果的な指導法・教授法を選択・開発していかなければならない。これらを各教職大学院で独自の機能として保有しなければならない。そのため,これらの教授法・指導法の開発に対して,教育経営学研究がどの程度の役割を果たしているのか。

最後に,評価方法(指標)の開発が求められる。現在でも,ほとんどの大学院における15回の講義・演習,また10単位(週間)以上の学校現場での実習活動が行われているが,それらの効果性を教職大学院が実証しなければならな

い。学校管理職やスクールリーダーの養成の目標は，対象者が高度な実務的能力を獲得し，学校管理職として優れた学校経営を実践できているということが必要になってくる。当然のことながら修了生に対する中長期的な効果検証が求められ，そのための評価方法の開発のあり方が問われる。

　カリキュラム・プログラム全体の効果性の検証方法の開発については，各教職大学院だけでなく外部評価団体（認証評価機関など）とも関連する課題になっている。専門職学位に対して，認証評価団体の機能高度化も求められている。学術研究の調査方法を通じて，人材育成の効果性をどのように示していくのか。調査方法の開発とともに経年データの蓄積なども教育経営学研究に求められる役割であるといえる。

　このような諸課題について，教育経営学研究がどの程度有用な知見を提供できるのか。

2. スクールリーダー教育と学会

(1) 1990 年代のスクールリーダー養成の大学院化と学会の活動

　日本教育経営学会でも多くの研究者に取り上げられてきているが，大学院段階でのスクールリーダー養成は，2000 年以降はアメリカだけでなく，ヨーロッパやアジア諸国でも急速に展開してきている。諸外国では必ずしも大学院段階というわけではなく，高度な職業人養成機関（例：国立の管理職対象の研修機関・センターなど）との関係性のなかでスクールリーダー教育の高度専門職化の道に進んでいる。多くの国が国家的な教育改革の一環として進んでいるなかで，先駆的に大学院段階でのスクールリーダー養成を専門職化（Professionalization）を進めたのはアメリカである。

　アメリカでは1990年代初頭から全米レベルで大学院段階へのスクールリーダー養成を展開してきた。州教育長協議会（The Council of Chief State School Officers：CCSSO）は 1996 年に ISLLC 協議会（Interstate School Leader Licensure Consortium）を設立し，スクールリーダーの資格・免許制度の基準 Professional Standards（ISLLC-Standards1996）を提案する。同基準は，全米の各州法制・大学院プログ

第16章　教職大学院におけるスクールリーダー教育と教育経営学研究　**195**

ラムの編成などの指標・基準として影響を与えた。その際，教育経営やリーダーシップ研究の知見を提供し，大学側研究者団体として影響を与えたのがUCEA（The University Council for Educational Administration）である。

(2) 学会活動とリーダーシップ教育との関係性

　大学院段階において，教育行政職・学校管理職（School Administrator）の養成にかかわる大学院を加盟大学として組織され，広く教育行政・教育政策分析，リーダーシップ研究や学校組織開発（School Organizational Development）研究を行ってきた団体の1つがUCEAである。[2] 同学会の活動について述べることで学会とスクールリーダー教育との関連を論じてみたい。

　1990年代半ばの資格・免許制度の互換性が高まり，全米的なスクールリーダー労働市場の拡大という側面をもったISLLC-Standards1996の影響は，UCEAにも大きなものであった。団体設立時から，UCEAも学会誌や表彰制度を活動の1つの基軸としていたが，1990年代以降，それらの学会活動が拡大していく。

　1990年代以前は，2つの表彰制度しか存在していなかったが，[3] 学会誌としては，1998年に初めてインターネット学術誌として *Journal of Cases in Educational Leadership*（JCEL）（1998-2017継続中）を発行した。大学院段階で使用するケース教材を広く学会員からの投稿を受け，それらを審査し掲載している。UCEAは学術調査研究を掲載する目的の学会誌 *Educational Administration Quarterly*（EAQ）があるが，それ以外で新たな学会誌を創設したことになる。この学会誌は約100頁程度の冊子で年4回発行されている。各号は10〜15頁前後にまとめられたケース教材で構成され，特集論文以外はほとんどがケース教材である。

　そして，このJCELの学会誌の発行とともに創設された表彰制度がThe Paula Silver Case Awardである。JCELで掲載される当該期間30本前後のケース教材のなかから，最もすぐれたケース教材を選出し表彰する制度である。これらのケース教材の投稿者は，大学教員だけでなく学校現場の校長職なども多く投稿している。当然，学校経営の課題解決に向けた多面的な課題がケース教

```
The Excellence in Educational Leadership Award：すぐれた実践的な管理職
The William J.Davis Award：EAQ でのすぐれた論文表彰（AERA と連携）
The Paula Silver Case Award：JCEL 誌からのすぐれた実践事例のケース教材
Edwin M. Bridges Award：学術調査研究の優秀者表彰
The Roald F. Campbell Award：大学教員の実践表彰
The Jack A. Culbertson Award：初任 6 年目までの大学教員の実践表彰
The Master Professor Award：UCEA での活動表彰
The Jay D. Scribner Mentoring Award：大学教員の人材育成．
Exemplary Educational Leadership Preparation：大学院プログラムに対する表彰
```

図 16.1　UCEA の各種表彰制度

出所：UCEA ウェブサイト：http://www.ucea.org/opportunities/about-awards/（Date：2017.06.01）

材に取り入れられており，それらは大学院での講義等でディスカッションの教材として使用される。

　同時期，UCEA は新たな学会誌を刊行し，スクールリーダー教育の活動を展開する。2006 年に *The Journal of Research on Leadership Education* として「リーダーシップ教育」に特化した学会誌を刊行した。新たな学会誌の刊行目的は，学会として実践的な研究者（Practitioner Researcher）を育成することとしている[4]。教育経営学研究の学術的な研究の推進のためには，学校経営を分析するのは研究機関の研究者だけでなく，学校経営を担う管理職による研究も重要である。UCEA は，学校管理職の研究能力向上により教育経営研究の新たな実態解明がもたらされるものと捉え，新たなスクールリーダー教育の学会誌を発行し，学校管理職を実践的研究者として育成する活動を推進している。UCEA は，1990 年代を境に「スクールリーダー教育」の活動を拡大した。それは全米規模のスクールリーダー教育の拡大に対して，大学側の研究者団体としてどのように関与するのかを思案した帰結ともいえる。UCEA は，既存の学術研究を中心とした学会から，教育行政職・学校管理職の専門職化を学術研究の成果を通じて支援する団体へと変容していったといえる。このような変化が日本教育経営学会・教育経営学研究に求められているのだろうか。

① *Educational Administration Quarterly*（EAQ）：学術論文・調査研究
② *The Journal of Cases in Educational Leadership*（JCEL）：ケース教材・ネット上
③ *The Journal of Research on Leadership Education*（JRLE）：指導法・学習方法・プログラム開発・評価方法など；スクールリーダー教育全般に関する研究

図 16.2　UCEA の刊行学術誌

出所：UCEA ウェブサイト：http://www.ucea.org/opportunities/about-awards/（Date：2017.06.01）

3. 教育経営学研究の方向性

　アメリカの 1990 年代のスクールリーダー養成の大学院化の動向に呼応した UCEA の活動の変化について述べてきたが，日本はアメリカと制度的に異なる条件が多く単純な比較はむずかしい。

　しかし，教育経営学研究を主導してきた日本教育経営学会は，今次の「スクールリーダー教育」や学校管理職の大学院化・全国化の動向に対して，学術研究団体としての一定の役割が強く求められているのではないだろうか。効果的なプログラム（モデル）開発，プログラムに対応した教授法・指導法の開発，院生が活用する学校調査分析ツールの開発，プログラムの効果性検証方法（認証評価制度），社会に対するスクールリーダーの専門職化の提言などである。このような知見を学術研究団体の立場から提言する役割を担うのかどうかが，学会全体に期待されている。これに応じるかどうかは，今後の学会運営にかかっているといえるであろう。

　関連する団体についても述べておきたい。今次の全国的にスクールリーダー教育が文部科学省の政策のなかで，大学院化（教職大学院）に移行することが議論されていることに対して，これに呼応するのは何も学会という学術研究団体のみではない。学校管理職やスクールリーダーに関連する関係団体（全国規模の校長・教頭団体）は，これらに機敏に対応することが求められているのではないだろうか。

　これまでの各教育委員会の所管である都道府県・政令指定都市などの教員研修センターで行われる管理職研修の一端を，大学院段階で担わせる方向性が模

索されている。教職大学院が求める教育経営学研究とは，単なる「スクールリーダーシップ」の研究にとどまるものではなく，「スクールリーダーシップ」の研究の蓄積を前提とした，リーダー人材育成に効果的な「リーダーシップ教育」とは何かを明らかにすることであり，「人材育成の効果に関する総合的な研究（教育経営学研究）」ということになるのではないだろうか。

　教育経営学研究の知見によって，学術的な実証研究の蓄積を背景としたスクールリーダー教育のあり方に関する研究を教職大学院は求めている。しかし，このことはこれまでの学会運営のあり方，研究方法，研究者養成のあり方にも強く影響を与えるものになるのか。教育経営学研究は「スクールリーダー教育」という分野にどのように対峙していくのか，これらをどのように考慮していくのか。学会員であり1人の研究者として今後も積極的に活動していきたい。

（大竹晋吾）

注

1）国立教員養成大学・学部，大学院，附属学校の改革に関する有識者会議。http://www.mext.go.jp/b_menu/shingi/chousa/koutou/077/index.ht（2017年5月7日確認）。

2）Culbertson, J., *Building bridges: UCEA's first two decades*. University Park, PA: University Council for Educational Administration, 1995.

3）UCEAの表彰制度についてはウェブサイトを参照。http://www.ucea.org/opportunities/about-awards/（2017年5月7日確認).

4）Lugg, Catherine., Why a Journal of Research on Leadership Education?, *Journal of Research on Leadership Education*, vol.1 no.1, Apr 2006.

文献・参考資料

Anderson,G.L. & Herr, K., The new paradigm wars: Is there room for rigorous practitioner knowledge in schools and universities?, *Educational Researcher*, 28（5），1999, pp.12-40

Chad,R.Lochmiller. & Jessica Nina Lester. Conceptualizing Practitioner-Scholarship for Educational Leadership Research and Practice, *Journal of Research on Leadership Education* 1-23 The University Council for Educational Administration 2016

Coleman, M. & Lumby, J., The significance of site-based practitioner research in educational management. In Middlewood, D., Coleman, M. & J. Lumby（Eds.），*Practitioner research in education: Making a difference* London, England: SAGE. 1999. pp.1-21

第17章　　教職大学院における理論と実践の往還

1．教職大学院というアイデアの登場

　本章では，教職大学院という新たな教員養成・研修システムの制度設計に着目し，そこでカリキュラムを構想する際にしばしばキー概念としてうたわれる「理論と実践の往還」が，今日どのようなものとして理解可能なのかを考えたい。そのうえで，今後の教師教育における理論と実践のあり方を展望することを目的とする。教職大学院に対する養成・研修システム改革としての期待の大きさは，この制度化を議論していた中央教育審議会（以下，中教審）の議事録において，「現行修士課程を変えていくためのショック療法」「起爆剤」「黒船」といった表現がしばしば登場していたことに象徴的である（荻原，2006）。従来の教員養成・研修の制度枠組みにとらわれずに，大胆な改革を進め，新たな養成・研修のモデルを率先して提示していく大学が求められた。その背景には次のような諸事情が影響していたと考えられる。

　第一に，教員給与をめぐる義務教育国庫負担制度を維持するための方策として，誰の目にも明確に効果的であると映るような，教員の資質向上をめぐるシステム改革を提示することが必要であったこと（徳永，2014）。第二に，いつの時代にも教員の需給変動に伴う教員養成の開放制原則と計画養成論の綱引きはあったけれども，ここに社会動態としての人口減少の将来予測が加わることによって，免許状発行件数の縮減がより切実な課題として浮き彫りとされてきたこと。こうした議論には，はっきりと前面に登場しないながらも，2001年の「在り方懇」から2015年の文部科学大臣通知に至るまで継続している，大学全体の規模縮小への潜在的な課題意識も連動していたと思われる。[1]

　第三に，以上のような政策立案現場での問題認識だけではなく，世間一般の学校や教員に対するまなざしのなかに，「現在の教員は大学で十分に実践的指導力の基礎を身につけてきていない」「現職教員の研修の場としての新構想大学は必ずしも成功していない」といった意識が漠然と抱かれていたこと。こうした現状に対する不満や異議申し立て感情と呼応するかたちで，戦後教員養成論のなかにずっと伏在してきた「アカデミズム教養論」と「教材本位主義教員養成論」との拮抗関係が，大きく実践性優位な教員養成論へと傾いてきたこと

がある（安藤，2014）。そのため，これまでの大学・大学院教育を前提としない新たな養成・研修システムのアイデアが求められたのである。

2006年の中教審答申「今後の教員養成・免許制度の在り方について」では，こうした新たな養成・研修・免許制度の一体的改革として，教職実践演習の創設，教職大学院の設置，免許更新制度の導入が示された。教員の養成・研修を中核的に担っているとの自負をもつ大学は，率先して教職大学院の設置に着手し，モデルとなる制度設計を示そうとした。そこでは，いずれも新しいカリキュラムを検討するために，従来の養成・研修のあり方を問い直し，批判的反省に基づいて理論と実践を融合させる方策を導き出す試行錯誤が展開された。

2. 教職大学院の制度設計

(1) 学部養成課程や修士課程への批判

では，教職大学院の制度化が議論されたとき，「捨てなければならない」と考えられた既存の修士課程や学士課程での教員養成・研修とはどのようなものであったのだろうか。たとえば学部教職課程では，教育実習はあるけれどももっぱら座学が中心で，現場に出たときに役に立たない理論中心の教員養成がなされていると考えられた。そうした認識から，単位さえとれば免許状を取得できるシステムになっていると批判されたりした。こうした言説は，多くの大学・大学院での卒業生対象の追跡調査などをデータとして強化された。役に立ったと思う科目，思わない科目，もっと学んでおきたかった内容などの調査結果が，現在の教職課程の教育水準や質の問題として読み替えられていった（たとえば，兵庫教育大学，2002など）。

また，修士課程では，狭い専門性に特化した教育研究が強調されており，学校で発揮されるべき実践力を育てる部分が不足していると指摘された。2006年の中教審答申では，「教員養成分野でも，ともすれば個別分野の学問的知識・能力が過度に重視される一方，学校現場での実践力・応用力など教職としての高度の専門性の育成がおろそかになっており，本来期待された機能を十分に果たしていない」と判断されている。こうした理解から，教職実践演習や教職大

学院のカリキュラムは，多面的に実践性を意識して考えられたわけである。

(2) 教職大学院の方針と内容

　教職大学院では，その制度設計の基本方針として，第一に教職に求められる高度な専門性の育成を目的として特化すること（研究者養成と高度専門職業人養成との機能区分を曖昧にしない），第二に「理論と実践の融合」を強く意識した教員養成教育の実現をめざすことなどがまず重要であるとされた。

　このような基本方針に基づく教職大学院は，既存の修士課程が修士論文というかたちで「研究成果」を要請してきたことを否定し，「学修成果」の表現形態を多様で柔軟なものへと変更している。また，専門職大学院設置基準及び学位規則の一部を改正する省令では，修了要件 45 単位以上のうち学校現場での長期にわたる実習を 10 単位以上とすること，実務家教員を全構成員の 4 割程度とすること，教科指導以外の教育に関する 5 領域の共通科目について一定数以上を偏りなく履修することなどの点が盛り込まれた。さらに，授業はグループ討議，実技指導・模擬授業，ワークショップ，フィールドワークなど，従来とは異なる新しい教育方法を中心に展開することが要請され，授業科目についてもいわゆる学問ディシプリンではなく，学校現場の実践的課題に即した講義タイトルとシラバスの構成などが重視された。

　そこでは，ある意味で非常に乱暴にこれまでの教員養成・研修のあり様が断片的に理解され，その断片的理解に呼応するかたちで「学術研究」から「実践性」重視を強調する教員養成教育へのシフトチェンジが進行していったと考えられる。各地の大学で実施された卒業生調査などの数値データが「エビデンス」とされ，調査結果として数値に表れた「不足部分」（たとえば，学級経営や生徒理解などでの実践的な知識や技能）を新たな教職大学院で補うといった直線的な代案の構想が多くならざるをえなかったことは，理論と実践の往還という観点からみれば，厳しく反省すべき点があるように思われる。

(3) カリキュラム・デザインとしての理論と実践の往還

　とはいえ，設置基準に基づく教職大学院の制度設計は，決して高度な専門的知識や理論的理解をないがしろにしていたわけではない。教職大学院の設置目

的は「高度の専門的な能力及び優れた資質を有する教員の養成」であり，中教審でも，理論と実践の融合を強く意識した教員養成教育の実現をめざすことが明記されている。そもそも，実務家教員，研究者教員という呼称自体に違和感があるという指摘もあるが（浜田，2017），専門職大学院設置基準に係る省令公布の際の通知では，実務家教員4割以上に関連する留意事項として，「極端に実務家教員に偏した教員組織となることのないよう一定程度以上のいわゆる研究者教員も配置させるなど，教員組織全体としてのバランスを確保すること」が求められている。

　では，実際に2009年度から発足した各地の教職大学院は，どのようにこの理論と実践の融合，または往還を実現するカリキュラム・デザインをかたちにしたのであろうか。いずれの大学でも，理論と実践の関係を説明するカリキュラムが意識されたことは想像にかたくないが，全体を網羅して共通点を明示することは困難である。そのため，ここでは，実践的指導力の向上に特化して教職大学院の特色を説明しようとする2つの典型的な事例を参照してみたい。

① 上越教育大学のカリキュラム・デザイン：理論と実践の往還

　上越教育大学の場合は，2006年の中教審答申で，新教育大学をはじめとする修士課程での教師教育プログラムが本来期待された機能を十分に果たしていないと指摘されたことを受けて，こうした指摘に応える責任があることを意識しながら教職大学院教育を構想し，実践してきた。2009年度の発足当初は教育実践高度化専攻教育実践リーダーコース（30名）と同学校運営リーダーコース（20名）の50名定員でスタートした。刻々と変わる教育現場の状況を即時に判断し，適切に対応しながら教育実践を展開していく〈即応力〉，即応力を支える基盤として，臨床研究の成果や臨床的な実態把握などを活用する〈臨床力〉，実質的な共同研究を進めるための〈協働力〉という3つを育てたい力の基本コンセプトとして，既存修士課程と差異化している（上越教育大学，2007）。

　カリキュラム面では，学校における実習である「学校支援プロジェクト科目」を中心として，学校現場でのフィールドワーク（実践）と，リフレクション（省察），プレゼンテーション（還元）を関連づけ，循環させることが重視されてい

る。カリキュラム・デザインを主導した1人である藤田は，これについて，次のように説明している（藤田，2006，19-20頁）。

　「特に，『学校における実習』については，それを『実習のための実習』に終わらせるのではなく，学校現場での体験と，反省的・理論的考察との往還に向けた機会として有機的に活用するよう配慮し，（中略）広い意味での『フィールドワーク』として位置づけている。／『フィールドワーク』における経験を反省的・理論的に考察し，さらなる実践へと展開していく科目を『コース別選択科目』の中に設置し，理論と実践の統合がはかられるようにしている。／上記の科目は，フィールドワークでの体験を意味づけたり，理論的に考察したりする『リフレクション』と，考察した結果を発表したり，実習現場に還元したりする『プレゼンテーション』という2つの活動を軸に構成する。／以上のように，学生の抱えている課題に応じ，学校現場と関わりながら，実践と理論の統合をはかっていくため，（中略）3つの要素が有機的に結合するような教育課程上の工夫をこらしているのである。」

　こうしたカリキュラムの基盤となっている実践と理論の往還についての考え方は，1年制カリキュラムを新設し，定員を10名増員して60名とした2016年度改組以後も引き継がれている。

② 福井大学のカリキュラム・デザイン：理論と実践の融合

　福井大学は，米国のPDS（Professional Development School）をモデルとする学校拠点方式で教職大学院の一モデルとして全国的にも注目されてきた（森，2013）。2012年の中教審答申「教職生活の全体を通じた教員の資質能力の総合的な向上方策について」でも「学校を大学院の実習・学修の拠点とする方式により，校内研修と大学院での学びを高度に組み合わせて現場での課題の解決に当たる試みを行い，成果を上げている」と評価されている。福井大学教職大学院の教職開発専攻は，「教育と研究を分離せずに，あるいは理論と実践を分離せずに，さらにはローカル課題とグローバル課題を分離せずに両者が有機的に結合するサイクルを実現しようと活動してきている。しばしば，理論と実践の架橋，グローカリゼーション（glocalization）等と呼ばれることと相通じる」（松

木，2013）といわれている。その特色を松木の解説から理解するならば，次のような3点がとくに注目すべき点であると思われる[2]。

　第一に，従来の修士課程が学校現場から分断された状態で個人の研鑽として研修を捉えていることに対して，学びの場のベースを学校とし，「学校の抱える課題を学校で同僚教師と協働して解決する学校改革のための」研修が必要だと考えている点（図17.1）。

　第二に，新しい学力観に基づく新たな学びを創り出していくためには，教師みんなが一遍に変わることが重要であると考える点。学校拠点方式は，「学校の中で教師の自己改革と授業改革と組織改革を同時に実施する」システムであることに特色がある。松木は，すべてを同時に同じ場所で展開することによって，意欲のある教員たちが「現行の社会が持つ学力観の壁の前で断念してきている」状況を変えることが可能になると考えている。学校ベースで教師教育を再構築することは，この点で重要なのである（松木，2013，6頁）。

　第三に，眼前のすぐに解決策が必要な具体的・個人的課題と，子どもの成長や教師自身の発達，社会全体の状況などに目を向ける少し広い視野での課題との間をつなぐためのラウンドテーブルなどの場の工夫である。具体的・個別的

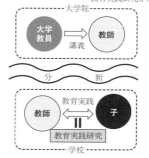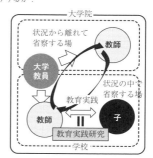

図17.1　実践の省察プロセスを取り上げる教育実践研究

出所：松木健一，2013，4頁

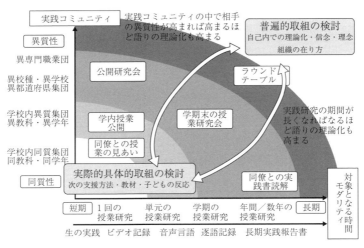

図17.2　多相な実践コミュニティの役割
出所：松木健一，2013，12頁

な教育課題から普遍的課題へと視野が広がっていくような教育課程の構成とともに，実践を公表し語りあう場が「日々の実践を学校で同僚と語り合うような（学校内の）場から，1ヶ月や半年のスパンで，実践を書き読むといったモダリティを交えながら語り合う大学の場，さらには2年間やこれまでの教師歴を振り返ってまとめた長期実践研究報告を公表するラウンドテーブルの場」へと次第に拡大していくような構造が用意されている（図17.2）。場を変えることで，語りあい傾聴しあうコミュニティが多様に広がり，より普遍的な視座から共有認識を構成していくことがねらわれている。

3. 教職大学院カリキュラムのなかの理論と実践の往還

(1) 実践から出発する往還の先にある理論の内実

　教職大学院の試みは，理論と実践の往還という点では成功してきているのであろうか。当然のことながら，成否を評価することが本章の課題ではない。しかし，養成・研修システムや教師の職能発達にとって，理論と実践の往還が決定的に重要であると捉える立場から，これらの試みがどのような意味をもち，

どのような大学院教育の内実を帰結しているのかについて，省察的に振り返り，現状と課題を把握することは不可欠である。

たとえば，ここで例示した2大学だけをみても，理論と実践の往還，あるいは融合は，さまざまな工夫によって道筋をつけられている。そのカリキュラム・デザインは，実践を前面に出しながら，なおかつ実践のみに偏らないように省察や公表・交流といったプロセスを組み合わせることで，理論的な学習や研究的な思考を訓練する場を用意し，それが実践に不可分に結びつくものであるように設計されている。しかし，これらの教職大学院のカリキュラム・デザインには，いくつか共通する特質があるように思われる。その1つは，往還が実践から出発する往還に限定されてしまうという特質である。実態として，教職大学院において理論（学術研究）から出発する往還が，実践的なものであることを認められる余地はほとんどない。

(2) 理論の矮小化

「往還」とは，本来「往き来する」あるいは「そのための往来（道）」という意味であり，理論と実践の間の往き来が繰り返されることを含意している。しかし，その起点が明らかに学校現場での具体的実践とその問題解決におかれているとき，理論は，現在の社会関係のなかで実践している人々の理解や認知の範囲内に収まるものしか扱われなくなる。この，現実（＝リアル）だと人々が感じていること自体を捉え直したり，異なる可能性を発見したりする研究や理論は，実践の模索にとって価値のないものであると見なされ，理論は狭く限定的な枠組みのものに矮小化されてしまう。実践を省察することから連動して探求される理論は，大学における学術研究や専門的理論といえるところまで拡大されなければならないと考えるが，この探求が十分に活性化しない傾向は，全国の教職大学院に少なからずみられる状況であろう。この点は，筆者自身が教職大学院の発足前夜にすでに指摘していたことでもある（安藤知子，2009）。

ただ，これは理論や研究を扱う当事者の見識の問題というよりは，教職大学院の制度設計に当初から織り込まれていた問題である。というのは，教職大学院が既存修士課程を否定するところから出発したことによって，設置認可を受

けるためには両者を差異化しなければならないという縛りがあったからである。この両者の差異化が必須という縛りのなかで，「修士課程＝専門的学術研究」「教職大学院＝実践的指導力養成」という性格づけの"呪縛"が生じている。ここから逃れないかぎり，修士課程が担ってきた理論研究と教職大学院の実践力養成教育が手を組むことはできないという不幸な状況が続くのではないか。まずもって，この棲み分けの呪縛から当事者が解放されることが必要であろう。

(3) 教職大学院における教師教育者の分断

上述のように，理論から出発する往還が発動しにくいのはなぜなのか。ここで気づくことは，理論と実践の往還あるいは融合というとき，それが何と何の相互交流を期待しているのかという点の曖昧さである。それは，大学院の諸機能を整理して差異化した場合の研究者養成・学術研究コースとしての修士課程と，高度専門職業人養成コースとしての教職大学院との間での相互交流（往還）なのか。そうではなく，教職大学院の内部に目を向けたときの，研究者教員と実務家教員の相互交流なのか。あるいは，教職大学院のカリキュラムを構成する5領域の共通科目や専門性を高めるための選択科目などの講義と，学校における実習での学修経験の相互交流なのか。それよりも限定的に捉えて，教職大学院で指導者の立場に立つ実務家教員が修得し，指導場面で発揮すべき2つの役割としての専門的知識や理論の先導と，実践的指導力の指導の内容的な相互交流（安藤雅之，2013）なのか。これらいずれもが，比較的容易に理論と実践に対比される異質な2項目，あるいは対概念として捉えられる。

こうしたマジックワードになっているとさえいえそうな理論と実践の往還／融合とはそもそも何であったのか。2006年の中教審答申へ遡って丁寧に読解してみれば，それは明らかにカリキュラムの話である。答申が基本方針として示している「理論と実践の融合」は，「理論・学説の講義に偏ることなく実践的指導力を育成する体系的で効果的なカリキュラムを編成するとともに，実践的な新しい教育方法を積極的に開発・導入することにより，『理論と実践の融合』を強く意識した教員養成教育の実現を目指す」というものである。そのうえで，補論として別添2で「この『理論と実践の融合』の観点から，それぞれ

を教員・科目が役割分担するのではなく，すべての教員・科目が実践と理論とを架橋する発想に立つ必要がある。たとえば，共通科目（基本科目）部分は理論的教育，コース（分野）別選択科目部分は実務的教育というような二分法的な考えをすべきではない」と述べられている。

つまり，ここでの理論と実践の融合は，安藤雅之がいうように1つの授業科目，1人の教師教育者のなかで扱う内容が理論と実践の融合したものであるべきだという意味なのである。異質な2項目が相互に交流・対話することの重要性ではなく，1つの授業科目（授業者）が扱う内容として理論と実践を融合させて併せもつことの重要性が指摘されているのである。だからこそ，そこでは当然に往還ではなく融合と表現される。こうした融合がそもそも困難であり，軽々には担える人材がいないことも，その後の各地の教職大学院でのカリキュラム・デザインにおいて往還という表現が重視された理由であろう。[3]

ところで，新構想の大学院大学が設立されて以来，修士課程でも理論と実践の往還は普遍的な探求課題でありつづけている。そうした探求は，理論知と実践知，実践における暗黙知と形式知などの研究で深められ，個人の内面での教育観・子ども観としての融合や，学校の教育実践場面での融合をめざす往還のあり方が問われつづけてきた。これらの探求過程は，たとえば日本教育経営学会研究推進委員会での取り組みを集約した小野・淵上ら（2004）や，日本学校教育学会編（2008・2016）など多数出版されており，枚挙にいとまがない。

教職大学院における理論と実践の往還と，これらの教育学研究者たちが探求してきた理論と実践の往還は同じものとして語ることができるのだろうか。たしかに学生の側に予定調和的に理論と実践の融合を期待するだけでは，それを高い実践的指導力へと結実させることは困難である。しかし，理論と実践の融合を強く意識した授業や，それを個々の教員が各々で担うという発想は，むしろ理論と実践が相互交流を繰り返し，相互に触発されながら発展しつづけるという豊かな展開の可能性と真逆のベクトルを向いているように思われる。

4. 課題克服へ向けて今必要な議論

繰り返しになるが，教職大学院の設置基準では「理論と実践の融合」をめざすことが明記されている。最終的にめざす地点は融合かもしれない。しかし，現時点で教育学修士課程が大幅に教職大学院へと移行し，教職大学院は教員養成・研修の一体的システムの中核となっていくことが見込まれている。現在学部教職課程において大きな変革のインパクトとなっているコアカリキュラムの土台も教職大学院における教員養成カリキュラムである。

そう考えたときに，今後の教職大学院のあり方を見通すと，理論と実践は「融合」をめざすというよりは，明確に意識して「往還」をめざす方向へと舵を切ることが重要なのではなかろうか。しかもそれは，広い視野で捉える往還である必要がある。上越教育大学の支援プロジェクトや福井大学のラウンドテーブルのように，あらゆる人々が個々の学生・現職教員の学びに対して当事者として関与し，対話の相手として相互に交流する往還であり，教育実践の本質をつかみそれを形づくる往還である。実践性を重視するとともに，このような多様な「往還」を用意し，学修経験を拡大していくことで，開かれた学びの場を保障することが絶対的に必要である。世間一般へ向けて，財務省へ向けて目に見える力量向上を示さなければならないとしても，それが仮に実践偏重の表面的な課題解決力の育成で十分事足りるとしても，そこにとどまらない理論と実践の往還を追究しつづける姿勢が教師教育者には必要であろう。　　　（安藤知子）

注
1) 在り方懇（国立の教員養成系大学・学部の在り方に関する懇談会）報告では，大学・学部再編が検討され，広域ブロック化などが具体的な対策案として示された。一方，2015年6月の通知「国立大学法人等の組織及び業務全般の見直しについて（通知）」では，「特に教員養成系学部・大学院，人文社会科学系学部・大学院」について，「組織の廃止や社会的要請の高い分野への転換に積極的に取り組むよう努めること」とされ，全国的に大きな波紋を呼ぶこととなった。
2) 松木自身は，「8つのパラダイム転換」として福井大学教職大学院のカリキュラム・デザインを説明している。本章ではそのなかでもとくに理論と実践の融合という点での考え方に特化して，特色があると考える点を筆者が3点抽出した。
3) 教職大学院では，複数担当による授業の構成も一般的である。しかし，その場合であっ

ても，各授業者間での相互交流は不可欠になることから，「融合」よりは「往還」として捉えるほうが，無理がないように思われる。

文献・参考資料

安藤知子「上越教育大学の新構想としての経験から」大塚学校経営研究会編『学校経営研究』第 34 巻，2009 年，17-24 頁

――「教員養成・研修プログラムの改革をめぐる大学における『組織学習』の課題」『日本教育経営学会紀要』第 56 号，第一法規，2014 年，13-23 頁

安藤雅之「実務家教員に求められる役割，資質能力」『SYNAPSE』Vol.33，2013 年，11-15 頁

荻原克男「教職大学院構想と日本における学校指導職養成」『学校指導職の養成・研修システムとカリキュラム開発に関する研究』（上越教育大学研究プロジェクト平成 15 〜 17 年度教育実践基盤研究・特定研究報告書，研究代表：西穣司），2006 年

小野由美子・淵上克義・浜田博文・曽余田浩史編著『学校経営における臨床的アプローチの構築―研究－実践の新たな関係性を求めて』北大路書房，2004 年

上越教育大学『平成 20 年度上越教育大学教職大学院案内』2007 年

徳永保「インタビュー：実務家教員で教員養成はどう変わるか・変わったか」『SYNAPSE』Vol.33，2014 年，5-10 頁

日本学校教育学会編『学校教育の「理論知」と「実践知」―その現状と新たな関係性の探求』教育開発研究所，2008 年

――『これからの学校教育を担う教師を目指す―思考力・実践力アップのための基本的な考え方とキーワード』学事出版，2016 年

浜田博文「教員養成改革と教育学研究者養成」日本教師教育学会編『緊急出版：どうなる日本の教員養成』学文社，2017 年

兵庫教育大学スクールリーダー研究会『学校指導者養成と専門大学院構想に関する調査報告書』2002 年

藤田武志「上越教育大学における教職大学院構想」前掲『学校指導職の養成・研修システムとカリキュラム開発に関する研究』

松木健一「学校拠点方式の教職大学院とは何か―学校ベースの実践コミュニティの創造を目指す福井大学の取組を振り返る」福井大学大学院教育学研究科教職開発専攻編『教師教育研究』Vol.6，2013 年，3-18 頁

森透「福井大学における教育実践研究と教師教育改革」日本教育学会編『教育学研究』第 80 巻第 4 号，2013 年，66-77 頁

第18章	教育経営研究者の養成

1. 教育経営と教育経営研究

(1) わが国の教育経営研究―「教育経営」の生成

「教育経営研究者の養成」について議論する場合，まず教育経営の事象・現象，教育経営の概念，教育経営の領域・対象，教育経営の担い手，教育経営の教育，教育経営の制度など，一般に教育経営とは何かという概念設定をふまえ，その研究の意義，目的，使命，役割などのほか，教育経営研究者をどう育成，養成するかを明らかにすることが大切だと思う。教育経営の内容と事象・現象，研究領域・対象は多様化し，教育経営研究も専門分化，そして多様化が進んでいる。おのずと教育経営研究者も多様になった。多様な教育経営研究を前に「教育経営研究者の養成」について論じることは不可能に近い。本章は第3部「教師教育・スクールリーダー教育と教育経営研究」の終章「教育経営研究者の養成」であるから，ここではスクールリーダー教育とその研究をもっぱらとする人々の人材の育成，養成を「教育経営研究者の養成」とする。しかも校長育成をめざすスクールリーダー教育のあり方，構想を明らかにし，教育経営研究者の役割，養成を考えるヒントをえることにする。

1956年制定の地方教育行政法による集権的教育行政と教育指導行政の後退は教育と学校経営の自律性への危機意識を生み，自律的に学校を運営するレーゾンデートルを「教育経営」に求めた。学校経営研究において教育経営が学校経営の核心をなすという言説が教育経営研究の本流，もしくは1つの大きな流れをつくった。

「教育経営」は1960年代から語られる比較的新しい用語，概念である。筆者はかつて，当時を振り返り，教育経営は，「学校経営について考え，研究しようとする人たちの統合のシンボル」「学校の経営を教育の論理に即して研究しようとする集団のシンボル」，本学会の設立は「主として学校経営という土壌において，その研究を深めることを志向する集団の共有項としてのnaming」だと述べた（小島，1983）。また教育経営とは何かを論ずる場合，「教育という営みにふさわしい組織運営の在り方とは何かという問題意識から出発するもの」であり，たとえば学校の場合，「発達可能体としての子どもが有する人間的諸

212　第3部　教師教育・スクールリーダー教育と教育経営研究

能力を発現発揮させるためのはたらきかけ（教育）にふさわしい経営の在り方の追求」と定義できるのではないかと述べたことがある（小島，1986）。ここには教育という仕事や事業にふさわしい組織と運営のあり方を学校に焦点づけて構築するという問題意識があった。こうして学校経営研究は学校を経営として成り立たせている究極の力，営みを教育経営に求める研究としてスタートしたといってよいだろう。こうした認識は学会創設（1958年）にかかわった人たちによって語られてきた。現在も，本学会においておおよそ共有されている。

(2)「教育経営」のコアを何に求めたか

「教育経営」を考える場合，大切なことは人間の成長・発達と自己実現，そこでの教育と学習の本質や意義が決定的に重要であり，それを促し実現するためには，それにふさわしい固有で独自の作法，方法があるとする発想，認識である。単純化すれば，教育の本質を実現するにふさわしい作法や振る舞い，それが「教育経営」だといってよいだろう。それはまた，人間社会に必要な，また期待される教育を構想し，そうした教育への思いや意思，そして期待を実現するための営みであるといえる。こうした発想，認識がなければ教育経営という用語を使っても，そこには魂というか，精神というか，それらのない抜け殻の空疎なものになってしまうと考えるからである。「教育経営」は，学校経営において守るべき価値，実現すべき価値，高めるべき価値，さらに創るべき価値であり，それを視野に，「子どもたちの人生と未来に責任をもつ」学校が教育の価値判断の主体としてそれらの価値を問い，教育経営の思いと意思を明確にし，それを実現する活動を設計，実施運営する責任を負っているというその精神なのである。

教育経営研究はこれまで述べてきたように，多様な研究対象，分野，テーマのもと，多彩な研究方法によって展開されてきた。蓄積された知も多く，それが教育学，学校現場，教育政策に与えた影響も少なくない。教育経営学は隣接科学との接点を気にしながら，また隣接科学の学術知を意識しながら，独自な研究知をつくってきた。そのなかにあって「教育経営」という事象，そのコアにあるもの，本質との関連で，もしくはそれに引きつけ，こだわりながら解明

しようとする研究の姿勢と方向は教育経営学の独自性と学術性そのものであり，かつそれを高めることにつながった。

　本学会が「教育経営」へのこうしたこだわり，それをコアにした教育経営事象や現象の解明，教育経営研究のあり方を問いつづけ，その研究がかたちをなしたのが本学会編「講座　日本の教育経営」（全10巻，1986 ～ 87 年）と「シリーズ　教育経営」（全6巻，2000 年）である。本学会設立の経緯にある「教育経営」の精神は過去のものではない。それは今も息づき，これからも私たちの研究のなかに生きつづけるべきものである。

2．スクールリーダー教育と教育経営研究

(1) 日本教育経営学会，スクールリーダー教育への取り組み

　本学会は 2001 年 10 月，校長育成のスクールリーダー教育と大学院の役割について，オーストラリア・メルボルン大学 Brian Caldwel 教授を迎えて国際シンポジウム・特別公開シンポジウム「スクールリーダーのための専門大学院を構想する Designing Professional Schools for School Leaders」を開催した。シンポジウムは「スクールリーダーに求められる専門的資質力量の内実を明らかにし，既存の大学院におけるその形成のためのプログラムの在り方を検討するとともに，スクールリーダーのための専門大学院の可能性について検討しようとするもの」（「趣旨」）で，自律的学校，自律的学校経営を構築するにはこれまでとは異なる新たなスクールリーダーを大学院レベルで養成することが不可欠だとする認識があった。本学会はその後，スクールリーダー教育への取り組みを本格的にスタートさせ，表 18.1 のような成果を生んだ。

　このように，スクールリーダー教育は本学会が総力を上げて取り組んできたテーマであり，そこにはスクールリーダー教育に対する本学会の思いと意思，そして期待が投影されており，まさに本学会の画期的な成果として語られてよい。以下，これらの研究成果に重ねつつ進めてきたスクールリーダー教育研究をふまえ，また 2008 年教職大学院の創設以降 8 年間のスクールリーダー教育実践のなかで思い，感じ取ってきたことから描き出したスクールリーダー教育

214　第 3 部　教師教育・スクールリーダー教育と教育経営研究

表 18.1　スクールリーダー教育への取り組みの成果

- 日本教育経営学会・スクールリーダーの資格任用に関する検討特別委員会提言「学校管理職の養成・研修システムづくりに向けて」2003 年 6 月
- 本学会会員有志他・スクールリーダー人材育成の専門職大学院に関する検討会・文部科学省への提言　「スクールリーダー人材育成のための専門職大学院の在り方について」2004 年 11 月
- 日本教育経営学会・学校管理職教育プログラム開発特別委員会「大学院における学校管理職教育プログラムの開発に関する研究」2005 年 3 月
- 日本教育経営学会・日本教育行政学会・スクールリーダーの資格・養成に関する日本教育経営学会・日本教育行政学会合同委員会「スクールリーダー養成システムの整備に関する提言」2006 年 2 月
- 日本教育経営学会・学校管理職教育プログラム開発特別委員会「大学院における学校管理職教育プログラム・スタンダードの開発に関する研究」2006 年 6 月
- 日本教育経営学会「校長の専門職基準」2009 年 1 月
- 日本教育経営学会実践推進委員会編「次世代スクールリーダーのためのケースメソッド入門」花書院，2014 年
- 日本教育経営学会実践推進委員会編「次世代スクールリーダーのための『校長の専門職基準』」花書院，2015 年

の構想を述べることでテーマに迫っていきたい。

(2) スクールリーダー教育研究の展開

スクールリーダー教育の研究は，自律的学校，自律的学校経営の実現に求められるスクールリーダー像，スクールリーダーの役割・資質能力，スクールリーダーシップ，そしてスクールリーダー教育制度の研究として進められてきた。

日本の学校経営の基調であった「56 年体制」（1956 年制定の「地方教育行政の組織及び運営に関する法律」とそれによって措置された施策や指導によって形成された学校経営の秩序。それは行政主導の学校経営，教育指導行政の後退，学校の裁量権限の縮減，校内管理体制の確立などを特徴とする）における学校経営研究は，行政主導の学校経営に対峙するかたちで学校経営の自律性の根拠を解明する研究と，その自律性を担保する学校経営制度，学校の組織運営，スクールリーダーシップなどにかかわる研究として展開した。いくつかの学校経営論争があったのもこの時期である。その後，過剰な集権化による国・行政の統制と規制の緩和に伴い，学校の自主性・自律性の確立をめざした学校経営改革が進められた。

スクールリーダー教育は，1998年の中央教育審議会答申「今後の地方教育行政の在り方について」での「学校の自主性・自律性の確立」をふまえ，学校経営改革との関連で新たな展開をみせることになる。筆者はそれをスクールリーダーシップやスクールリーダー教育の研究として進めてきた（小島ら，1988-1992）。こうした研究をふまえ，大学院での校長養成の可能性の研究「学校管理職の養成システムとプログラム開発に関する総合的研究」を進め，本学会の多くの会員の参加を得て世に問うた『校長の資格・養成と大学院の役割』（2004年）はその成果である。「校長を育てる大学院の創設を」という提言（『日本経済新聞』2004年5月3日付朝刊）はこうしたプロセスを経て生まれた。本書は，スクールリーダー教育のキーワードになっていった「大学院知」などを創造する"原典"となった研究である。

　本学会のシンポジウムを挟んで，「スクールリーダー研修からスクールリーダー教育へ」，さらに「大学院によるスクールリーダーの養成へ」と，スクールリーダー教育とその研究が質量とも大きく進展した。

　筆者は本学会のスクールリーダー教育への取り組みに重ねながら，自律的学校経営におけるスクールリーダー（校長）の役割と資質能力，スクールリーダー教育における大学院の役割，「大学院知」，カリキュラム，教育方法について研究を進めてきた。自律的学校，自律的学校経営の観点から「教育経営」の意義，価値にこだわり，それを実現する学校経営のあり方を問い，構想し，そうした学校経営にふさわしいスクールリーダーシップを研究してきた者にとって，そのスクールリーダーシップのあり方，その育成をどうするかは避けて通ることができない研究テーマであった。

3. スクールリーダー教育と大学院の役割

(1) スクールリーダーの役割変容と大学院の役割

　学校経営改革は，スクールリーダーの役割を再定義する環境を用意した。21世紀型学校経営を自律的学校経営に求めてきた立場からは，それにふさわしいスクールリーダー像，スクールリーダーの役割や資質能力，スクールリーダー

シップ，スクールリーダー教育のあり方を再定義する必要に迫られた。スクールリーダーは教育事業経営体の責任者として期待され，スクールリーダーの裁量権限が拡大されることになるが，同時に学校の自主性・自律性の確立，地域住民の参加・参画，学校の経営責任（アカウンタビリティ・説明責任）の明確化，学校評価など，これまでになかった学校運営の手腕が問われることになる。学校は教育事業の経営体であり，スクールリーダーは教育の専門家であると同時に，教育事業の経営者としての機能，役割がこれまでに増して強く期待された。それは教育者，教育の専門家という役割期待から学校の経営者，経営力をもった教育の専門家への変化である。私たちの研究がたどり着いた自律的学校経営を実現するスクールリーダーに求められる資質能力は，①学校づくりのビジョンや戦略をつくる力量，②学校経営力（マネジメント力）にかかわるもので，教育事業をデザインし，実際にそれを実施運営する力量，③スクールリーダーシップで学校経営の進むべき方向を明確にし，成員を動機づけて目標を達成する力量，④学校経営に関する専門的知識，⑤スクールリーダーとしての志，信念，識見である（小島，2010，15-17頁）。

これらの資質能力を育成する大学院の役割は，①教育的識見の視野を広げ，深める，②教職経験を通じて獲得した学校経営に関する知を深化する，③教職経験や研修などでは獲得が困難な知を学ぶ，④学校経営にかかわる知を獲得する，⑤学校づくりのビジョンや戦略にかかわる知を獲得するにある（同上，18-19頁）。

(2)「学校経営の知」と「大学院知」

スクールリーダーの役割と資質能力の変容に伴うスクールリーダー教育を担保し，実質化するのは「大学院知」である。

筆者はこの「大学院知」にこだわり，その解明と実践化（実質化）をめざし，スクールリーダー教育を構想してきた。「大学院知」については次のように定義してきた。「大学院知」とは，スクールリーダーの実践（職務や職務遂行）についての成り立ちや構造のかたちについて，そこに潜む，もしくは絡み，構造をなしている知とそれを成り立たせ，関係づけている知を読み解き解明するこ

とによって学校問題の処理・解決や学校改革のヒントをつかむことにかかわる知である。また以上のような知を支え，裏づけ，根拠づける思想や理論にかかわる知である。前者は実践知・方法知，後者は理論知というイメージであるが，「大学院知」は両者が融合し一体的に織りなしてつながり，存在している姿，かたちである。さらに「大学院知」は職務の専門性を高め，刷新する知である。スクールリーダー教育にかかわる「大学院知」は，学校づくりのビジョンと戦略の視野のもと，学校がかかえる問題や課題を解明，処理・解決しうる力量を育成することに特化した知のように定義することができる[1]。

　曽余田浩史 (2004) は「大学院知」の表現ではないが，「コンセプチュアル・スキル」育成が大学院の役割だとしていた。浜田博文 (2009) は学校現場では得ることができない「思考の過程」こそ大学院教育の役割だとした。

　学校経営活動には，①学校内外の環境を読み解き，自校が進むべき方向を明らかにする，②学校づくりのビジョンと戦略を練り上げる，③学校経営計画 (総合計画・部門計画) を策定する，④学校経営計画を実施し運営する，⑤一連の学校経営活動を検証，評価し，次なる学校経営行動計画を策定するというプロセスがある。こうした職務・職務活動を支える知 (「学校経営の知」) には，①学校経営を成り立たせ，もしくは支え，機能させ，推進させる知と，②学校経営を担うスクールリーダーが学校を運営するにあたって必要な知という "ふたつの顔" がある (小島，2016)。こうしてスクールリーダー教育の「大学院知」は，学校経営の職務活動を基本に構成される知 (School Affairs and Job-based Knowledge and Competency) である。以前に，校長の専門性のコアは理論知，実践知，使命感や責任感を背景に学校経営の具体的な場面で職務を実際に遂行できること (performance) だとした。そのためにスクールリーダー教育の Curriculum は Performance-based，つまり「校長の Performance に関わる理論知や実践知を身に付けるにとどまらず，行動において具体的な問題や課題を処理し，解決する力量」で構成されるべきだとした (小島，2004，405頁)。

　以上は，大学院で育成が期待される資質能力の大きなくくりである。これらをすべて等しくカリキュラム化することはできない。すでに相当な教職経験，

スクールリーダー教育は，1998 年の中央教育審議会答申「今後の地方教育行政の在り方について」での「学校の自主性・自律性の確立」をふまえ，学校経営改革との関連で新たな展開をみせることになる。筆者はそれをスクールリーダーシップやスクールリーダー教育の研究として進めてきた（小島ら，1988-1992）。こうした研究をふまえ，大学院での校長養成の可能性の研究「学校管理職の養成システムとプログラム開発に関する総合的研究」を進め，本学会の多くの会員の参加を得て世に問うた『校長の資格・養成と大学院の役割』（2004年）はその成果である。「校長を育てる大学院の創設を」という提言（『日本経済新聞』2004 年 5 月 3 日付朝刊）はこうしたプロセスを経て生まれた。本書は，スクールリーダー教育のキーワードになっていった「大学院知」などを創造する“原典”となった研究である。

　本学会のシンポジウムを挟んで，「スクールリーダー研修からスクールリーダー教育へ」，さらに「大学院によるスクールリーダーの養成へ」と，スクールリーダー教育とその研究が質量とも大きく進展した。

　筆者は本学会のスクールリーダー教育への取り組みに重ねながら，自律的学校経営におけるスクールリーダー（校長）の役割と資質能力，スクールリーダー教育における大学院の役割，「大学院知」，カリキュラム，教育方法について研究を進めてきた。自律的学校，自律的学校経営の観点から「教育経営」の意義，価値にこだわり，それを実現する学校経営のあり方を問い，構想し，そうした学校経営にふさわしいスクールリーダーシップを研究してきた者にとって，そのスクールリーダーシップのあり方，その育成をどうするかは避けて通ることができない研究テーマであった。

3. スクールリーダー教育と大学院の役割

(1) スクールリーダーの役割変容と大学院の役割

　学校経営改革は，スクールリーダーの役割を再定義する環境を用意した。21世紀型学校経営を自律的学校経営に求めてきた立場からは，それにふさわしいスクールリーダー像，スクールリーダーの役割や資質能力，スクールリーダー

表 18.1　スクールリーダー教育への取り組みの成果

・日本教育経営学会・スクールリーダーの資格任用に関する検討特別委員会提言「学校
　管理職の養成・研修システムづくりに向けて」2003 年 6 月
・本学会会員有志他・スクールリーダー人材育成の専門職大学院に関する検討会・文部
　科学省への提言　「スクールリーダー人材育成のための専門職大学院の在り方について」
　2004 年 11 月
・日本教育経営学会・学校管理職教育プログラム開発特別委員会「大学院における学校
　管理職教育プログラムの開発に関する研究」2005 年 3 月
・日本教育経営学会・日本教育行政学会・スクールリーダーの資格・養成に関する日本
　教育経営学会・日本教育行政学会合同委員会「スクールリーダー養成システムの整備
　に関する提言」2006 年 2 月
・日本教育経営学会・学校管理職教育プログラム開発特別委員会「大学院における学校
　管理職教育プログラム・スタンダードの開発に関する研究」2006 年 6 月
・日本教育経営学会「校長の専門職基準」2009 年 1 月
・日本教育経営学会実践推進委員会編「次世代スクールリーダーのためのケースメソッ
　ド入門」花書院，2014 年
・日本教育経営学会実践推進委員会編「次世代スクールリーダーのための『校長の専門
　職基準』」花書院，2015 年

の構想を述べることでテーマに迫っていきたい。

(2) スクールリーダー教育研究の展開

　スクールリーダー教育の研究は，自律的学校，自律的学校経営の実現に求められるスクールリーダー像，スクールリーダーの役割・資質能力，スクールリーダーシップ，そしてスクールリーダー教育制度の研究として進められてきた。

　日本の学校経営の基調であった「56 年体制」(1956 年制定の「地方教育行政の組織及び運営に関する法律」とそれによって措置された施策や指導によって形成された学校経営の秩序。それは行政主導の学校経営，教育指導行政の後退，学校の裁量権限の縮減，校内管理体制の確立などを特徴とする) における学校経営研究は，行政主導の学校経営に対峙するかたちで学校経営の自律性の根拠を解明する研究と，その自律性を担保する学校経営制度，学校の組織運営，スクールリーダーシップなどにかかわる研究として展開した。いくつかの学校経営論争があったのもこの時期である。その後，過剰な集権化による国・行政の統制と規制の緩和に伴い，学校の自主性・自律性の確立をめざした学校経営改革が進められた。

人生経験を重ねてきた現職者であるから，それなりの教養と知見を備えていると思われるので，大学院の教育方針，スタッフなどの実態をふまえ，職務遂行に必要な知のエッセンス，ポイントをカリキュラム化することが重要になる。

(3) School Affairs and Job-based Knowledge and Competency

筆者の教職大学院での担当授業は「学校づくりと学校経営」「学校づくりとリーダーシップ」「学校経営の思想と理論」「研究開発と研修の組織化」「保護者・地域との連携実践」「学校経営力高度化実践研究演習（「修了論文」指導）」であった。このうち「学校づくりと学校経営」の最初の授業では「学校経営の仕事にはどんなものがあるか」，2回目「学校経営に対するあなたの理解，認識を書いてください」について，それぞれ A4 用紙に書いてもらい，それをめぐって議論した。ここまでの授業は学校経営の仕事と学校経営とは何かをイメージさせるものである。その後の授業テーマは，「日本の学校経営政策」「学校経営の変化とスクールリーダーの役割変容」「学校経営とスクールリーダーシップ」「現代の学校経営の論点」「わたしの学校経営戦略」である。

学校経営が現職院生にとっては「未知の知」「未知の世界」であることを「再発見」（確認）したのもこの指導を通してであった。さらに授業を通じて学校経営への意識や認識を深めていったとしても，授業など教育指導の延長線上で認識できる学校づくり（論）までの意識と認識であった。それを超えて"本丸"の学校経営の域につながる意識と認識はこれからであるという認識を得た。40歳前後の現職院生にとってはミドルリーダーシップの意識と認識であり，スクールリーダーシップ（トップリーダーシップ）の意識と認識にはまだ達しえない何かがある（ミドルリーダーシップについては小島弘道・熊谷愼之輔・末松裕基『学校づくりとスクールミドル』学文社，2012 年を参照されたい）。生活，年齢，経験，役割，職制がそうした気持ちを生んでいるのだと考える。としても現制度においては，スクールリーダー教育はミドルリーダーシップの育成を図りながら，それをスクールリーダーシップの育成につなげていく教育プロセスの構築が現実的だと考える。「School Affairs and Job-based Knowledge and Competency」を基本としたカリキュラムの意義はここにある。

以上のスクールリーダー教育構想は，ここ30年の筆者のスクールリーダー教育研究と教職大学院での勤務8年の実践と経験から描き出した，または導きだしたスクールリーダー教育の思いと期待である。こうした構想・実践が研究者の独りよがりの独善的なもの（考えや理論）なのか，また教育現場や実践の現実や必要を考えないものなのかということを投げかけてみたいと思った。というのは，「理論と実践の往還」とか，「実践が求め，実践課題に応える理論」を主張する人たちからは，筆者のスクールリーダー教育研究における「理論と実践」の関係の立て方はどう映るのかと考えたからである。

　筆者の認識からすれば，知は実践（必要）をルーツとして形成され，蓄積される。その知は特定の具体的な実践と離れて一般化され理論として独り歩きする。私たちはそれを「先行研究」とし，それをよしとし，もしくはそれを乗り超えることで理論レベルを高めようと努める。それに続く研究（者）も同様な動きを続ける。もはやそれは“虚構”と呼ぶべきものだ。こうしたプロセスから導き出される理論は，実践の必要や課題から離れた「理論」となってしまうことが多い。先行研究のあり方に疑問をもってきた者として，先行研究の検証を通して導き出された理論は，実はその人の人生観，世界観，研究営為，人間関係などの限られたなかでつくられたものである。先行研究として取り上げた研究であっても，必ずしもそれは“真正”の先行研究たりうるかは疑問だ。こうした吟味をしっかりしないまま，先行研究に頼ることの危うさを感じざるをえない。理論はそもそも“虚構”の部分はあるが，真正の理論としての“虚構”を創り出すことも可能である。

　また実践といっても，じつはそれは統制されたものである。「統制された」とは，人間社会の生活の必要から誕生した学校の実践，活動は組織され，規定され，制度化されたという意味である。それは国民の，組織の，政権政党層などの思いと意思によって統制されたものである。実践に寄り添い実践的課題の解決に寄与する研究が求められるといっても，それを全部よしとして受け入れ，そうした研究を推進することが研究者のあるべき，とるべき道ではない。そうした思いと意思を乗り超え，まさに「教育経営」という学校経営の究極の意思

を実現する研究こそ，重要だと考える。実践のこうした面をクリティカルに捉え，掘り下げ，その構造を解明することが実践に応え，実践的課題の解明に寄与することにつながるのではないかと考えている。統制された知や実践を問い，その実相と真相を解明し，それを超える知を創造すること，実践の現実，役立つ知を超え，よりよい実践を創り出し，学校改革につなげる知を創造していく姿勢と力量とそのための研究的営為が研究者に求められる。

　スクールリーダー教育における「大学院知」とは，こうした研究者の営為によって担保されるもので，それは学問研究を基盤として成立する。それを「スクールリーダー教育学」としてもいいかもしれない。

　スクールリーダー教育構想，そこにおける「大学院知」はこうした思いから得られた認識だ。学校経営政策，学校現場の実態，学校の組織運営，リーダーシップ，学校づくりの方向などに関するスクールリーダーらへのインタビュー，意識調査などを通して得たスクールリーダーの認識は実践に対する筆者なりの付き合い方，所作，スタンスだと思っている。また学会，研究会，インフォーマルな機会などから得られるさまざまな情報は実践を知る大切な機会である。さらに 40 歳前後の現職院生に対する授業，指導は彼らの意識や認識，それを通した学校や実践上の課題などもそうだ。こうしたことから得られる情報や認識はスクールリーダー教育の課題を解明し，その解決のために必要な知や方法を探るうえで貴重なものだ。「理論と実践」について，「実践を踏まえない知はリアリティを失う。知を背景にしない実践は独りよがりになるか，広がりをつくれない」，だから「知と実践のインターラクション」は重要だと述べたことがある（小島，2004，406 頁）。筆者の立場はこうした認識から生まれた。

　本学会関係者はスクールリーダー教育の研究と実践を精力的に進めてきた。そのなかにあって佐古秀一は理論と実践の関係を深く考察し，スクールリーダー教育とその研究知のあり方を考察している[2]。大脇康弘（2007・2017）は 20 年余りのスクールリーダー教育を積み重ね，大きな足跡を残している。牛渡淳（2016），牛渡・元兼正浩（2016）は，「校長の専門職基準」を実践化するスクールリーダー教育を視野にスクールリーダー教育の研究と実践を整理してくれて

いる。

>>>>>>>>>> 4. 教育改革としての「教育経営研究者の養成」 >>>>>>>>>>

　本章はスクールリーダー教育に絞って教育経営研究者の役割と「教育経営研究者の養成」を考えるヒントを得ようとした。筆者なりにいえば，いかなるテーマであれ教育経営研究であるからには，「教育経営」認識がアルファであり，オメガであること，そのプロセスに「教育経営」が生命あるものとして敷き詰められていることが必要で，かつ重要であることを述べてきたつもりである。こうした研究哲学と思想を有し，「教育経営」のダイナミズムを読み解く力量と研究方法を備えた教育経営研究者でありたい。「教育経営」は自律的学校経営であるための究極の力，それなくしては，学校経営はありえないという価値を表現したものである。教育経営研究は対象，方法において多様である。この多様性に求心力を持たせ，教育経営研究に独自性と学術性をもたせるものは「教育経営」である。「教育経営」の意義，価値に気づき，それをコアに各研究テーマを展開することが教育経営研究者たるゆえんだと思う。

　こうした研究者養成は大学機能システムのなかで構想されるべきものである。なぜなら大学は学問研究とそれに基づく教育の機関としての役割があると考えるからである。高等教育の多様化がいわれて久しいが，こうした機能，役割なくして大学の意義はない。また「研究知」の生成，発見，創造という機能なくしては，もしくは失ってはそこに未来の教育経営研究，大学はない。事象や事実，現実の解明とそこから導き出される知や思想の創造が研究の核心だとすると，現在の教育経営研究が果たしてこうなっているかを問うことも必要になろう。

　スクールリーダーを大学院で育成するということは，今の教育政策の基本であり，世論もそれを是としているようだ。それならスクールリーダー教育を担う者を誰が，どこがどのように養成するかはスクールリーダー教育の新たな課題である（牛渡・元兼，2016，83頁）。このことをしっかりした構想によって制度設計しないと，センター研修・行政研修に終わってしまうのでないのか。ス

222　第3部　教師教育・スクールリーダー教育と教育経営研究

クールリーダー教育は大学が責任をもって行う，その担い手も大学が養成し，彼らによる教育を基本とした養成制度が必要だろう。スクールリーダー教育はスクールリーダーという教育専門家の養成である。教師教育制度の教職大学院化，そこで求められる実践的指導力，役立つ教育，実務教育の重視という昨今の教育世相，教育政策などに向き合い，それを超える研究知を創造する教育経営研究者をどう育成するかは，すべてこれからの課題である。「教育経営研究者の養成」はまさに教育改革テーマなのである。

　教育経営研究者の多くは，大学を職場として教育と研究を行う。そこでは教育機能が重視され，また拡大する一方である。それに伴い研究機能が大きく低下する傾向にある。教育経営研究者は今，「役立つ」教育と研究が期待されるようになった。これにどう向き合うか今問われている。教育知と研究知も大きく変貌しつつある。教職課程コアカリキュラム，教職課程評価による教職課程の質保証・向上方策を「教員育成指標」と教育委員会と大学らからなる「教員育成協議会（仮称）」などによって実現しようとしている。はたしてこれによって高度専門職業人と見なされ，尊敬を集め信頼される教員を育成することができるだろうか。「大学院知」で述べたように，スクールリーダー教育で必要な知（理論）はスクールリーダーの役割，職務，職務活動などを支え，刷新する知である。職務遂行過程で形成される実践知や経験知は重要だが，大学・大学院教育では，多くは学問研究の営為を通して形成，創造される知を大切にすべきだろう。学校問題の解決や学校改革の推進に期待されるスクールリーダーの実践課題を解決するに必要な知を解明する知や，学校実践の刷新，学校改革に必要な知は研究によって解明され，創造される知である。そうした知を基盤として，教育知を振り返り，再構成し，新たな教育知を組み立てる研究が重要になる。こういう方向をめざし，これを実現する資質力量をもった教育経営研究者をどう養成するか，まさにこのことが問われている。ここで求められる資質能力レベルを担保するのは中教審等で議論されている Ed.D 型学位なのか，それとも従来の Ph.D 型学位なのか。教育経営研究者の独自性は，「教育経営」の知をコアに，教育経営実践において生まれる問題や課題の解明，解決に必要

な知と，教育経営実践を支え，とりまき構成している知を「教育経営」との視点から解明，もしくは創造する仕事にある。ドイツ生まれのアメリカ人で社会心理学者の Lewin, K. は「よい理論ほど実践的なものはない」(Nothing is so practical as a good theory.) と述べたといわれる。研究者はこれをどう受け止めるか。研究者は「よい理論」を追究し，今ある理論を乗り超えながら新たな知を創造してきた。それは昔の話として背後に追いやってしまってよいのか。しっかり議論していく必要がある。

　本章では問題提起にとどまったが，さらなる研究の必要を痛感している。そのなかにあって「教育経営研究者の養成」を視野においた教育経営教育の構築，教育経営研究者の養成に対して本学会はとりわけ真正面から取り組むことが期待されている。本学会は「校長の専門職基準」を 2009 年に作成し，それをスクールリーダー教育で実践に発展させた。その研究のなかで「スクールリーダー教育を担う人材（大学教員）の力量形成問題への対応」が研究課題だと指摘した（「『校長の専門職基準』を踏まえたスクールリーダー教育の可能性」平成 25 〜 27 年度科学研究費補助金（基盤研究 B）研究成果報告書，2016 年，研究代表・牛渡淳）。同感だ。本学会には教育経営研究者の育成という役割があるはずだ。「教育経営研究者の養成」は，これからの本学会の重要なテーマとなろう。

（小島弘道）

注
1)「大学院知」については，小島弘道「スクールリーダー教育における＜大学院知＞とは何か」(『学校経営研究』第 34 巻，2009 年)，「教師教育学研究における『大学院知』の視野」(『日本教師教育学会年報』第 20 号，2011 年) を参照。
2) 佐古秀一「変動する学校経営環境と教育経営研究」『日本教育経営学会紀要』第 45 号，2003 年) など。スクールリーダー教育のあり方や実践研究事例として，佐古秀一・曽余田浩史・武井敦史『学校づくりの組織論』(学文社，2011 年) が参考になる。

文献・引用資料
牛渡淳「『校長の専門職基準』を踏まえたスクールリーダー教育の可能性」(2013 年度〜 2015 年度科学研究費補助金（基盤研究 (B)）研究成果報告書) 2016 年
牛渡淳・元兼正浩編集『専門職としての校長の力量形成』花書院，2016 年

大脇康弘「大学院におけるスクールリーダー教育の創造」小島弘道編『時代の転換と学校経営改革』学文社，2007 年

──編『ひらく 教師の学習コミュニティ─夜間大学院のスクールリーダー教育』大阪教育大学スクールリーダー・プロジェクト，2017 年

小島弘道「教育経営概念の検討」特集「日本における教育経営研究の成果と課題」『日本教育経営学会紀要』第 25 号，1983 年，33 頁

──「教育経営概念の吟味の視点」日本教育経営学会編『教育経営研究の軌跡と展望』ぎょうせい，1986 年，218 頁

──「政策提言─校長の資格・養成と大学院の役割」小島弘道編著『校長の資格・養成と大学院の役割』第五部，東信堂，2004 年

──「学校経営の思想とリーダーシップ論」，小島弘道・渕上克義・露口健司『スクールリーダーシップ』1 章，学文社，2010 年

──「学校経営の知と実践」小島弘道・勝野正章・平井貴美代『学校づくりと学校経営』2 章 3 節，学文社，2016 年

小島弘道・北神正行・水本徳明・阿久津浩・浜田博文・片桐隆嗣・柳澤良明・熊谷真子・神山知子「現代教育改革における学校の自己革新と校長のリーダーシップに関する基礎的研究」『筑波大学教育学系論集』第 13 巻第 1 号〜第 17 巻第 1 号，1988-92 年

曽余田浩史「学校管理職養成における大学院教育の役割」小島弘道編著『校長の資格・養成と大学院の役割』東信堂，2004 年

浜田博文「大学院におけるスクールリーダー教育の課題」『学校経営研究』第 34 巻，2009 年，33-34 頁

索　引

──────── あ行 ────────

ISLLC　155，195
アクション・リサーチ　17，19，27，30，92，
　100，121，123
アクティブ・ラーニング　54，147
新しい学力観　205
安全教育　130
アンゾフ，H.I.　53
暗黙知　21，22，120，121
育成指標　154，160-164
エコロジカル・マップ　98
SECI プロセス　123-125
SECI モデル　119，120，122
NBPTS　155
エビデンスに基づく医学　41
エビデンスに基づく医療　39
エビデンスに基づく教育政策　39，45，46
エビデンスに基づく政策　39
エビデンスの格付け（グレーディング）　41

──────── か行 ────────

外国人児童生徒　79，81，87，88，90
開発的研究　92，93
外部評価　187
学習する組織　67，149
学校安全　129，130
学校運営協議会　26，93，99-101
学校経営コンサルテーション　7
学校経営実践　14
学校改善　118
　──論　117
学校管理職　155-157，161
学校恐怖症　142
学校拠点方式　204
学校経営　16
学校経営改善　67，70，71
学校経営実践　75，76，78，85-87
学校組織マネジメント　56，108
学校・地域・家庭　92
学校と地域の連携　94
学校の共有ビジョン　158

学校ビジョン　71-73
学校評価　16，26，184-189
学校評議員　26
学校への組織マネジメント　66
課程認定　175
カリキュラム・マネジメント　36，117-122，
　126
機械的組織　57
教育経営学　2，3，45，46，104，117
教育経営研究　14，15，17，18，22，26，39，
　45，66，78，85，86，88，104，117，138，
　141，143-145，148，150，179，183，192-
　194，198，199，212，213
教育経営研究者　26，76，212，222-224
教育経営実践　223
教員育成協議会（仮称）　160，171，223
教員育成指標　160，161，171，223
教員評価　147，184-189
教員評価制度　179-183，185，186，188-190
教員免許更新講習　170，176
教員免許更新制　169，170
教師塾　170
教師専門職基準　155，157，160，161
教職課程コアカリキュラム　171
教職大学院　2，10，23，26，35，36，99，163，
　169，170，175，176，192-194，199，200-
　202，206-210，214，219
業績評価　181-183
教頭研修　163
勤務評定　179，180，182
経営学　50
経営戦略　53，55，61
形式知　21，22，120，121
ケーススタディ　163
ケースメソッド　163
研究者教員　3，203，208
研究者としての教師　17
研究知　9，16，17，22，222
コアカリキュラム　210
効果ある学校づくり　104，110
効果ある指導　107，110，112

227

校長の専門職基準　3，6，154，157，158，161-163，165，224
高度専門職業人　160
国際教員指導環境調査　106
個人カルテ　87，88
子どもの変容に資する教育経営研究　115
コミュニティ・スクール　93
コンサルティング　20

──────── さ行 ────────

サービス・ラーニング（SL）　96，97，102
自己評価　184，187
実践推進委員会　2，6，7，157
実践知　9，16，17，27，31-34，37
実務家教員　3，202，203，208
児童生徒の多様性　78，79，85，90
授業改善　90，117，125，126
授業評価　26
主体的・対話的で深い学び　173
職能開発　175
新自由主義　146，147
新保守主義　147
スクールリーダー　7，26，31-37，214-217，219，222，223
　──の専門職基準　154，156
スクールリーダー教育　7，8，23，26，29，192-198，212，214-218，220-223
スクールリーダーシップ　199，215-217，219
省察的実践　176
生徒指導の教育経営（組織的改善）研究　115
全米教師専門職基準委員会（NBPTS）　155
専門職基準　154，155，165
組織改善　20，23，24
組織開発　20，23，24
組織マネジメント　57，123，162

──────── た行 ────────

大学院知　216-218，221，223
他者評価　187
チーム学校　148
チャンドラー，A. D. Jr　53
ドラッカー，P.H.　61

──────── な行 ────────

内部評価　187

ナレッジ・マネジメント　120，122，123，125
ナレッジ・リーダーシップ　122，123，125，126
新潟県中越沖地震　129
新潟県中越地震（大震災）　129，134
能力評価　182，183

──────── は行 ────────

ハーグリーブス，D．　43，97
阪神・淡路大震災　129，132，133，135
東日本大震災　129，130，132，133，137-139
PDS　204
不登校　141-144
不登校ゼロ　148
フラット型でマトリクス型　60
フラット型の学校組織　58
フリースクール　142
プロセス型戦略　54
プロセス・コンサルテーション　20
　──モデル　20
プロセス・ファシリテーション　24
分析型戦略　54
保守主義　146

──────── ま行 ────────

マトリクス型組織　59
マネジメント　50，51，57
　──研修　56
ミッション　55
ミドルリーダー　36
ミドルリーダーシップ　219
民間人校長　164
ミンツバーグ，H．　36，53
免許更新制度　201
目標管理　181，182，188

──────── や行 ────────

有機的組織　57
UCEA　196，197
養成塾　170

──────── ら行 ────────

ラインスタッフ型組織　59，60
リーダーシップ教育　199

理論知　27，32-34，37
理論と実践の往還　9，169，200，202-204，
　206-210，220
理論と実践の融合　175，208，209
臨床的アプローチ　6，9-11，14，16-19，21-
　23
　　　——の研究　24，25

ルース・カップリング理論　107
レヴィン，K.　19
レッスン・スタディ　117-123，125，126

———————— わ行 ————————
ワークショップ　101，202
ワークショップ型研修　98

執 筆 者

元 兼 正 浩	九 州 大 学	1 章
曽余田浩史	広島大学大学院	2 章
大 脇 康 弘	関西福祉科学大学	3 章
竺 沙 知 章	京 都 教 育 大 学	4 章
浅 野 良 一	兵 庫 教 育 大 学	5 章
佐 古 秀 一	鳴 門 教 育 大 学	6 章
臼 井 智 美	大 阪 教 育 大 学	7 章
大 林 正 史	鳴 門 教 育 大 学	8 章
久 我 直 人	鳴 門 教 育 大 学	9 章
倉 本 哲 男	愛知教育大学大学院	10 章
雲 尾　　周	新潟大学大学院	11 章
菊 地 栄 治	早 稲 田 大 学	12 章
牛 渡　　淳	仙台白百合女子大学	13 章
榊 原 禎 宏	京 都 教 育 大 学	14 章
藤 村 祐 子	滋 賀 大 学	15 章
大 竹 晋 吾	福 岡 教 育 大 学	16 章
安 藤 知 子	上 越 教 育 大 学	17 章
小 島 弘 道	筑波大学名誉教授	18 章

（執筆順，所属は 2018 年 4 月）

【第4巻編集委員】

牛渡　淳（仙台白百合女子大学教授）
略歴：東北大学大学院，仙台白百合短期大学講師・助教授，カリフォルニア大学
　　　バークレー校客員研究員を経て，1996年度より仙台白百合女子大学教授，2014
　　　年度より学長（～ 2016 年度）。
主著：『学びの専門家としての教師』〈岩波講座 教育―変革への展望4〉（共著，岩波
　　　書店，2016），『専門職としての校長の力量形成』（共著，花書院，2016），『現代米
　　　国教員研修改革の研究』（単著，風間書房，2002）など。

佐古　秀一（鳴門教育大学理事・副学長）
略歴：大阪大学人間科学部助手，鳴門教育大学学校教育学部講師，同助教授，同教
　　　授を経て，2016 年から現職。
主著：「学校組織マネジメントを支援するコンサルテーションの実践と成果（Ⅰ）」『鳴
　　　門教育大学研究紀要』第30巻（共著，2015），『学校づくりの組織論』〈『講座 現
　　　代学校教育の高度化12』〉（共著，学文社，2011），「漸進的な学校組織開発の方法
　　　論の構築とその実践的有効性に関する事例研究」『日本教育経営学会紀要』第53
　　　号（2011）など。

曽余田浩史（広島大学大学院教育学研究科教授）
略歴：広島大学大学院，広島大学助手，筑波大学研究生，広島大学大学院講師，同
　　　助教授・准教授を経て，2016年度から現職。
主著：『学校経営研究における臨床的アプローチの構築―研究−実践の新たな関係性
　　　を求めて―』（共編著，北大路書房，2004），『学校づくりの組織論』〈『講座 現代
　　　学校教育の高度化12』〉（共著，学文社，2011）など。

[講座 現代の教育経営 4]
教育経営における研究と実践

2018 年 6 月 9 日　第 1 版第 1 刷発行

　　　　　　　　　　　　　　　編　集　日本教育経営学会

発行者　田中　千津子　　　〒153-0064　東京都目黒区下目黒3-6-1
　　　　　　　　　　　　　　電話　03（3715）1501 ㈹
発行所　株式会社 学 文 社　　　FAX　03（3715）2012
　　　　　　　　　　　　　　http://www.gakubunsha.com

© The Japanese Association for the Study of Educational Administration 2018
乱丁・落丁の場合は本社でお取替えします。
定価は売上カード，カバーに表示。　　　　　　　　印刷　新灯印刷

ISBN 978-4-7620-2814-4